Alles Mythos!

20 populäre Irrtümer über den Wilden Westen

Alexander Emmerich

Alles Mythos!

20 populäre Irrtümer über den Wilden Westen

THEISS

Die Deutsche Nationalbibliothek verzeichnet diese Publikation
in der Deutschen Nationalbibliografie; detaillierte bibliografische
Daten sind im Internet über http://dnb.d-nb.de abrufbar.

Der Konrad Theiss Verlag ist ein Imprint der WBG

© 2013 by WBG (Wissenschaftliche Buchgesellschaft), Darmstadt
Die Herausgabe des Werkes wurde durch die Vereinsmitglieder der WBG
ermöglicht.
Lektorat: Ricarda Berthold, Freiburg
Satz: Satzpunkt Ursula Ewert GmbH, Bayreuth
Einbandabbildungen: © picture-alliance / dieKLEINERT.de / Bruce Emmett;
Ullstein Bild – Granger Collection
Einbandgestaltung: Stefan Schmid Design, Stuttgart
Druck und Bindung: CPI – Ebner & Spiegel, Ulm
Gedruckt auf säurefreiem und alterungsbeständigem Papier
Printed in Germany

Besuchen Sie uns im Internet: www.wbg-wissenverbindet.de

ISBN 978-3-8062-2407-8

Elektronisch sind folgende Ausgaben erhältlich:
eBook (PDF): 978-3-8062-2863-2
eBook (epub): 978-3-8062-2864-9

Inhalt

Einleitung

Wer von uns ritt nicht in seinen Kindheitsträumen als Cowboy oder Indianer durch weite Landschaften, aus denen Felsen in bizarren Formen ragten. Wer kämpfte nicht in Kindertagen heldenhaft für die Gerechtigkeit, bewaffnet mit einem Spielzeugrevolver und ausgestattet mit Cowboyhut und Fransenweste? Wer sehnte sich nicht nach einem wahren Freund und Blutsbruder, auf den man sich ein Leben lang verlassen konnte? Als Jugendliche saßen wir mit Freunden am Lagerfeuer, sangen *Country Roads* zur Gitarre und träumten davon, auszubrechen, alles hinter uns zu lassen und weitab der Zwänge der Zivilisation unser Glück zu suchen. Unsere Sehnsüchte galten der Freiheit und dem Abenteuer, dem, was wir uns unter dem Wilden Westen vorstellten. Noch heute entstehen vor unserem inneren Auge die gleichen Bilder von weiten Prärien und endlosen Gleisen der Eisenbahnen, die sich am Horizont verlieren, wenn wir an Cowboys und Indianer, Goldrausch und Wagentrecks, Sheriffs und Revolverhelden denken. Aber was haben unsere romantischen Träumereien mit der Realität zu tun? Wir kannten den Wilden Westen ja nur aus unseren Büchern, aus dem Kino, aus dem Fernsehen, und unsere Fantasie flocht unsere eigenen Wünsche mit ein.

Nach Deutschland kam der Wilde Westen schon Mitte des 19. Jahrhunderts durch die vielen Briefe der Auswanderer, die sich bis in die Gebiete des Westens vorgewagt und dort niedergelassen hatten. Sie hielten den Kontakt zu ihren Familien in der alten Heimat und berichteten ihnen von ihrem neuen Leben. Großen Einfluss hatte auch *Buffalo Bill's Wild West Show*, die gegen Ende des Jahrhunderts in zwei

Tourneen durch das Deutsche Reich tourte. In der turbulenten Show wurden Szenen aus der Geschichte des Westens nachgespielt, die das deutsche Publikum begeistert aufnahm. Über Nacht entstand ein regelrechter Fankult um Cowboys und Indianer, der jahrzehntelang anhielt. Gleichzeitig trafen die Abenteuergeschichten von Winnetou und seinem Freund Old Shatterhand, die sich Karl May ausgedacht hatte, genau den Geschmack der Zeit. Am Anfang des 20. Jahrhunderts eroberte das Kino die Welt. Eines der erfolgreichsten Genres wurde der Western, der in der Mitte des Jahrhunderts seinen Höhepunkt hatte und den Mythos des Wilden Westens in die ganze Welt trug. In Deutschland traten dann die Winnetou-Filme in den sechziger Jahren eine Welle der Begeisterung los, die von den Italo-Western fortgesetzt wurde. Sie riss vor allem die Jugend mit und prägte die Fantasie und Sehnsucht einer ganzen Generation. Nicht zuletzt die Werbung, vor allem für Zigaretten, bediente sich bei den Klischees der Freiheit und des Abenteuers und verbreitete *Marlboro Feeling*.

Doch was stimmt eigentlich von dem Bild, das wir uns über den Westen machen? Was waren das für Menschen, die sich in die Wildnis vorwagten? Wie lebten sie? Wie sah ihr Alltag aus? Obwohl sich mittlerweile auch Historiker mit dem Wilden Westen beschäftigen, können wir uns nur sehr schwer vorstellen, wie das wirkliche Leben in einem Indianerdorf aussah, was hinter den Palisaden der Forts geschah und mit welchen Entbehrungen und Beschwerlichkeiten die Menschen in den neuen Siedlungen zurechtkommen mussten. Schwer zu verstehen ist heute auch die Faszination der Natur für die Menschen damals: Sie lockte Trapper, *mountain men* und Siedler in die Gebiete des Westens; dort angekommen, kämpften sie dann mit den Launen der Natur. Ihr Überleben hing von den Ernten und vom Zugang zum Wasser ab. Missernten, Hungersnöte und Krankheiten wüteten schwer unter den Pionieren.

Genau genommen rechnet man zur Zeit des Wilden Westens nur die Jahre von 1865 bis 1890, also vom Ende des Amerikanischen Bürgerkrieges bis zum Massaker am *Wounded Knee*, das den letzten Aufstand der Indianer gewaltsam beendete. Um das Phänomen ganz zu erfassen, sollte man jedoch die gesamte Westexpansion von der Ausdehnung der ehemals englischen Kolonien im Osten über den nordamerikanischen Kontinent betrachten. Nur in diesem Prozess ist der Wilde Westen in all seinen Facetten richtig zu verstehen, denn vieles, was für uns den Wilden Westen ausmacht – wie die Wagentrecks, der Krieg mit Mexiko oder die Abenteuer der Trapper –, passierte tatsächlich vorher.

Das Gesicht des Westens änderte sich schnell. Nur wenige Jahrzehnte lang war er aus der Perspektive der Weißen „wild", unerschlossen und voller Abenteuer, bevor Zivilisation und Industrialisierung Einzug hielten. Schon um die Jahrhundertwende fand man in Texas Öl, und der Staat der Rinderzüchter verwandelte sich in das Zentrum der amerikanischen Ölindustrie. Auch Kalifornien blieb nicht lange das Land der Goldsucher und Glücksritter. Nur fünf Jahrzehnte, nachdem der Goldrausch die Menschen nach Kalifornien gelockt hatte, begann sich die Filmindustrie in Kalifornien niederzulassen. Der deutsche Einwanderer Carl Laemmle gründete im Jahr 1915 mit den *Universal Studios* das erste große Hollywoodstudio. Danach explodierte die Filmindustrie förmlich und machte aus dem kleinen Städtchen Los Angeles eine Millionenstadt.

Werfen wir also einen Blick auf die vielen Facetten des Wilden Westens, lassen wir uns verzaubern von dieser Zeit, folgen wir den Fährten unserer Kindheitsträume und erkunden, was hinter dem Mythos von Freiheit und Abenteuer wirklich steckt. Zwanzig populäre Irrtümer greifen wir im Folgenden auf und zeigen, wie die Realität aussah und wie sehr sich das Bild des Wilden Westens durch die Populärkultur veränderte. So können wir den Menschen im Westen ein Stück weit näher kommen, aber auch begreifen, warum diese Epoche noch heute so attraktiv für uns ist. Der Indianer in seinem Zelt, der Cowboy auf dem Rücken seines Pferdes, die Kavallerie in ihrem abgelegenen Fort und der Fallensteller allein in der Wildnis – sie alle hinterließen ihre Spuren in unseren Köpfen und prägten uns nachhaltig. Heute ist die Welt erobert, der Mensch ist in die letzten unbekannten Gebiete der Erde vorgestoßen und hat sie den Regeln seiner Zivilisation unterworfen. Die heutige Jugend stößt in ihrer Fantasie in andere Welten vor: Ihr bietet die Science-Fiction den Raum für ihre Geschichten von Heldenmut und Tatendrang.

IRRTUM 1:

Cowboys sind „typisch amerikanisch"

Der amerikanische Cowboy ist unbestritten *das* Symbol für den Wilden Westen. Wortkarg und unnahbar, dominiert er seine Umgebung. Er trägt Cowboyhut, Jeans und Lederweste, dazu ein Halstuch, Stiefel und Sporen, um die Hüften einen Gürtel, an dem in Holstern Revolver glänzen. Lässig sitzt er im Sattel und wacht über das Vieh. Bricht ein Rind aus, jagt er hinterher, wirft sein Lasso um die Hörner und führt es zurück in den Schutz der Herde. Die Abende verbringt er am Lagerfeuer in der Einsamkeit der Prärie, schnupft Tabak, spielt Mundharmonika oder schaut wortlos in die Ferne. Im Auftrag der Rinderbarone treiben die Cowboys die riesigen Herden über die Prärien zu den großen Verladestationen im Norden. Endlich in der Stadt angekommen, gönnt er sich das erste Bad seit Monaten, kippt im Saloon einen Whiskey und widmet sich dem Spiel und den Damen, mit denen er ausgelassen feiert.

Seit Jahrzehnten steht der Cowboy für Freiheit, Abenteuer und Gerechtigkeit und ist ein bewundertes Vorbild der Jugend. Einer der bekanntesten Cowboys, Charles Goodnight, beschreibt das Gefühl, das die Cowboys in sich tragen: *Most of the time we were solitary adventurers in a great land as fresh and new as a spring morning.* Niemand verkörperte diesen Typus besser und häufiger als John Wayne. Fünf Jahrzehnte lang war er Hauptdarsteller in Westernfilmen und spielte – jeweils dem Zeitgeist entsprechend – den immer selben Charakter: Nur seinem Gewissen verpflichtet, kämpfte er gegen Verbrechen und Unrecht – notfalls auch gegen die Mehrheit der Bevölkerung. Er sorgte in der unzivilisierten Wildnis für ein Mindestmaß an Ordnung und garantierte damit die Freiheit. Sein entschlossenes Handeln machte aus der Wildnis Nordamerikas die Vereinigten Staaten, in die die freiheitsliebenden Europäer im 19. Jahrhundert auswanderten. John Wayne prägte mit seiner schauspielerischen Darstellung das populäre Bild des weißen Mannes im Wilden Westen wie kein anderer, ein Bild von Männlichkeit, Tatkraft und Gerechtigkeitssinn, das wir noch heute vor Augen haben.

Vor allem die Werbeindustrie machte sich dieses Bild des Cowboys zunutze. Wild reitet er in den Spots übers Grasland, Staub wirbelt auf. Er beherrscht auf dem Rücken seines Pferdes die Rinder, die Natur, die Wildnis um ihn herum. Nach getaner Arbeit setzt er sich ans Feuer, lächelt zufrieden den anderen zu und zündet sich die wohlverdiente Zigarette an. Und dieses Gefühl der Zufriedenheit, der Männlichkeit, der Tatkraft soll uns nun bei jedem Zug begleiten. Die Werbung verkauft uns nicht nur das Produkt an sich, sondern das mit dem Cowboy verbundene Lebensgefühl und seine Lebenseinstellung. Zynisch hielt ein Vertreter der Werbebranche einmal fest, dass in dem Spot der „Cowboy sich mit einer Zigarette, die ihm nicht schmeckt, für eine Arbeit belohnt, die er nicht getan hat und die keinen Spaß macht".

Der Cowboy als politische Metapher

Da die Figur des Cowboys mit unglaublicher Symbolkraft aufgeladen ist und traditionell mit positiven Attributen assoziiert wird, ist es kaum verwunderlich, dass er auch seinen Weg in die politische Rhetorik gefunden hat. Viele haben noch die Bilder des 43. US-Präsidenten George W. Bush vor Augen, der hemdsärmelig und mit Cowboyhut für sein Image als hart durchgreifender und moralisch integrer Amerikaner kämpfte. Er war sich bewusst, dass er nur als ein Mann des Volkes wirklich akzeptiert würde. Daher griff er gerne zum Cowboyhut und gab sich als jemand, der keine großen Worte macht und nicht lange fackelt, lieber handelt und durchgreift.

George W. Bush war aber nicht der erste US-Präsident, der auf diesen Typ von Amerikaner zurückgriff. Anfang des 20. Jahrhunderts führte der jüngste je ins Amt gekommene US-Präsident, Theodore Roosevelt (Präsident von 1901 bis 1909), den Cowboy als politische Metapher ein. Man kann sogar behaupten, dass er den Cowboy gewissermaßen rettete, denn er drohte gerade in seiner eigentlichen Form von den Prärien zu verschwinden. Während des 19. Jahrhunderts hatten die Cowboys bei der Erschließung des amerikanischen Westens eine bedeutende Rolle gespielt. Nun hatte die staatliche Organisation der Vereinigten Staaten das wilde Land gezähmt. Das Bild des Cowboys verblasste, kippte sogar in eine zum Teil anrüchige Reputation, waren sie doch immer wieder in Schießereien verwickelt und nahmen an den Weidekriegen der Rinderbarone teil. Doch mit Beginn des 20. Jahrhunderts verbesserte sich ihr Bild in der Öffentlichkeit, und Theodore Roosevelt hatte sicher seinen Anteil daran. Er war jung, dynamisch, naturverbunden und „kampferprobt" und demonstrierte dies durch das Tragen eines Cowboyhutes und durch seine Reisen in die Wildnis. Nun griffen die Groschenromane und die beginnende Filmindustrie das Bild des Cowboys auf und machten aus dem gewalttätigen Outlaw einen hart arbeitenden, genügsamen, auf sich selbst vertrauenden Mann des Volkes. Nach Theodore Roosevelt nutzten viele weitere amerikanische Präsidenten das Image des Cowboys als ehrlichen, einfachen Mann, der Mut, Rechtschaffenheit und Freiheitsliebe in sich vereint. Zu bestimmten Anlässen traten sie in der Öffentlichkeit mit Cowboyhut auf, was seine Wirkung meist nicht verfehlte.

Nichtsdestotrotz rief diese Symbolik auch Kritiker auf den Plan. Für die politischen Gegner stand der Cowboyhut ebenso für jugendlichen Leichtsinn, Rücksichtslosigkeit und unüberlegte Entscheidungen. Sie assoziierten mit „Cowboy-Diplomatie", dass zuerst geschossen und dann gedacht wurde – wie es ja auch in vielen Filmen zu sehen war. Als Ronald Reagan 1981 das Amt des amerikanischen Präsidenten antrat, nutzten seine Gegner dieses Image als Zielscheibe ihrer Kritik. Dennoch überrollte eine Welle der Cowboy-Begeisterung die USA. Reagan, der selbst in über vierzig Filmen den guten und ehrlichen Cowboy gegeben hatte, setzte das Image so geschickt ein, dass er für eine zweite Amtszeit bestätigt wurde.

Kinderwelten

Die Symbolik hinter dem Cowboy wirkte nicht nur im Kino und in der Politik. Getragen von der Begeisterung der Großen, regten die Cowboys auch die Fantasie der Kinder an. Es ging ihnen natürlich nicht um das Treiben von Rinderherden und das Reiten auf Pferden, sondern viel eher darum, dass der Wilde Westen des Kinderzimmers ihren Geschichten freien Lauf ließ. Dort gab es keine Regeln und Gesetze, dort konnten sie frei und uneingeschränkt spielen. Den Raum Wilder Westen begriffen die Kinder meist richtig: Dort hat sich noch keine Ordnung etabliert, Regeln müssen selbst entworfen und aufgestellt, aber auch durchgesetzt und verteidigt werden. In vielerlei Hinsicht machten die Kinder, die Cowboy und Indianer spielten, so ihre ersten Erfahrungen mit dem *American Dream*. Im Spiel waren nicht alle Cowboys gut und nicht alle Indianer böse. Das Bild vermischte sich, und wichtig war nur, dass die Guten am Ende gewannen. Viele mögen später belustigt darüber nachgedacht haben, dass Cowboy eigentlich „Kuhjunge" bedeutet. Diese Übersetzung passte nicht wirklich zu ihren Kindheitserfahrungen.

Doch wie sah die Realität der Cowboys wirklich aus? War der Alltag eines Cowboys bei Wind und Wetter, bei Kälte und Regen, bei Hitze und sengender Sonne 24 Stunden im Sattel wirklich so romantisch? Warum vermittelt uns ausgerechnet der Viehtrieb riesiger Herden über die Prärien das Gefühl von Freiheit? Und wie „amerikanisch" ist eigentlich der Cowboy?

Die raue Wirklichkeit hinter der romantischen Fassade

Die Realität der Cowboys war, wie man sich denken kann, weitaus weniger romantisch, als uns das Bild glauben machen will. Sie war schmutzig, eintönig und gefährlich. Die meisten Cowboys waren arm, sie besaßen nur das, was sie mit ihren Pferden transportieren konnten. Für einen geringen Lohn saßen sie wochenlang im Sattel und zogen durch die Einsamkeit der Prärien. Nur, nachdem sie ihre Viehherden in den Rinderstädten abgeliefert hatten, konnten sie sich einige Zeit vergnügen, bevor sie wieder zu den Farmen zurückkehrten und sich um einen neuen Job bemühen mussten.

Was hatte ein Cowboy an?

Das bekannteste Merkmal des Cowboys war sein Hut, der sich aus dem *Sombrero*, den die mexikanischen Kuhhirten trugen, entwickelte. Der Cowboyhut bestand aus einer breiten Krempe, die vor allem zum Schutz vor Regen und der brennenden Sonne diente. Doch die Hüte waren nicht immer dem extremen Klima auf den Weiden oder in den Bergen gewachsen und verformten sich meist. Erst als John Stetson, ein Goldsucher aus Colorado, mit dem Erlös aus seinen Goldfunden ein Hutgeschäft eröffnete, verbreitete sich sein Modell, der *Stetson,* als typischer Cowboyhut. Um den Hals trugen die Cowboys die für sie typischen Tücher. Sie dienten vor allem als Atemschutz für die Reiter, die hinter der Herde im aufgewirbelten Staub reiten mussten.

Die Hose der Cowboys war die Jeans, die der deutsche Einwanderer Levi Strauss als Erster hergestellt hatte. Strauss wurde im Jahre 1829 in Deutschland geboren und ging im Alter von 18 Jahren nach Amerika. Während des Goldrausches in Kalifornien war er am Kurzwarengeschäft seines Schwagers beteiligt, entdeckte aber bald, dass die Goldsucher vor allem eines benötigten: strapazierfähige Kleidung. Aus braunem Segeltuch ließ er robuste Hosen schneidern, die binnen Kurzem bei Goldsuchern, Minenarbeitern und Cowboys beliebt wurden. Die Jeans war erfunden, und Levi Strauss hatte seine

Goldgrube ganz anderer Art gefunden. Über ihren Jeans trugen die Cowboys *chaps*, lederne Beinkleider, die sie vor allem vor den Hörnern der Rinder und dem bisweilen dornigen Gestrüpp schützen sollten. Der Ausdruck *chaps* kommt aus dem Spanischen und bedeutet „Gestrüpp".

Das teuerste Kleidungsstück eines Cowboys waren jedoch seine Stiefel. Sie waren ihm so wertvoll, dass viele sie selbst zum Schlafen nicht auszogen. Die besondere Form der Stiefel hatte ganz praktische Gründe. Sie liefen vorne spitz zu, damit der Reiter schnell in die Steigbügel kam. Die hohen Absätze verhinderten, dass er leicht wieder herausrutschte. Für Feiern oder beim Rodeo verzierten einige Cowboys ihre Stiefel mit bunten Stickereien am Schaft. Über die Absätze schnallten sie Sporen, um die Pferde besser kontrollieren und lenken zu können. In Mexiko, wo die Ursprünge der Cowboy-Kultur liegen, trugen viele *vaqueros* einen „Kolonialsporn", der ein Rädchen mit großen Zacken besaß. In Texas und anderen nördlicher gelegenen Gebieten feilten die Cowboys die Zacken ab, bis sie stumpf waren. Sie verletzten nämlich die Pferde zu leicht, gerade wenn es beim Viehtreiben hektisch wurde. Zu festlichen Anlässen legten die Cowboys, die es sich leisten konnten, zu ihren verzierten Stiefeln besonders große, kunstvoll angefertigte Sporen aus Silber an, um ihren Reichtum zu demonstrieren.

Was brauchte ein Cowboy noch?

Zur Ausstattung eines echten Cowboys gehörte darüber hinaus eine Reihe von Gegenständen, mit denen er seine Arbeit erledigte. Natürlich hatte jeder Cowboy ein Pferd, das stets sein treuer, manchmal sein einziger Begleiter war. In den meisten Fällen besaß der Cowboy sein Pferd jedoch nicht selbst, es wurde ihm von seinem Geldgeber, dem Rinderbaron, gestellt. Die Pferde waren von den Spaniern im 17. Jahrhundert nach Amerika gebracht worden. Von Mexiko aus verbreiteten sie sich dann in freier Wildbahn über den nördlichen Kontinent. Diese wilden Pferde wurden *Mustangs* genannt. Zu den Aufgaben eines Cowboys zählte daher auch, diese Wildpferde einzufangen, zu zähmen und einzureiten. Aus dieser nicht ungefährlichen Tätigkeit entwickelte sich das *Rodeo*.

Das wichtigste Arbeitsmittel eines Cowboys aber war das Lasso. Mit ihm konnte er in vollem Ritt und aus einiger Entfernung entlaufende Kühe und Kälber einfangen. Das bei weitem teuerste Utensil eines Cowboys war sein Sattel, der gut und gerne zehn Monatseinkünfte kosten konnte. Allerdings hielten die Sättel auch meist ein Leben lang.

Zur Abwehr von Gefahren und zu ihrer Verteidigung hatten Cowboys nur ein Gewehr und nicht etwa einen Revolvergürtel mit mehreren Pistolen, wie die landläufige Vorstellung suggeriert. Auch waren sie sicher keine Revolverhelden, wie es in Westernfilmen oft dargestellt wird. Ein Revolver mag zwar schneller zu ziehen gewesen sein, ein Gewehr dagegen war viel treffsicherer. Auf dem weiten Grasland konnte man einen Gegner oder ein gefährliches Tier schon aus einiger Entfernung beobachten und war – wenn überhaupt – eher darauf angewiesen, auf weite Distanzen zu schießen. Jedoch beherrschten viele ihre Schusswaffen nur mäßig. Ohnehin vermieden sie es zu schießen, denn die Schüsse erschreckten die Rinder und sorgten für Unruhe in der Herde.

Auf dem Trail

Bevor ein Cowboy auf die Reise, den sogenannten *cattletrail,* ging, wurde er von einem *trailboss* ausgewählt. Er war unangefochtener Anführer und hatte die Befehlsgewalt über die Cowboys, während die Herde zu den Verladestationen getrieben wurde. Neben dem *trailboss* gab es normalerweise zwei *wrangler*, die sich ausschließlich um die Pferde der Cowboys und keinesfalls um die Rinderherde kümmerten. Schließlich engagierte der *trailboss* einen Koch, der neben kochen auch schlachten, Holz sammeln, nähen, flicken, reparieren und Haare schneiden können musste. Er war sozusagen Mädchen für alles. Dem Koch stand ein Küchenwagen, der *chuckwaggon,* zur Verfügung. Mit ihm wurden die unterschiedlichsten Geräte, Werkzeuge, Hufeisen, Waffen, Munition und Lebensmittel transportiert. Ähnlich einem

Planwagen war er mit einer Plane überspannt. Auf der Rückseite befand sich die *chuckbox*, in der die Lebensmittel und das Geschirr aufbewahrt wurden. Sie war ausklappbar, so dass dort die Mahlzeiten für die Cowboys zubereitet werden konnten.

Die erste Aufgabe der Cowboys bestand darin, die Rinder auf den Weiden der Rinderbosse zusammenzutreiben. Dann sammelten sie die Tiere von unterschiedlichen Ranches an einem zentralen Ort, wo sie mit Brandzeichen versehen wurden, die im Verzeichnis der Viehzüchtervereinigung eingetragen waren und jedes Tier eindeutig einem Besitzer zuordneten. Man hatte das *branding* eingeführt, um den weit verbreiteten Viehdiebstahl einzudämmen. So konnte der *trailboss* später an den Verladestationen den Besitzer des Viehs nachweisen. Ein Tier ohne Brandzeichen wurde als *maverick* bezeichnet. Sobald es das Wetter im Frühjahr zuließ, zogen die Cowboys mit den Rindern in Richtung Norden zu den Eisenbahnlinien.

Die Aufgaben während dieser Trails waren strikt festgelegt. Voraus ritten die *point riders,* die den Kopf des Zuges markierten. Sie waren zugleich auch für die Orientierung in der Landschaft und Einhaltung der Strecke verantwortlich. Unterstützt wurden sie von den *flank riders* an der Seite der Herde, die sich hauptsächlich um einzelne Ausreißer unter den Kühen kümmern mussten, und von den *drag riders* am Ende des Zuges. Sie ritten im aufgewirbelten Staub und schützten sich, indem sie ihre großen Halstücher über die Gesichter zogen.

Zunächst waren die Cowboys bemüht, eine große Strecke am Tag zu bewältigen, um die Rinder aus den unterschiedlichen Herden an sich und aneinander zu gewöhnen. Nach etwa dreißig Meilen waren die Rinder am Abend erschöpft, und es bestand keine Gefahr der Unruhe unter den Tieren. Keine Kuh hatte mehr die Kraft, aus der Herde auszubrechen. Später konnten die Cowboys die Tagesdistanz dann verkürzen. Drei bis fünf Monate zogen die Cowboys so über die Prärien Nordamerikas, bis sie in den Rinderstädten mit den Verladebahnhöfen in Kansas eintrafen. Dort mussten sie oftmals außerhalb der Städte warten, da sich noch andere Trails in der Stadt befanden und auf die Züge warteten. Erst wenn die Stadt wieder frei war, konnten die Cowboys mit ihren Rindern einziehen und ihre Tiere verladen.

Die schmutzigen Seiten des Cowboylebens

Der Alltag der Cowboys war dreckig und voller Entbehrungen. Ersatz-
kleidung konnten sie während ihrer monatelangen Reise nicht mit-
schleppen, um die Pferde nicht mit unnötigem Ballast zu strapazie-
ren. Wasser zum Waschen gab es aber unterwegs meist auch nicht. In
den Prärien gab es keine Wege, geschweige denn Straßen, so ritten
die Cowboys querfeldein und waren direkt den Unwägbarkeiten der
Natur ausgesetzt. Wenn sie nicht auf dem Rücken ihrer Pferde saßen,
wateten sie durch tiefe Schlammlöcher, Morast oder seichte Wasser.
Oder sie kämpften sich durchs Dickicht, manchmal sogar durch Schnee
und Eis. Meist aber machten ihnen staubige Böden und Trockenheit
zu schaffen.

Bevor die Männer aufbrachen, waren sie in Massenunterkünften
zu zwanzig bis dreißig Personen untergebracht. Cowboys schliefen
bei Wind und Wetter unter freiem Himmel auf dem Boden. Nur in
seltenen Fällen hatten sie ein Dach über dem Kopf. In den Rinderstädten verbrachten sie die Nächte meist mit ihren Pferden im Stall.

Der Lohn der Cowboys war knapp bemessen. Zudem mussten sie
sich nach jedem erfüllten Auftrag um einen neuen bemühen und waren im Winter größtenteils ohne Arbeit. Als Cowboy verdingte sich
nur, wer keine andere Anstellung fand. Viele waren Landstreicher,
bisweilen vorbestraft, oder stammten aus ärmlichen Verhältnissen.
Viele konnten kaum reiten, als sie ihren ersten Job als Cowboy annahmen. Reitunfälle waren deshalb auch die Todesursache Nummer eins.

Der Aufstieg der Viehwirtschaft im Wilden Westen

Doch wie kam es dazu, dass sich Ende des 19. Jahrhunderts die Viehwirtschaft so weit verbreitete, dass der Cowboy zu einer solchen Kult-
figur werden konnte? Fast dreihundert Jahre lang war der Großteil
des Südwestens Nordamerikas in der Hand der Spanier. Sie hatten
Rinder nach Amerika mitgebracht und betrieben in den nicht so

fruchtbaren Ebenen Viehzucht. Nachdem die Vereinigten Staaten durch den *Louisiana Purchase* weite Teile des Westens in ihren Besitz gebracht hatten und Mexiko seine Unabhängigkeit von Spanien erklärt hatte, erhoben um 1820 diese zwei jungen Republiken Anspruch auf den noch zu erobernden Westen. Die indianischen Ureinwohner kämpften gegeneinander um die besten Jagdgründe. Es war also unklar, wer einmal den Wilden Westen beherrschen würde.

In der Provinz *Tejas* siedelte lediglich eine Handvoll Spanier um die katholischen Missionen. Die Regierung von Mexiko erklärte daher, dass nun auch amerikanische Siedler in ihren Gebieten willkommen seien. Sie hofften, dass die USA niemals Gebiete angreifen würden, in denen sich amerikanische Siedler niedergelassen hatten. So sollte *Tejas* fest in mexikanischer Hand bleiben. Doch die amerikanischen Siedler, die in großer Zahl dorthin kamen, machten die mexikanische Provinz bald zur unabhängigen Republik Texas, die schließlich als US-Bundesstaat in die Vereinigten Staaten aufgenommen wurde. Damit erbten die USA gewissermaßen die neuspanisch-mexikanische Tradition der Rinderzucht, und Texas wurde zum Cowboy-Staat schlechthin.

Als noch weitere Territorien im nordamerikanischen Westen zu US-Bundesstaaten organisiert wurden, zeigte sich bald, dass das Grasland der großen Ebenen für die Rinderzucht wie geschaffen war. Denn wenn es im Westen an etwas zunächst nicht mangelte, dann war es weites, billiges Land. Und in Texas gab es Millionen wilder Rinder, die sogenannten *longhorns*, die von den Spaniern ausgesetzt worden waren. Die Vereinigten Staaten sorgten vor allem für einen wichtigen Impuls: Hatte bislang ein Absatzmarkt für das Fleisch gefehlt, so hatten die Städte an der Ostküste und an den Großen Seen einen nahezu unendlichen Bedarf. Mit den Märkten im Osten wurde die Rinderzucht im Westen zum großen Geschäft, und Viehzuchtbetriebe wurden in bis dahin nicht gekanntem Ausmaß rentabel. Doch wie sollte das Fleisch von dem Grasland im Süden und Westen in die Städte im Norden und Osten gelangen? Dieses logistische Problem löste die Eisenbahn.

Texas, die Rinder und die Eisenbahn

Nach dem Amerikanischen Bürgerkrieg, den die Südstaaten gegen den Norden verloren hatten, stand der Staat Texas beinahe vor dem Bankrott. Viele Texaner kehrten 1865 in ihre Heimat zurück und begannen die Viehzucht wieder aufzubauen. Da sich während des Krieges kaum jemand um die Tiere gekümmert hatte, waren sie übers ganze Land verstreut. Die Heimkehrer mussten also zuerst einmal die Rinder wieder einfangen. In den folgenden Jahren brachten sie die Rinderzucht wieder in Gang. Als der Viehhändler Joseph G. McCoy 1867 in Abeline, Kansas, die erste Viehverladestation für die Eisenbahn einrichtete, begann die Zeit der großen *cattletrails* von Texas nach Kansas. Von dort wurden die Rinder mit der Eisenbahn zum zentralen Viehmarkt, den *Union Stockyards,* nach Chicago gebracht. In den großen Schlachthöfen wurden die Tiere getötet, zerlegt, und das Fleisch wurde entweder über den Mississippi und Ohio River in die ländlichen Gebiete oder über den *Lake Erie* und den *Erie Canal* nach New York und zu den großen Städten der Ostküste geliefert. Die Viehzucht in Texas boomte und versorgte nach und nach die Ballungszentren der Vereinigten Staaten von Amerika. So könnte man sagen, dass vor allem Texas vom Bau der Eisenbahn profitierte – obwohl nicht eine der Strecken nach Texas führte.

High life in den Rinderstädten

Um die Verladestationen siedelten sich schnell diverse Gewerbe an. In den späten Sommermonaten glichen die Rinderstädte einer Vergnügungsmeile – so wie heute vielleicht nur in der Spielerstadt Las Vegas. 1870 gab es in Abilene 32 Saloons – bei fünfhundert Einwohnern! Aber auch zahlreiche Drugstores eröffneten, die alles anboten, was ein Cowboy für das nächste Jahr brauchen konnte: Kleidung, Ausrüstungsgegenstände und Werkzeuge, Waffen und Munition. Bevor sie wieder nach Texas zurückkehrten, statteten sie sich für die kommende Saison aus und setzten einen beträchtlichen Teil ihres gerade verdienten Geldes gleich hier wieder um.

Bald schlossen auch andere Orte Verträge mit den Eisenbahngesellschaften und richteten Verladestationen ein: Ellsworth, Newton,
Wichita und schließlich die größte und bekannteste: Dodge City. Sie
bildeten jeweils den Endpunkt der großen Trails: des *Chisholm Trail,*
des *Goodnight-Loving Trail* und des *Western Trail.* Bis 1900 hatten
rund 35 000 Cowboys auf diesen Trails die Herden nach Norden getrieben, die eine durchschnittliche Größe von dreitausend Rindern
erreichten. Die kleinen Dörfer an den Verladebahnhöfen wurden zu
betriebsamen Städten, die davon lebten, dass sich im Spätsommer für
einige Wochen tausende Menschen hier aufhielten.

Ist der Cowboy typisch amerikanisch?

Der Cowboy, wie er in unserer Vorstellung existiert, gilt als der typische
Amerikaner des Wilden Westens. Aber auch hier muss das Bild zurecht-
gerückt werden. Ein nicht unerheblicher Teil der wirklichen Cowboys
war nämlich afroamerikanischer, mexikanischer oder indianischer Herkunft. Die afroamerikanischen Cowboys waren zum großen Teil ehemalige Sklaven, die es nach dem Bürgerkrieg in den Westen verschlug.
Da sie weder in den besiegten und zerstörten Südstaaten, noch in den
Nordstaaten Arbeit finden konnten, heuerten sie im Westen als Cowboys an. Heute versuchen die Filmproduzenten dieser Tatsache Rech-
nung zu tragen, indem sie einige Charaktere mit farbigen Schauspie-
lern besetzen. Doch auch weiterhin überwiegt in der Populärkultur die
Darstellung von „weißen" Cowboys. Indianische Cowboys sind hingegen in Filmen so gut wie nie zu sehen, obwohl auch sie einen größeren
Teil der Cowboys ausmachten. Einige Stämme pflegen sogar bis heute
das Rodeo als Teil ihrer eigenen Kultur.

Der Cowboy – Symbol für Freiheit und Gerechtigkeit

Woher kam die Illusion, dass der Cowboy ein ur-amerikanischer
Abenteurer und Freiheitsliebhaber war? Im 19. Jahrhundert zogen
enorme Ströme von Auswanderern aus Europa nach Nordamerika.

Sie entflohen der Armut und der Knechtschaft und wollten einen Neuanfang wagen, der zwar hart und abenteuerlich sein mochte, aber eine neue Chance und ein Leben in Freiheit versprach. Viele, die zurückblieben, erfuhren davon aus unzähligen Briefen, die in die alte Heimat geschickt wurden und das Bild von Freiheit, Abenteuer und einem selbstbestimmten Leben in den Köpfen entstehen ließen.

Die Siedler und Pioniere machten das wilde Land urbar und waren weit weg von jeglicher Herrschaft, die sie unterdrücken konnte. Sie fühlten sich frei, auch wenn der Alltag hart und beschwerlich war. Dennoch war es auch für das Leben in der Freiheit notwendig, ein gewisses Maß an Ordnung, Recht und Gerechtigkeit zu sichern. Hier tritt der Cowboy in Erscheinung, der unerschrocken mit seiner Waffe für sein Recht kämpft oder sich für jeden stark macht, dem er sich verpflichtet hat und der seiner Meinung nach im Recht ist. Er steht damit auch im Gegensatz zum Werteverfall in den großen industrialisierten Städten in den Oststaaten.

So wurde der amerikanische Cowboy mit all seinen Attributen verklärt und in den Gründungsmythos der Vereinigten Staaten integriert. Er verkörpert vieles, wofür die amerikanische Nation steht oder stehen möchte. Er ist ein greifbares, leicht verständliches Symbol, in dem jeder – Kritiker wie Befürworter – einen Anknüpfungspunkt findet.

Ein Siedlertreck, das waren Pferde und Planwagen

Endlose, steinige Landschaft, zwei riesige Kakteen werfen lange Schatten auf den trockenen, staubigen Boden der Savanne. Ein Wagentreck tapferer, unerschrockener Siedler bewegt sich langsam in Richtung Westen, dem orange glühenden Sonnenuntergang entgegen. Neben dem Klappern der Holzwagen und dem gleichmäßigen Trott der Pferde hört man einen der Wagenlenker melancholische Melodien auf der Mundharmonika spielen, und im Hintergrund heulen Coyoten. Hoch zu Ross sitzt der Treckführer, ein hartgesottener, wortkarger Mann, der Jahrzehnte in der Wildnis zwischen dem Mississippi River und dem Pazifischen Ozean verbracht hat und den Westen wie nur wenige andere kennt. Er trägt die entschlossenen Gesichtszüge John Waynes, Gary Coopers oder Burt Reynolds', raucht oder kaut Tabak. Ihm folgen Planwagen, eine unüberschaubare Menge, vielleicht hundert, sie werden von je zwei, manchmal gar vier Pferden gezogen. Jeder Wagen beherbergt eine Familie samt ihrem Hab und Gut. Die Szenerie vor unserem inneren Auge wird untermalt von einem der großen Westernthemen, und leise summen wir mit. Dieses romantisch verklärte Bild kennen wir aus unzähligen Westernfilmen, aus Comics, aus der Werbung und vielen anderen populärkulturellen Produkten. Es scheint unvermeidbar mit der Eroberung des Wilden Westens verbunden zu sein – und doch hat es sich so nie zugetragen.

Natürlich gab es Wagentrecks in die westlichen Bundesstaaten, nach Oregon, Texas, Utah und Kalifornien, mit denen Amerikaner wie Europäer in eine neue Heimat aufbrachen, das Land urbar machten und sich dort niederließen. Doch die kolportierte Darstellung und die Details dieses Bildes in der Populärkultur sind übertrieben, wenn nicht überhaupt falsch. Die Besiedlung des Westens war weniger eine heroische, romantische Eroberung, sondern vielmehr karger, schroffer, harter und gefährlicher Alltag. Sehen wir uns die Details näher an: In den 1840er und 1850er Jahren gab es zwar viele solcher Züge, doch lediglich einen einzigen, zu dem mehr als hundert Wagen gehörten. Er brach 1843 in Richtung Oregon auf und ging als größter Wagenzug mit rund 120 Planwagen in die Geschichte des Wilden Westens ein. Als der Wagentreck den Kontinent durchquerte, tauchten erhebliche Schwierigkeiten unter den Siedlern auf. Einzelne Familien verfeindeten sich, es kam zu Auseinandersetzungen und zu Schießereien. Der Treck erreichte zwar sein Ziel, doch nur mit viel Glück. Daher beschlossen die einflussreicheren Treckführer, fortan nur noch kleinere Kolonnen, mit bis zu dreißig Wagen über den Kontinent zu führen.

Aber nicht nur die Anzahl der Wagen war übertrieben. Auch die Vorstellung, sich von Pferden gen Westen tragen zu lassen, entspricht eher den Wünschen des Zuschauers im Kinosessel als der Realität. Pferde gab es nur sehr selten auf den Trecks, vereinzelt besaßen Familien zwar Pferde, doch trabten sie an einen Wagen gebunden meist hinter dem Zug her und waren nur wenig beladen. Geritten wurden sie nicht. Vor allem zogen sie keine Wagen. Dafür hatte man Ochsen und Kühe. Auch die Wagen waren meist alles andere als stabil, sondern manchmal schnell zusammengeschustert und sogar äußerst brüchig und ähnelten eher alten Handkarren. Sie durchzogen die Prärien nicht etwa schön hintereinander wie auf einer Landstraße, sondern teils nebeneinander, teils hintereinander, oft kreuz und quer, weil der aufgewirbelte Sand der Wüsten und Prärien schon den zweiten einer Reihe völlig einstaubte und ihm die Sicht nahm. Die Siedler selbst gingen den größten Teil der Strecke zu Fuß neben den Wagen her. Sie sollten kein zusätzlicher Ballast für die Tiere sein, die mit dem Gewicht der Habseligkeiten ohnehin genug zu ziehen hatten. „Wir quälten uns jeden dieser Tage", schrieb ein deutscher Siedler später an Verwandte in der Heimat. „Auf wenigen Ochsenwagen durchquerten wir die unwegsame Wildnis landeinwärts. Die meisten von uns mussten laufen, nur Kinder und Kranke hatten einen Platz auf den vollgepackten Wägen." Vergleicht man dieses reale Bild mit dem verklärten Bild der Filmindustrie, bleibt nur noch sehr wenig Romantik übrig.

Gefahren, bei denen Heldenmut nichts nützt

Auf dem Weg in das verheißungsvolle Land im Westen mussten die teilweise sehr unerfahrenen Siedler eine Reihe von Abenteuern bestehen. Allerdings waren Überfälle durch Indianer, wie sie nicht nur in den Hollywoodfilmen, sondern auch in den Karl-May-Büchern oder den Lucky-Luke-Comics dargestellt werden, eher eine Seltenheit. Auch wenn es solche Überfälle gab, so bekamen die meisten Siedler nie einen feindlich gesinnten Indianer zu Gesicht. Die größte Gefahr für die Pioniere ging von Krankheiten aus. Vor allem Infektionen wie Typhus und Cholera forderten viele Todesopfer unter den Siedlern. Ein Beispiel dafür ist eine Gruppe deutscher Siedler, die ihre Auswanderung über den 1842 ins Leben gerufenen Mainzer Adelsverein, auch Texasverein genannt, organisierte. 200 Familien mit insgesamt 700 Personen, die größtenteils aus Hessen stammten, wurden im Winter 1844 auf drei Segelschiffen über den Atlantik geschifft, um in Texas fruchtbares Weideland zu bewirtschaften und gegebenenfalls eine Handelskolonie zu gründen. Die Siedler landeten in Carlshafen in den Sümpfen der Matagorda Bay im Golf von Mexiko. Der Ort war eigens für die deutschen Ankömmlinge angelegt worden, heißt heute Indianola und ist nur noch eine Geisterstadt. Hier sollten sie über den Winter bleiben. Doch in den notdürftig gezimmerten Hütten griffen bald Gelbfieber, Cholera, Typhus und andere tödliche Krankheiten um sich, so dass viele Siedler starben. Im Frühjahr brachen die Überlebenden mit einem Wagentreck in ein Gebiet am Guadelupe River auf, das früher einem Mexikaner gehört hatte und außerhalb der Jagdgebiete der Komantschen lag. Erneut brachen Seuchen aus, die die Anzahl der Siedler weiter dezimierten. Letztlich kam der Rest des Trecks am 21. März

1845, einem Karfreitag, am Guadelupe River an, wo sie den Grundstein für die erste Siedlung, New Braunfels, legten.

Aber auch das Klima und die Wasserknappheit sorgten für viele
Todesfälle unter den Siedlern. Weite Strecken der Reise führten durch
steppenartige Gebiete, in denen Trockenheit herrschte, zumal die
Sonne im Inneren des amerikanischen Kontinents unbarmherzig vom
Himmel brennen konnte. Außerdem war es wichtig, möglichst früh
im Frühjahr aufzubrechen, damit die Siedler die Gebirgszüge der
Rocky Mountains und Sierra Nevada noch im Sommer überwinden
konnten. Schon im beginnenden Herbst konnte es zu Wintereinbrü-
chen kommen. In Schneetreiben zu geraten und der Kälte trotzen zu
müssen konnte verhängnisvoll sein. So erging es beispielsweise der
„Donnerparty", einer Siedlergruppe um die deutschen Auswanderer
George und Jakob Donner. Sie wurden auf ihrem Weg nach Kalifroni-
en in der Sierra Nevada vom Winter überrascht. In den Schneemassen
und in der Kälte starben viele Siedler. Die wenigen Überlebenden hatten sich nur durch Kannibalismus am Leben halten können.

Ein buntes Gemisch an Leuten

Viele Westernfilme vermitteln den Eindruck, dass alle Siedler US-
Amerikaner waren. Das rührt jedoch daher, dass die meisten Filme
amerikanische Produktionen waren und auf Englisch gedreht wurden. Außerdem stand immer die Story im Vordergrund, Authentizität
spielte keine große Rolle. Die Realität im 19. Jahrhundert sah nämlich
anders aus. Zwar kamen tatsächlich viele Siedler aus den östlichen
Bundesstaaten, ein Großteil waren aber Einwanderer aus den unterschiedlichsten europäischen Ländern. Unter ihnen waren Engländer,
Franzosen, viele Deutsche, Holländer und Skandinavier, die sich vor
allen in den Gebieten niederließen, die später zu den beiden US-Bundesstaaten North und South Dakota wurden. Einige der Siedler lebten
erst in erster oder zweiter Generation in den Vereinigten Staaten. Sie
fühlten sich mitunter schon ganz als Amerikaner und waren dem Fieber verfallen, im Westen des nordamerikanischen Kontinents noch
einmal einen Neuanfang zu wagen.

Der Traum vom Neuanfang in Freiheit

Doch wie war es dazu gekommen, dass Hunderttausende den gesamten Kontinent durchquerten? Woher stammt der unwiderstehliche Drang der Siedler, in den Westen aufzubrechen und dort ein neues Leben zu beginnen, wo doch weite Gebiete des Westens wie gerade die beliebten Siedlungsgebiete in Kalifornien und Oregon noch nicht einmal zu den Vereinigten Staaten gehörten?

Trapper und Fallensteller waren die ersten, die sich in die Wildnis vorwagten. Eigentlich flüchteten sie aus den immer schneller wachsenden Städten im Osten in die freie Natur, waren jedoch die Vorboten der Zivilisation, die für die Nachfolgenden den Weg in den Westen ebneten. Für sie war das Land jenseits des Mississippi River von unglaublicher Schönheit, mit fruchtbaren Ebenen und saftigen Weiden. In den 1830er Jahren verbreitete sich das Bild von dem paradiesischen Oregon jenseits der Rocky Mountains. Diese Vision stimulierte viele wirtschaftlich und sozial Unzufriedene an der Ostküste und weckte die Idee eines erneuten Neuanfangs jenseits des großen Gebirges, so wie seit nun schon zwei Jahrhunderten die Auswanderung von Europa nach Nordamerika als Neuanfang und Wiedergeburt gewertet wurde.

Die Jahre von 1840 bis 1859 waren die große Zeit der Wagentrecks. Amerikaner wie eingewanderte Europäer zogen mit allem, was die Planwagen tragen konnten, nach Westen. Insgesamt legten rund 380 000 Menschen den über 2000 Meilen langen Weg auf die andere Seite des Kontinents zurück. Sie alle hofften auf ein besseres Leben in persönlicher Freiheit inmitten der freien Natur. Dieser Aufbruch nach Westen, der unbändige Wille, sein Leben in die eigene Hand zu nehmen, wird später, in den 1930er Jahren, zum Sinnbild des *American Dream*.

Religiöse und soziale Gründe für den Aufbruch

Die Besiedlung Oregons begann mit der Ansiedlung einer kleinen Gruppe von Methodisten um Reverend Jason Lee im Jahr 1834. Er sah es als seine Aufgabe, die dort lebenden Indianer zum Christentum zu bekehren. Schon bald gab er dieses hehre Ziel auf und kümmerte sich vielmehr um die vielen Trapper und ihre mitunter indianischen Frauen. Lees Zug nach Oregon motivierte auch andere religiöse Gruppen, Missionare zu den Indianern an der Pazifikküste zu schicken.

Der Wunsch, nach Westen zu ziehen, wurde jedoch nicht nur von den Religionsgemeinschaften angestachelt, sondern auch von der amerikanischen Politik. Die weltweite Wirtschaftskrise von 1837 bis 1841, die in England ihren Anfang genommen hatte und nun zu sozialen Spannungen in den Städten des Ostens führte, sowie die hohen Einwandererzahlen aus Europa brachten die amerikanische Politik in Bedrängnis. Die US-Politiker suchten nach einem Ausweg und fanden ihn in der Westexpansion. Durch die Abwanderung vieler Amerikaner nach Westen versprachen sie sich ein Nachlassen des Bevölkerungsdrucks und wirtschaftlichen Aufschwung. Zudem sollten die Siedler den amerikanischen Anspruch auf Oregon gegen England unterstreichen, den bereits der deutsche Einwanderer und spätere Multimillionär John Jacob Astor 1811 mit der Gründung von Astoria an der Pazifikküste von Oregon deutlich gemacht hatte.

Um sich vor Ort gegen die Briten durchzusetzen, die seit dem Krieg von 1812 in Oregon Handelsstützpunkte unterhielten und den einzigen amerikanischen Außenposten, Fort Astoria, kassiert hatten, musste die Bevölkerungszahl der Amerikaner an der Pazifikküste steigen. Geregelt durch den Friedensvertrag von Gent, der dem Krieg von 1812 folgte, verwalteten England und die USA ab 1818 das Oregon-Gebiet gemeinsam. Sollten die Amerikaner am Pazifik Fuß fassen können, so war es in dieser Zeit in Oregon am einfachsten, da Kalifornien noch zu Mexiko, weite Teile Kanadas zu England und Alaska zu Russland gehörte.

Letztendlich führte die Besiedlung Oregons dazu, dass die Briten 1846 bereit waren einzulenken und das riesige Oregon-Gebiet in einen amerikanischen Teil, der die heutigen Bundesstaaten Oregon, Washington und Idaho umfasst, und in einen kanadisch-britischen zu teilen. Einige amerikanische Siedler forderten mit dem Slogan *54 or fight!* zwar das gesamte Oregon-Gebiet, also bis zum 54. Breitengrad als Nordgrenze, was Präsident James Knox Polk (US-Präsident von 1841 bis 1845) schließlich aber nicht erreichen konnte.

Manifest Destiny

Im Osten war eine wahre Hysterie ausgebrochen, der der New Yorker Journalist John L. O'Sullivan im Jahr 1845 in einem Artikel des *Democratic Review* einen Namen gab: *Manifest Destiny*. Er schrieb, es sei „die offenkundige Bestimmung der Nation (...), sich auszubreiten und den gesamten Kontinent in Besitz (zu) nehmen". Schnell eignete sich auch die Politik den Begriff an und entfachte in der Bevölkerung das Bewusstsein, die USA hätten den göttlichen Auftrag, sich über den nordamerikanischen Kontinent auszubreiten, ihn zu zivilisieren und den *Native Americans* die Ideale von Aufklärung, Demokratie und Fortschritt zu vermitteln. Die Formulierung dieser Mission gab der Westexpansion der Amerikaner einen tieferen Sinn. Sie bildete die Klammer für Expeditionen, Siedlungsversuche, Landnahmen und Eroberungen. Durch Presse und Politik gefördert, hielt der Begriff Einzug in den allgemeinen Sprachgebrauch und prägte sich in das kollektive Bewusstsein der Nation ein.

Was O'Sullivan beobachtete und beschrieb, nutzten andere, allen voran der Präsident Polk, zur Rechtfertigung ihrer aggressiven Politik gegenüber Mexikanern und verschiedenen Indianerstämmen. Waren Trapper, Pelzhändler, Entdecker und Händler bislang nur vereinzelte Vorboten der Westexpansion gewesen, so setzte in den 1830er und 1840er Jahren eine Lawine ein, die den unberührten Westen geradezu überrollte. Die Vorstellung, die Vereinigten Staaten hätten eine historische Mission zu erfüllen, um Demokratie und Freiheit in Nordamerika zu verbreiten, wurde politisches Programm. Der protestantische Glaube, so ihre Überzeugung, sei den anderen Religionen überlegen. Deshalb fühlten sich viele Amerikaner dazu berufen, sowohl die Ureinwohner als auch die mehrheitlich katholischen Mexikaner missionieren und bekehren zu müssen. In einigen Fällen ging der Überlegenheitsgedanke so weit, dass aus Missionierung gewaltsame Eroberung wurde. Hierin spiegelt sich die christlich-puritanische Vorstellung der Siedler in Neuengland wider, sie seien ein „auserwähltes Volk". Schon die Gründungsväter der amerikanischen Demokratie verbanden dieses Sendungsbewusstsein mit dem Geist der Aufklärung und erhoben es zu einer besonderen Mission. Beseelt von einer Mischung aus Freiheit, Patriotismus und Religiosität, rechtfertigten die Amerikaner ihr Vordringen gen Westen und das Verdrängen der nordamerikanischen Ureinwohner als von Gott gewollt.

Die Wege in eine bessere Zukunft

Zu Beginn der 1840er Jahre gab es viele Skeptiker, die bezweifelten, dass ein Wagentreck die Rocky Mountains überqueren und den Pazifik erreichen konnte. Zwar gab es seit nunmehr drei Jahrzehnten durch Pelzjäger und Händler bekannte, gangbare Pfade nach Westen – hierbei spielte vor allem der von den Astorianern entdeckte *South Pass* durch das Felsengebirge eine große Rolle –, doch nahm die Öffentlichkeit wenig Notiz davon. Erst als 1824 eine Gruppe Trapper um Jedediah Smith die Route wiederentdeckte, verbreitete sich im Osten die Neuigkeit von der Passage. Zunächst galt sie aber für Siedlerfamilien mit ihren schweren Planwagen als unwegsam, unüberwindbar und viel zu gefährlich.

Der Oregon Trail

Der Weg nach Oregon war ein großes Wagnis und eine sehr beschwerliche Reise, die vier bis sechs Monate dauerte. 1842 setzte sich der erste größere Wagenzug in Richtung Oregon in Bewegung und löste eine Massenwanderung über den Kontinent aus. Im Mai verließen Männer, Frauen und Kinder Independence, Missouri, den Ausgangspunkt der Wagentrecks. Geführt wurde diese Gruppe von Marcus Whitman, einem Missionar, der 1835 zusammen mit seinem Kollegen Henry Spalding und ihren Frauen gen Westen aufgebrochen war, um die Indianer zu missionieren. Meist wurden die Trecks aber von erfahrenen Pelzjägern und Trappern geleitet, die zuvor für den Pelzhandel gearbeitet hatten.

In Independence, Missouri, statteten sich die Siedler für ihre Reise aus. Viele von ihnen hatten zuvor Farmen im Osten besessen und verfügten über genügend Bargeld für die Reise. Die Siedler benötigten Planwagen, Tiere, Lebensmittel für die monatelange Reise, Ausrüstungsgegenstände, Waffen und Munition, Saatgut für den Start in ein neues Leben und genügend Verpflegung, um die Zeit bis zur ersten Ernte zu überbrücken. Bereits vorhandene Pelzhandelsstationen und Forts der US-Army gewährleisteten die Grundversorgung der vielen Trecks. Zwischen den Forts errichteten nach und nach unabhängige Händler weitere kleine Stationen, wo die Siedler Lebensmittel kaufen und ihre Zugtiere austauschen konnten.

Der Trail führte durch die Prärien von Missouri, Kansas, Nebraska und die Berge von Wyoming, Idaho und weiter nach Oregon. Im Lauf der Zeit wurde es zur Tradition, dass die Siedler ihre Namen in zwei Felsen in Wyoming ritzten, das sogenannte *Register Cliff* und den *Independence Rock*. Noch heute sind die Namen dort deutlich sichtbar.

Auf dem Weg in ihr gelobtes Land lauerten zahlreiche Gefahren. Die meisten Todesfälle unter den Siedlern waren auf Krankheiten und Wasserknappheit zurückzuführen, es ereigneten sich aber auch Unfälle mit den schweren Planwagen. Häufig bedeutete der Tod einiger Zugtiere das Ende des ganzen Trecks. Indianerüberfälle gab es nur sehr selten, viele Indianer entpuppten sich anfangs vielmehr als freundliche und neugierige Besucher. Manche Trecks bekamen während der ganzen Überfahrt keinen einzigen Ureinwohner zu Gesicht. Später machten diese sich die durchziehenden Siedler zunutze, indem sie Flöße bauten und den Siedlern gegen Bezahlung Fährdienste anboten. Auch verkauften sie den Siedlern Gebrauchsgegenstände, die auf der langen Reise verschlissen wurden, vor allem Schuhe – Mokassins, die dem Gelände optimal angepasst waren. Erst durch die Ausbeutung der Holz- und Wasservorräte und die Verringerung der Tierbestände in ihrem Jagdgebiet kam es zu größeren Konflikten. Im Osten nutzten die Gegner der Oregon-Besiedlung diese Vorfälle, um gegen die Indianer zu hetzen und Druck auf politische Entscheidungen auszuüben. In Zeitungsberichten war von Massakern an amerikanischen Siedlern die Rede, die sich in dieser Form nie zugetragen hatten. Die Regierung reagierte schließlich und stationierte zum Schutz der Siedler bis zum Ausbruch des Bürgerkrieges 1861 etwa 7000 Soldaten in nahezu 80 Forts westlich des Mississippi River. Die Geschichten waren aber nun in die Welt gesetzt und hielten sich hartnäckig.

Der California Trail

Eine Abzweigung des Oregon Trail war der California Trail. Bis zum *South Pass* und durch das Felsenmassiv der Rocky Mountains hindurch verliefen beide Wegstrecken gemeinsam, doch dort etablierte sich ab den späten 1840er Jahren eine Weggabelung in Richtung Süden, die einen Teil der Siedler nach Kalifornien führte. Zunächst war diese Route nicht sonderlich befahren, doch mit der Nachricht der ersten Goldfunde in Kalifornien entschlossen sich viele Siedler, mitunter auch erst während der Reise, nicht nach Oregon zu ziehen, sondern den Weg in das südlicher gelegene Kalifornien einzuschlagen.

Der Mormon Trail – die Besiedlung Utahs

Zur Zeit der großen Wagentrecks machten sich nicht nur Unzufriedene und Missionare auf in Richtung Westen. Es gab auch religiöse Flüchtlinge, Religionsgemeinschaften, die immer wieder durch die Ausübung ihrer Religion in der Gesellschaft aneckten. Sie hofften, im freien Westen ungehindert nach den von ihnen gewählten Regeln leben zu können. Besonders bekannt ist der Zug der Mormonen in die trostlose Salzwüste von Utah in den Jahren 1846/47. Die Mormonen sind eine christliche Glaubensgemeinschaft, die 1830 von Joseph Smith als *Kirche Jesu Christi der Heiligen der Letzten Tage* (*Church of Jesus Christ of Latter-Day Saints*) in New York State gegründet worden war. Smith hatte in den Jahren 1823 bis 1827 mehrere Erscheinungen des Propheten Moroni in Engelsgestalt, der ihn beauftragte, das verborgene Buch Mormon ins Englische zu übersetzen. Smiths neue Glaubensgemeinschaft fand in der Umgebung genauso rasch Anhänger wie erbitterte Gegner, die die Gemeinschaft boykottierten, öffentlich diffamierten und sogar mit Waffengewalt angriffen. Aus diesem Grunde verließen sie ihre Häuser, Geschäfte und Farmen und zogen westwärts. Doch auch in den Städten weiter westlich wurden sie im-

mer wieder vertrieben. In Nauvoo, Illinois kam es zu einem verhäng-
nisvollen Zwischenfall. Joseph Smith hatte sich über eine Zeitungskri-
tik so sehr empört, dass er die Druckerei zerstören ließ. Dafür wurde
er im Juni 1844 inhaftiert und schließlich zusammen mit seinem Bruder von Milizsoldaten gelyncht.

Sein Nachfolger, der Mormonenälteste Brigham Young, beschloss
1845, die *Heiligen der Letzten Tage* an einen Ort zu führen, an dem sie
in Frieden und ohne Anfeindungen leben konnten. Er wählte ein
ödes, wüstenartiges Tal im fernen Westen aus, am Großen Salzsee in
Utah. In dieser unwirtlichen Gegend hatte sich noch niemand niedergelassen. Hier waren sie die ersten, keiner konnte sie hier so schnell
wieder vertreiben. Die öde Natur sah Young sogar als Vorteil, als He-
rausforderung: An der schier aussichtslosen Aufgabe konnte die Gemeinde wachsen, indem sie das Land urbar machen und besiedeln
würde.

Im Februar 1846 brach Young mit einer Vorhut seiner Gemeinde in
den fernen Westen auf. Sie wanderten den ganzen Sommer über
westwärts und schlugen ihr Winterlager in der Nähe der heutigen
Stadt Omaha in Nebraska auf. Unterwegs errichteten sie Wegstatio-
nen für die ihnen nachfolgenden Mormonen-Trecks, die dort Schutz
und Verpflegung finden sollten. Im Frühjahr 1847 zog Young mit seinen Leuten weiter, sie durchquerten Nebraska entlang des North Platte River und passierten die Forts Laramie und Bridger. Am 24. Juli
1847 erreichten sie schließlich ihr gelobtes Land. Young, der schwer
erkrankt war, blickte vom Fieber geschwächt nur kurz auf und sah das
Tal des Großen Salzsees. Er hatte seine Anhänger ans Ziel gebracht.

Brigham Youngs Vision sollte Wirklichkeit werden. Sie fingen so-
gleich an, das karge Land zu bebauen, und legten Felder an. Trotz der
Trockenheit und der schlechten Voraussetzungen schafften sie es
durch unermüdlichen Fleiß, die Wüstenlandschaft in fruchtbares
Land zu verwandeln. Und er hatte die Mormonen in eine Region geführt, in der sie ungestört ihren Glauben leben konnten. Noch im
Sommer 1847 kehrte Young wieder in den Osten zurück, um die weitere Zuwanderung der Mormonen zu organisieren. Danach kam er
wieder in sein Zion am Salzsee zurück und begann mit der Planung

der Mormonenstadt Deseret, dem späteren Salt Lake City. Sie sollte einmal das Zentrum eines unabhängigen Mormonenstaates werden.

Aber in den nächsten Jahren geriet Salt Lake City gewissermaßen in den Goldrausch. Tausende von Goldsuchern durchquerten den Kontinent und hielten in der Mormonenstadt, um Handel zu treiben. Der Traum von einem unabhängigen Staat erfüllte sich nicht. 1850 wurde die Region zum US-Territorium und trat 1896 als US-Bundesstaat Utah den Vereinigten Staaten von Amerika bei.

Für eine junge Nation, wie es die Vereinigten Staaten zur Zeit der Wagentrecks waren, bedeutete die kurze Spanne ihrer Geschichte sowie die Leistungen ihrer Bürger mehr als vergleichsweise in Europa. Konnte man in Deutschland auf nationale Mythen wie Arminius, Karl den Großen oder die Reichsgründung von 1871 zurückgreifen, um die Bedeutung der eigenen Nation zu unterstreichen, so mussten sich in den Vereinigten Staaten ähnliche Traditionen erst bilden. Alle Verdienste, mit denen Bürger der USA im 19. Jahrhundert das Land voranbrachten, wurden schnell in einen nationalen Gründungsmythos integriert. Hinzu kam, dass die amerikanische Nation auch geografisch erst geschaffen werden musste. Deshalb wurden der Wagemut und die Tapferkeit der Siedler, von denen viele genaugenommen noch nicht einmal Amerikaner waren, sondern eingewanderte Europäer, zum nationalen Symbol. Tatendrang, Mut, Abenteuerlust, Freiheitsliebe, Zivilisation und Fortschritt – mit diesen Attributen ist die Besiedlung des Wilden Westens in die Erinnerung der Amerikaner eingeflossen und von dort nach Europa weitergetragen worden.

Winnetou – Häuptling der Apachen

Hinterfragt man die Aussage, der von Karl May beschriebene Winnetou sei der große und edle Häuptling der Apachen gewesen, stößt man genau genommen auf zwei Irrtümer. Erstens stellt sich die Frage: Gab es Winnetou wirklich? Das scheint allerdings bereits geklärt. Die Antwort lautet: Nein! Aber das ist der breiten Öffentlichkeit schon seit Jahrzehnten bekannt. Und zweitens: Gab es die Apachen wirklich und hatten sie einen „großen Häuptling", von dem Karl May erzählt? Auch hier meint man die Antwort zu kennen: Ja! Es gab – und gibt ihn bis heute – den Stamm der Apachen, deren Häuptlinge Geronimo und Cochise in die amerikanische Geschichte eingingen. Wenn man sich aber genauer mit der Geschichte der Indianer auseinandersetzt, wird schnell klar, dass es sich mit den Apachen vollkommen anders verhält, als von Karl May beschrieben, als von Hollywood kolportiert und als allgemein angenommen. Wir wollen die Fragen deshalb anders stellen und versuchen, so Licht ins Dunkel zu bringen: Gab es für die Figur des Winnetou ein reales Vorbild? Basierte der Charakter auf einer historischen Person? Welche Aspekte des Stammes aus Karl Mays Erzählung können wir bei den echten Apachen wiedererkennen? Waren die Apachen wirklich ein großer Stamm, der sich in kleinere Unterstämme gliederte und von einem großen Häuptling angeführt wurde? Oder ist doch alles nur Fiktion, und wir Leser glaubten es, weil Karl May und die Filmindustrie es uns so überzeugend ausmalten, um uns ihre Geschichten besser verkaufen zu können?

Woher bezog Karl May sein Wissen?

Um Antworten auf unsere Fragen zu finden, müssen wir uns in die Zeit Karl Mays zurückversetzen. Was wusste man überhaupt zu seiner Zeit über Indianer, über die Apachen und ihre Häuptlinge im Besonderen? Wie stellte man sich die Apachen vor? Als Karl May seine Romane und Erzählungen schrieb, leisteten die Apachen gerade erbitterten Widerstand gegen ihre Verdrängung. An aktuelle Informationen darüber zu gelangen war damals allerdings viel schwieriger als heute. In Europa erfuhr man davon nur vereinzelt durch Briefe der Auswanderer oder durch Zeitungen, die die Meldungen der amerikanischen Presse übersetzten. Heute können wir zumindest der seriösen Presse vertrauen, damals hatten Zeitungsberichte eher das Niveau der heutigen Boulevardpresse. Wirklich gut recherchiertes Material lieferten nur die Bücher von Entdeckern und Forschern, allerdings gab es davon nur sehr wenige. Und bis solche Bücher auf dem Markt erschienen, dauerte es viel länger als heute. Über ein aktuelles Thema – was das Schicksal der Indianer zur Zeit Karl Mays ja war – verlässliche Informationen zu erhalten war also nicht leicht.

Der Autor und seine Inspirationen

Karl May war schon als junger Mann eine sehr eigenwillige und schillernde Persönlichkeit. Mit der bürgerlichen Welt eckte er deshalb bald an; seine blühende Fantasie brachte ihm mehrere Haftstrafen wegen Betrugs und Hochstapelei ein. Dabei war er eigentlich kein schlechter Mensch; wegen guter Führung wurde er im Gefängnis mit der Betreuung der Bibliothek betraut. Hier fand er neben spannenden Abenteuergeschichten auch Berichte von Entdeckern, geografische Aufzeichnungen und geschichtliche Standardwerke, aus denen er sein fundiertes

Wissen erwarb – zum Beispiel über Nordamerika. Da es ihm während der Haft verboten war zu schreiben, können wir uns vorstellen, wie er in seiner Zelle saß und seine Gedanken ihn in die Welt hinaustrugen, er in entlegene Gegenden reiste und waghalsige Abenteuer erlebte. So verwundert es auch nicht, dass er, als er später erklären musste, was er in jenen Jahren getan hat, behauptete, er sei just in dieser Zeit in Nordamerika gewesen und habe all das erlebt, was er später aufschrieb. Karl May wurde also im Gefängnis zu seinen Geschichten inspiriert; er schuf sich eine Traumwelt, an die er zeitweilig wohl selbst glaubte.

Die wesentliche Anregung für seinen Winnetou mag der sächsische Schriftsteller aus den exotisch-ethnographischen Abenteuerromanen des 19. Jahrhunderts entnommen haben. Dieses Genre ist eines der ältesten der Welt: Schon in der Odyssee schickt Homer seinen Helden auf eine Irrfahrt, auf der er ihn die seltsamsten Begegnungen machen und gefährliche Abenteuer bestehen lässt. Zu Karl Mays Zeit erlebte der Abenteuerroman eine wahre Blüte. Mit Alexandre Dumas, Mark Twain und Robert Louis Stevenson befindet sich May in bester Gesellschaft.

In der Ausgestaltung seiner Geschichten dürfte Karl May vor allem die Authentizität des Werkes von Karl Anton Postl entscheidend beeinflusst haben, der aus Österreich nach Nordamerika ausgewandert war und sich dort unter dem Namen Charles Sealsfield als Schriftsteller hervortat. Er beschrieb die Traditionen, Sitten und Gebräuche der Indianer sehr detailliert, vor allem aber zeichnete er sie positiv, was später auch Karl May tat. Natürlich ist auch James Fenimore Cooper mit seinen Lederstrumpf-Romanen und Indianergestalten wie Unkas und Chingachgook von prägender Wirkung für Karl May gewesen. Beide Autoren waren zudem beeinflusst von der französischen Romantik, aus der sie den Typus des sogenannten *Edlen Wilden* entlehnten, den Jean-Jacques Rousseau als unverdorben durch die Zivilisation in seinem Naturzustand beschrieb. Der *Edle Wilde* steht für eine bessere Menschlichkeit, einen besonneneren Umgang mit der Natur und den Mitmenschen, was letztlich auch den Charakter Winnetous ausmacht. Demnach wollte May vielleicht zunächst eine literarische

Figur ohne historisches Vorbild entwerfen, an dem er seine eigenen, erfundenen Geschichten vor dem Hintergrund der historischen Vorgänge und Konflikte erzählen konnte.

Zudem sind in Karl Mays Werk die Apachen – besonders die Untergruppe der Mescalero-Apachen, zu denen Winnetou gehörte – die guten Indianer im Wilden Westen. Der Schriftsteller schuf damit bewusst einen Gegenentwurf zum in der zeitgenössischen Literatur üblichen Bild der Apachen. Der Mainzer Adelsverein, der vielen Deutschen die Emigration nach Amerika ermöglichte, hatte in Deutschland ein positives Bild der Komantschen etabliert, weil die Auswanderer über die friedlichen Kontakte zu ihnen nach Hause berichteten. Die Apachen aber waren die ärgsten Feinde der Komantschen und galten aufgrund ihrer Guerilla-Kampftechnik als hinterlistig und böse. So entstand der Gegensatz „gute Komantschen – böse Apachen", was May in seiner deutschen Bearbeitung des „Waldläufers" von Gabriel Ferry noch übernahm. Dies änderte sich dann aber in seinen eigenen Geschichten. Wahrscheinlich wählte Karl May, der entgegen dem Zeitgeist *für* die Sache der Indianer eintrat, bewusst einen Angehörigen eines als niederträchtig beschriebenen Stammes für seine edle Zentralfigur.

Inszenierungen für die Glaubwürdigkeit

Sein angelesenes Wissen verpackte Karl May dann in Geschichten. Da die Öffentlichkeit über die einzelnen Indianerstämme nicht viel und über deren leidvolle Geschichte wohl nichts wusste, waren die begeisterten Leser Karls Mays im 19. Jahrhundert schnell überzeugt: Winnetou, der edle Häuptling der Mescalero-Apachen, existiert wirklich! Denn zum einen erzählte Karl May aus der Sicht Old Shatterhands, unter dessen Namen er vorgab Nordamerika bereist zu haben – so glaubten die Leser, er habe Winnetou persönlich getroffen und habe die Abenteuer mit ihm tatsächlich erlebt. Zum anderen waren Mays Beschreibungen der nordamerikanischen Landschaft, der politischen Vorgänge in den Vereinigten Staaten von Amerika sowie der Kultur und der Lebensweise der nordamerikanischen Indianer so genau, dass ihm die Leser – trotz der Gegenstimmen einiger Journalisten – die Wahrhaftigkeit seiner Reiseerzählungen einfach abnahmen.

Um die Authentizität seiner literarischen Helden noch zu unterstreichen, ließ May von einem befreundeten sächsischen Büchsenmacher Winnetous berühmte *Silberbüchse* sowie die Gewehre Old Shatterhands, den *Henrystutzen* und den *Bärentöter*, anfertigen und sich selbst im Outfit seines Alter Ego porträtieren. Dennoch kamen bereits zu seinen Lebzeiten erste Zweifel auf, die sich immer mehr erhärteten. Bald begriff die Öffentlichkeit, dass es Winnetou, den großen Häuptling der Apachen, wohl nie gegeben hatte. Doch wo hatte Karl May all die Details zu seiner Figur her? Gab es zumindest ein historisches Vorbild?

Winnetou

Der Name *Winnetou* bedeutet in der Sprache der Mescalero-Apachen *Brennendes Wasser*. So erklärte es jedenfalls Karl May, als er in einem Interview danach gefragt wurde. Er hatte sich diese Erklärung wohl spontan ausgedacht, denn in keinem seiner Romane findet sich diese Übersetzung. In der Sprachfamilie der Apachen – und das ist wenig überraschend – kommt weder ein solches Wort noch ein solcher Name vor. Allerdings wies der Mannheimer Karl-May-Forscher Rudi Schweikert im Frühjahr 2011 darauf hin, dass der Name *Winnetou* der Sprache der Massachusetts-Indianer entstammen könnte, die zur Zeit Mays aber bereits ausgestorben waren. Ob der sächsische Schriftsteller in einem der Bücher im Gefängnis darauf gestoßen war? Leider wird sich das wohl nicht mehr klären lassen.

In den Erzählungen Karl Mays, die in Nordamerika angesiedelt sind, steht der Apachenhäuptling Winnetou meist im Zentrum der Handlung. In der Reiseerzählung *Winnetou I* entwickelt sich zwischen ihm und Old Shatterhand, der als Landvermesser für eine Eisenbahngesellschaft arbeitet, eine tiefe Freundschaft, die sie mit der Blutsbruderschaft besiegeln. Dieses doch sehr markante Detail führt uns zu einer realen historischen Persönlichkeit: dem Apachenhäuptling Cochise.

Cochise – das historische Vorbild Winnetous?

Auch unter den Lesern der Romane kursierte bald die Annahme, dass Winnetou, wenn es ihn selbst schon nicht gab, doch auf einem realen Vorbild beruhe. In jener Zeit tat sich ein Apache besonders hervor und ging aus der Sicht der Amerikaner und Europäer als „der große Häuptling der Apachen" in die amerikanische Geschichte ein. Es handelt sich um Cochise, den ebenfalls eine außergewöhnliche Freundschaft mit einem Weißen verband, dem amerikanischen Kundschafter und Postreiter Tom Jeffords. Der hatte 1871 mit den Apachen verhandelt und versuchte Cochise zu überreden, keine Postkutschen mehr zu überfallen. Beeindruckt von den Worten und dem Mut Jeffords', fasste Cochise Vertrauen zu ihm, und die beiden wurden Freunde.

Karl May griff auch hier die Vermutung seiner Leserschaft auf und tat alles, um sie zu bestätigen und ihr Glaubwürdigkeit zu verschaffen. Gefragt nach dem Todestag Winnetous, behauptete er in einem Brief vom 21. März 1899 an eine Leserin: „Winnetou war geboren 1840 und wurde erschossen am 8. Juni 1874." Das war genau das Sterbedatum Cochises. Um die Verknüpfung mit der Realität weiter zu treiben, schilderte er in Fankreisen mit tränenreichen Auftritten den schmerzhaften Tod des geliebten Blutsbruders. Darüber hinaus verschenkte er gelegentlich „echte" Haare vom „berühmten blauschwarzen Schopf des Verblichenen" an seine Leser, um die Authentizität Winnetous noch zu unterstreichen.

Das Leben des historischen Cochise stand ganz im Zeichen des Widerstands gegen die Verdrängung der Apachen aus ihren angestammten Gebieten. Zuerst wehrte er sich gegen die mexikanische Besiedlung, und als die Mexikaner diese Gebiete, die heute die Staaten New Mexico und Arizona umfassen, 1848 an die Vereinigten Staaten von Amerika verloren, widersetzte er sich der amerikanischen Besiedlung. Konnte er den Mexikanern noch standhalten, musste er sich der US-Army geschlagen geben.

1861 wurde Cochise von dem ehrgeizigen Lieutenant George Bascom zu Unrecht des Viehdiebstahls beschuldigt und sollte festgenommen werden. Cochise flüchtete, weil er hinter der Anschuldigung eine

Falle vermutete. Um ihn zur Rückkehr zu bewegen, ließ Bascom einen Teil seiner Familie gefangen nehmen. Aber er unterschätzte Cochise. Der Apache nahm nun seinerseits Gefangene, die er Bascom zum Austausch anbot. Als dieser den Gefangenenaustausch ablehnte, töteten die Apachen ihre Geiseln. Bascom nahm dies zum Anlass, um Cochise öffentlich an den Pranger zu stellen, und ließ als Vergeltung für den Tod der Amerikaner drei Verwandte von Cochise hinrichten.

Dieser Vorfall löste einen erneuten Indianerkrieg aus, in dem Cochise zum gefürchteten Anführer der Chiricahua-Apachen aufstieg und zusammen mit Geronimo einen Guerillakrieg gegen die US-Army führte. Erst 1872 gelang es ihnen nach einem zähen, langen Kampf und durch die Vermittlung Tom Jeffords', einen Friedensvertrag auszuhandeln, bei dem Cochises Stamm eine eigene Reservation zuerkannt wurde. Doch nur zwei Jahre nach Cochises Tod im Juni 1874 wurde das Reservat wieder aufgelöst, und die Chiricahua wurden zu den anderen Stämmen der Apachen in das San-Carlos-Reservat umgesiedelt, wo sie dieselben erbärmlichen Verhältnisse vorfanden, wie sie überall in den Indianerreservaten herrschten.

In der Karl-May-Forschung wurde lange darüber diskutiert, ob Cochise das einzige Vorbild für Winnetou war. Obwohl dies lange Zeit angenommen wurde, sind sich die Forscher heute einig, dass die Figur des Winnetou wohl auf mehreren Vorbildern beruht. Es wird beispielsweise immer wieder Tecumseh ins Spiel gebracht, der alle Indianer vereinen und zu einem gemeinsamen Aufstand führen wollte.

Der Stamm der Apachen

Die Gruppe der nordamerikanischen Indianer, die bei uns landläufig als Apachen bekannt ist, gehört zu der großen indianischen Sprachfamilie der Athapasken, die ursprünglich viel weiter nördlich im Gebiet des heutigen Kanada heimisch war. Im 14./15. Jahrhundert wanderten die Apachen zusammen mit den Navajo aus Alaska über die Prärien in den Südwesten des nordamerikanischen Kontinents, ein Gebiet, das heute größtenteils zu den US-Bundesstaaten Arizona und

New Mexico gehört. Dort teilten sie sich in verschiedene Gruppen auf, zu denen unter anderen die Jicarilla, Kiowa-Apachen und Mescalero gehörten. Auf ihrem Zug über den Kontinent hatten sie sich mit vielen Stämmen verfeindet. Von den Zuni-Indianern, in deren Gebiet sie eingedrungen waren, erhielten sie ihren Namen *Apachù* – Feinde –, den die Spanier, die als erste Europäer auf sie trafen, übernahmen. Sie selbst bezeichneten sich abhängig vom jeweiligen Dialekt als *Inde, T'Inde, N'de*, was in ihrer Sprache *Menschen* bedeutet.

Die ersten Kontakte mit den Spaniern verliefen wie bei anderen Stämmen meist friedlich. Das änderte sich jedoch schnell, als die Spanier die Gebiete der Mescaleros wie die der meisten anderen Apachengruppen eroberten. Sie hatten Gerüchte der sagenhaften *Sieben Städte von Cibola* gehört, in denen die Häuser aus purem Gold bestehen sollten. Der neuspanische Vizekönig Antonio de Mendoza beauftragte den Konquistador Francisco Vázquez de Coronado daher mit einem Feldzug, um die Städte aus Gold zu finden. In den Jahren 1540 bis 1542 eroberte Coronado fast den ganzen Südwesten der heutigen USA, und er traf auch tatsächlich auf eine Indianerstadt, die Cibola hieß. Jedoch fanden die Spanier dort anstatt des erhofften Goldes lediglich einfache Behausungen von indianischen Bauern vor. Trotzdem besiedelten die Spanier das Land nördlich des Vizekönigreiches Mexiko und nannten es *Neumexiko*. Es umfasste das gesamte Gebiet der Mescalero, weitaus mehr als der heutige Bundesstaat New Mexico.

Das Leben der Mescalero-Apachen

Karl May berichtet in seinem Werk über die Lebensweise der Mescalero. Sie bewohnen dort ein Pueblo, das an einem Seitenarm des Rio Pecos liegt. Wahrscheinlich hatte Karl May bei der Beschreibung das berühmte *Tao's Pueblo* in New Mexico vor Augen. Allerdings waren sie keine sesshaften Pueblo-Indianer, sondern Prärie-Indianer, die die Lebensweise der Pferdenomaden angenommen hatten.

Der Name *Mescalero* ist auch eine Fremdbezeichnung, die sich bei den Europäern eingebürgert hat. Sie selbst nennen sich *Shis-Inday*, was *Volk der Bergwälder* heißt. Mescalero stammt aus dem Spanischen und bedeutet Mescal-Sammler, da der Mescal-Kaktus ihnen sowohl als Nahrung wie auch als Rauschmittel diente. Die Mescalero lebten damals in einem Gebiet, das im Westen vom Rio Grande, im Osten vom Llano Estacado – den May mehrfach beschrieb – und im Süden von den mexikanischen Provinzen Chihuahua und Coahuila begrenzt wurde. Die Landschaft war äußerst vielfältig, es gab viertausend Meter hohe Berge genauso wie dürre Halbwüsten. Während des Sommers lebten die Mescalero zumeist in den Bergen von der Jagd auf Wild und dem Sammeln von Wildpflanzen. Im Winter zogen sie hinunter in die wärmeren Wüstenregionen und ernährten sich dort von den wenigen Pflanzen, die ihnen die Wüste bot. Um zu überleben, mussten sie anfangs Raubzüge unternehmen und überfielen regelmäßig die Dörfer der Pueblo-Indianer im Tal des Rio Grande. Später lernten sie Ackerfrüchte anzubauen und wurden sesshaft. Nur manchmal drangen sie in die Prärien im Osten vor, um Büffel zu jagen. Dieses Gebiet wurde jedoch von den Komantschen beansprucht. Hierin bestand auch der fortwährende Konflikt zwischen Apachen und Komantschen.

Guerillakrieg gegen die Vertreibung

Im Laufe der Zeit hatten sich die Apachen an die Lebensbedingungen in der Wüste angepasst. Es war überlebenswichtig, dass die Krieger der Apachen lernten, sich lautlos zu bewegen, da es in den trockenen Gegenden kaum eine Möglichkeit gab, sich zu verstecken. Zudem waren sie gute Läufer und Reiter. Sie vermieden offene Schlachten und zogen es vor, ihre Feinde aus dem Hinterhalt zu überfallen. Seit dem Ende des 16. Jahrhunderts, als die Spanier anfingen, unter den Mescalero Sklaven zu nehmen, erhoben sich die Indianer und führten einen blutigen Guerillakampf. Sie fielen in blitzartigen Aktionen über die Siedlungen der Konquistadoren her, um sich danach ebenso schnell in ihre Bergverstecke zurückzuziehen. In den späten 1680er Jahren wurden die Mescalero-Apachen zur ernsthaften Bedrohung für die Expansion und die Siedlungen Neuspaniens. Denn mit ihren

Guerilla-Attacken gelang es den Mescalero, sich dem spanischen Vordringen mehr als hundert Jahre entgegenzustellen.

Neuspanien wurde durch die Unabhängigkeitserklärung 1810 zu Mexiko, wodurch die Mescalero nun auf mexikanischem Gebiet lebten. Allmählich wurden sie nun aber nach Norden verdrängt. Dazu trug sicher eine Maßnahme bei, die im Jahr 1835 eingeführt wurde: In Sonora und Chihuahua wurde eine Prämie von hundert Dollar für jeden abgelieferten Apachen-Skalp gezahlt. Im Mexikanisch-Amerikanischen-Krieg 1847 fielen die Gebiete der Apachen, die die heutigen US-Bundesstaaten Arizona, Kalifornien, Utah, Nevada und New Mexico umfassen, an die Vereinigten Staaten. Es dauerte nicht lange, bis es zu den ersten Kämpfen zwischen den Apachen und der US-Army kam. Als 1861 der Amerikanische Bürgerkrieg ausbrach, setzten beide Kriegsparteien ebenfalls Prämien auf Apachenskalps aus, was unter den Indianern wieder zu blutigen Verlusten führte.

Nun versuchten die Amerikaner, die Übergriffe der Apachen zu beenden oder zumindest einzuschränken. In Verträgen vereinbarten sie einen „dauerhaften Frieden" sowie Lieferungen von Nahrungsmitteln. Doch die Verträge wurden niemals offiziell ratifiziert. Nach Ausbleiben der Lieferungen erhoben sich die Mescalero wie die anderen Apachengruppen erneut zu einem erbitterten Guerillakrieg. 1862 wurden die ausgehungerten Mescalero in einer neun Monate langen Strafexpedition unterworfen, und die Verantwortlichen der US-Army ließen etwa fünfhundert Stammesangehörige in die Reservation Bosque Redondo nahe dem Fort Sumner bringen. Die übrigen flüchteten nach Mexiko oder zogen zu den Apachen in Arizona.

Doch nur zwei Jahre hielten es die Mescalero in der Reservation aus. In der Enge fühlten sie sich ihrer Freiheit beraubt. Sie brachen aus und kehrten in ihr altes Land zurück. Schließlich erhielten sie im Jahre 1873 auf ihrem vormaligen Stammesgebiet zwischen dem Rio Pecos und den Sacramento Mountains eine neue Reservation.

Sozialstruktur und Häuptlinge

Die unruhige und von kriegerischen Auseinandersetzungen geprägte Geschichte der Apachen bedingte, dass sie nicht – wie beispielsweise die Prärieindianer – in Stämmen lebten, sondern in kleineren banden-artigen, eher locker miteinander verbundenen Gruppen. Zwar hatte jede Gruppe einen Häuptling, doch gab es keinen übergeordneten Großhäuptling aller Apachen, wie Karl May Winnetou und seinen Vater Intschu Tschuna beschrieb. In *Winnetou I* charakterisiert May das Amt des Oberhäuptlings der Apachen: „Von hier aus unternahm er auch die weiten Ritte zu den andern Stämmen, die ihn als obersten Häuptling anerkannten. Dies waren die Llaneros, Jicarillas, Taraco-nes, Chiriguais, Pinalenjos, Gilas, Mimbrenjos, Lipans, Kupferminen-apachen und andere; ja selbst die Navajos pflegten sich, wenn nicht seinen Befehlen, so doch seinen Anordnungen zu fügen." Der Ein-druck, dass es bei den Apachen eine Art Oberhäuptling gab, entstand wohl durch die Anführer der Guerillakrieger, Cochise und Geronimo. Sie organisierten den Widerstand gegen ihre Verdrängung in die Re-servation so effektiv, dass viele glaubten, sie führten die Krieger des ganzen Volkes des Apachen. Anerkannte Großhäuptlinge mit politi-schen und administrativen Aufgaben waren sie sicher nicht.

Abenteuergeschichten – keine Reportage

Die tatsächliche Geschichte der Mescalero spielte für Karl May keine Rolle. Er wollte nicht über Missstände aufklären, darüber, dass die Regierung der Vereinigten Staaten Regeln aufstellte, nach denen die Indianer „zivilisiert" werden sollten, sie ihre Haare kurz schneiden mussten, keine Tänze mehr veranstalten durften, die Kleidung der Weißen tragen und anstelle ihrer traditionellen Zeremonien und Ritu-ale nun die amerikanischen und christlichen Feiertage wie den Natio-nalfeiertag am 4. Juli, Weihnachten und Thanksgiving begehen muss-ten. Zudem durften sie ihre eigenen Sprachen nicht mehr sprechen und mussten die englische Sprache lernen.

Karl May schrieb auch kein Geschichtswerk, er verwendete vielmehr die aktuellen politischen Ereignisse seiner Zeit als Hintergrund für seine Geschichten, so als ob heute jemand beispielsweise eine Agentengeschichte in das Milieu des Kriegs gegen den Terror einbettet. Seine Themen waren die Besiedlung des amerikanischen Westens durch deutsche und andere Einwanderer, wobei er natürlich die Verdrängung der Indianer im Hintergrund schilderte. Dabei versuchte er, seine Figuren und ihre Lebenswelt so authentisch wie möglich zu zeichnen, was ihm offensichtlich gelang. Seine Schriften mögen heute von Literaturkritikern belächelt werden, im 19. Jahrhundert verschlangen die Leser seine Abenteuer in den fremden Welten geradezu. Er selbst tat ein Übriges, um das Universum seiner Heldengeschichten mit seiner eigenen Realität zu verknüpfen. Er sorgte clever und durch skurrile Kundgebungen für absatzträchtige Aufmerksamkeit. Karl May war von heute aus betrachtet sehr modern und ein geradezu genialer PR-Mann seiner Zeit. Lebte er heute, würde er sicher virtuos die sozialen Netzwerke des Internets nutzen, um mit seinen Lesern in Verbindung zu bleiben.

Auch im Laufe des 20. Jahrhunderts blieb Karl Mays Popularität ungebrochen, obwohl seine Inszenierungen längst entlarvt waren. Weitere Generationen von begeisterten Karl May-Lesern folgten, und Winnetou wurde zu einer reinen Symbol- und Identifikationsfigur.

Der *Golden Spike* vollendete die transkontinentale Eisenbahn

Um die letzte Schiene und den letzten Nagel, die die Verbindung vom Osten in den Westen vollendeten, ranken sich noch heute verschiedene Mythen und Legenden. Es war ein sonniger Morgen mitten in der Wüste nördlich des Großen Salzsees. Die Luft war trocken, und bereits in den frühen Morgenstunden brannte die Sonne unbarmherzig auf die trockene Landschaft herab. Nach Jahren harter, schweißtreibender und gefährlicher Arbeit trafen hier mitten in der Wüste die beiden Trassen der *Central Pacific Railroad Company* und der *Union Pacific Railroad Company* aufeinander. Seit nunmehr sieben Jahren hatten die Eisenbahngesellschaften jeweils von der Ost- und von der Westseite des Kontinents aus aufeinander zu gebaut. Sie trotzten Wind und Wetter, überwanden weite Ebenen, die Gebirgszüge der Sierra Nevada und der Rocky Mountains. Sie kämpften sich durch Schneestürme, Wolkenbrüche und nicht zuletzt durch die Hitze der Wüsten.

Jetzt war der große Tag gekommen, an dem dieses Jahrhundertprojekt fertig gestellt wurde. Die transkontinentale Eisenbahn war die längste Eisenbahnstrecke der Welt. Ein feierlicher Akt sollte dem Ereignis die nötige Würde verleihen. Zeitgenossen beschrieben die Stimmung unter den Verantwortlichen: *The great Pacific Railway is commenced … Immigration will soon pour into these valleys. Ten milli-*

ons of emigrants will settle in this golden land in twenty years … This is the Grandest Enterprise under God.

Was heute wie ein geplanter feierlicher Akt wirkt, war jedoch das Ergebnis vieler hektischer Entscheidungen und Kompromisse. Die Direktoren der *Union Pacific* und der *Central Pacific*, Grenville Dodge und Edgar Mills, stritten sich an jenem Morgen über eine Stunde lang, um einen Ablauf der Zeremonie festzulegen, den beide Seiten akzeptieren konnten. Es ging vor allem darum, wer die Ehre haben sollte, den letzten Nagel in die Schienen zu schlagen. Die Mitarbeiter der *Central Pacific* erklärten, dass ihrem Präsidenten Leland Stanford dies zustünde. Er hatte den ersten Spatenstich getätigt, lange bevor sich die *Union Pacific* an dem Bau beteiligte. Die *Union Pacific* argumentierte dagegen und schlug mit Thomas „Doc" Durant für diesen Akt einen ihrer Mitarbeiter vor, weil sie den längeren Streckenteil verlegt hatte. Sie drohte andernfalls mit dem Boykott der Zeremonie. Nur wenige Minuten vor dem Beginn der Feierlichkeiten kamen beide Seiten zu einer Einigung.

Von Geschwindigkeit und Reisen

Das „achte Weltwunder" – so bezeichnete man die transkontinentale Eisenbahn nach ihrer Fertigstellung und rückte sie so in eine Reihe mit den größten und spektakulärsten Bauwerken der Menschheit. Die Zeitungen verglichen die historische Bedeutung des Baus mit der Ankunft von Columbus oder der Landung der *Pilgrim Fathers* in Nordamerika. Das mag aus heutiger Sicht stark übertrieben klingen, aber wenn man sich in die Menschen der Zeit hineinversetzt, kann man die Superlative verstehen. Ein Mann, der 1869 vierzig Jahre alt war, war 1829 geboren worden. In diesem Jahr reisten die Menschen in den USA noch genauso schnell wie im alten Rom. 1869 erreichte die Eisenbahn dann bereits eine beachtliche Geschwindigkeit von sechzig Meilen pro Stunde, und der Telegraf übermittelte eine Nachricht von Küste zu Küste in Sekundenschnelle. Der Fortschritt, der innerhalb dieser Zeitspanne Einzug hielt, machte enormen Eindruck auf die Zeitgenossen.

Vor dem Bau der Eisenbahn gab es zwei Möglichkeiten, von Küste zu Küste zu gelangen. Man konnte im Planwagen über Land ziehen und musste dabei die Prärien, Gebirge und Wüsten überwinden. Es kostete einen Reisenden mehrere Monate Zeit sowie über tausend Dollar, um von New York nach San Francisco zu gelangen. Oder man fuhr mit dem Schiff um Südamerika herum nach Kalifornien. Dies entsprach einer Strecke von achtzehntausend Meilen. Oder man kürzte die Strecke ab, indem man bis Mittelamerika segelte, den Isthmus von Panama querte, wo sich heute der Panama-Kanal befindet, und schließlich die Küste entlang wieder gen Norden mit dem Schiff fuhr. Mit der neuen Eisenbahn brauchte man nun etwas weniger als eine Woche. Ein Ticket der ersten Klasse war 1869 für 150 Dollar zu bekommen. Der billigste Fahrschein kostete siebzig Dollar. Und die Preise sollten noch sinken.

Die Politik ebnet den Weg

Nachdem die Vereinigten Staaten Ende der 1840er Jahre durch den Sieg im Mexikanisch-Amerikanischen Krieg ein durchgehendes Territorium bis zum Pazifik erobert hatten, dachte die amerikanische Regierung über den Bau einer transkontinentalen Eisenbahn nach, die den Osten mit dem Westen verbinden sollte. Die Eisenbahn hatte bereits das Leben im Osten verändert und die industrielle Revolution vorangetrieben. Bis zum Beginn des Bürgerkrieges reichte das Schienennetz schon bis zum Missouri. Doch eine transkontinentale Strecke bedeutete, dass Gebirge durchschnitten, Wüsten überwunden und die Prärien der Indianer durchquert werden mussten. Ein solches Unternehmen war riskant, Investoren wie Politiker zögerten. Doch als Kalifornien 1850 als Staat in die amerikanische Union aufgenommen wurde, setzten sich Wirtschaft und Politik verstärkt dafür ein, die Infrastruktur auszubauen, die Nachrichtenübermittlung zu beschleunigen und die Reisezeiten zu verkürzen. Der Postkutsche folgte der Ponyexpress, der wiederum vom Telegraphen abgelöst wurde. Schließlich genehmigte Präsident Abraham Lincoln am 1. Juli 1862 den Bau der

Eisenbahnlinie. Der Bau beruhte auf einem 1857 entwickelten Plan des Eisenbahningenieurs Theodore Dehone Judah, der von den Geldgebern Collis P. Huntington, Mark Hopkins, Leland Stanford und Charles Crocker, den sogenannten *Großen Vier*, unterstützt wurde. Gemeinsam gründeten sie 1861 die *Central Pacific Railroad Company*.

Abraham Lincoln war dabei die treibende politische Kraft. Bevor er Präsident wurde, hatte er als Eisenbahnanwalt gearbeitet und mit dem Ingenieur Grenville Dodge eine Route in den Westen geplant. Später setzte sich Lincoln im Kongress durch und ließ das Gesetz zum Eisenbahnbau, die *Pacific Railroad Bill*, erarbeiten. Trotz des andauernden Bürgerkrieges bestand er auf dem Bau, der beide Küsten miteinander verbinden sollte. Lincoln erhielt dabei auch die Unterstützung der US-Army, die erstmals in einem Krieg das Schienennetz für Verstärkung, Truppenverlegungen und Versorgung verwenden wollte.

Geld für das Großprojekt

Nur mit der entschiedenen Unterstützung der Regierung konnte ein Unterfangen wie der Bau der transkontinentalen Eisenbahn bewältigt werden. Sie stellte die nötigen Kredite und das erforderliche Land bereit und vergab im Jahr 1862 zwei Konzessionen zum Bau der Strecke: Die *Central Pacific Railroad Company* sollte von Sacramento, Kalifornien, aus durch die Sierra Nevada in Richtung Osten vorstoßen, während die *Union Pacific Railroad Company* vom Missouri aus in Richtung Westen – quer durch die Prärien der Indianer – bauen sollte. Beide Unternehmen erhielten für jede Meile Staatskredite, die vom Fortgang des Baus abhingen: 16000 Dollar bei flachem Gelände, 32000 Dollar in den Hochebenen und 48000 Dollar in den Bergen. Zusätzlich versprach der Kongress den Unternehmen 25000 Quadratkilometer Regierungsland für jede Meile fertiggestellte Strecke entlang der Trasse, das sie wiederum profitabel an größere Siedlungsgesellschaften verkaufen konnten. Nach nur einem Jahr hatten sich die Baukosten für das Land verdoppelt, weil die Gesellschaften flache Strecken zu Hochebenen erklärten und so die höheren Sätze kassieren konnten. Bald lieferten sich die beiden Kompanien einen Wettkampf um jeden Streckenkilometer und um das damit verbundene Land. An einem noch unbestimmten Ort irgendwo im Westen sollten sich die beiden Linien treffen.

Eisenbahnarbeiter, Indianer und Büffel

Nach dem Ende des Amerikanischen Bürgerkriegs kamen viele Veteranen in den Westen und heuerten als Schienenarbeiter bei der *Union Pacific* oder der *Central Pacific* an. Zusammen mit Landsleuten und Einwanderern verlegten sie Schiene für Schiene. Die *Central Pacific* setzte verstärkt auf Arbeitskräfte aus China. Doch nicht nur die Chinesen waren unter den Arbeitern Exoten. Für die *Union Pacific* arbeiteten zwar vor allem Iren, aber auch Mexikaner und Männer aus Mittelamerika. Insgesamt schufteten rund zehntausend Männer für die Eisenbahngesellschaft und trieben die Schienen zum Rhythmus der in die Schwellen geschlagenen Eisennägel durch die weiten Prärien in Richtung Westen. Nacht für Nacht schliefen sie dicht gedrängt in Eisenbahnwagen und tagsüber rackerten sie sich Schulter an Schulter an dem Schienenstrang ab – besessen von der Idee, eine Eisenbahnstrecke über den nordamerikanischen Kontinent zu bauen, der größten Eisenbahnstrecke der damaligen Zeit. Die *Union Pacific* baute alle hundert Meilen ein Basislager, aus denen später wichtige Städte des Wilden Westens entstanden: Fremont, Ogalala, Green River, Cheyenne, Laramie. Zusätzlich sprossen – wie beim Goldrausch über ein Jahrzehnt zuvor – zahlreiche Städte wie Pilze aus dem Boden. Einige von ihnen verschwanden wieder, andere existieren noch heute. Den Eisenbahnern folgten Prostituierte, Zuhälter, Glücksspieler, Schnapsbrenner und Revolverhelden und prägten das Bild des Wilden Westens.

Das Vordringen der Eisenbahn in die vermeintlich unberührte Wildnis störte die Lebensweise der Prärieindianer aufs Empfindlichste. Um ihre Arbeiter mit Fleisch zu versorgen, beauftragte die *Union Pacific* Büffeljäger. Schon bald wurde aus der Jagd zur Versorgung der Arbeiter ein Sport, bei dem tausende Büffel sinnlos abgeschlachtet

wurden. Das hatte große Auswirkungen auf die Prärieindianer. Die
Büffel waren gewissermaßen ihre Lebensgrundlage. Nahezu jeder
Gebrauchsgegenstand wurde aus ihnen gewonnen: aus dem Leder,
den Blasen oder den Knochen der Tiere. Zudem war das Büffelfleisch
Hauptnahrung der Indianer. Schließlich entschlossen sich die Chey-
enne, Lakota-Sioux und Arapaho zur Gegenwehr. Ihre Wut wandte
sich gegen den Eisenbahnbau. Sie überfielen Züge, ließen sie entglei-
sen und schossen auf die Wachmannschaften. Dadurch fiel die *Union
Pacific* weit hinter ihren Zeitplan zurück. Wie in vielen Konflikten zuvor entsandte die Regierung in Washington schließlich fünftausend
Soldaten, die für die Sicherheit der Eisenbahner sorgen sollten, den
Konflikt an sich aber nicht lösten.

Chinesische Rettung für die Pacific Railroad

An der Westküste hatte am 8. Januar 1863 die Arbeit der *Central Pacific Railroad* begonnen. Nachdem der Hauptingenieur Theodore Dehone Judah an Gelbfieber gestorben war, übernahm Charles Crocker,
einer der *Big Four,* selbst die Aufsicht über die Arbeiten. Die *Central
Pacific* musste zunächst den Gebirgskamm der Sierra Nevada überwinden. Zahlreiche Sprengungen waren nötig, sie mussten Tunnel
durch das Gebirge treiben und gewaltige Brücken konstruieren, um
Täler zu überwinden. Viele der fünftausend Arbeiter hielten die Strapazen nicht durch, verließen die Eisenbahngesellschaft und versuchten sich lieber im Gebirge als Goldschürfer. Die Führung der *Central
Pacific Railroad Company* musste schnell eine Lösung finden und neue
Arbeitskräfte gewinnen. Man entschloss sich, einige Chinesen einzu-
stellen, die seit einigen Jahren verstärkt nach Kalifornien einwander-
ten. Bald arbeiteten elftausend Chinesen für die *Central Pacific.* Um
nicht noch weiter an Boden zu verlieren, ließ Crocker bis zu fünfhundert Fässer Schwarzpulver pro Tag einsetzen. Oftmals wurden die
kleineren und leichteren Chinesen in Körben an den Felswänden hin-
untergelassen, damit sie die Sprengladungen befestigen und entzün-
den konnten. Während des Baus wurden so gewaltige Massen Fels
gesprengt. Mit Hilfe der Chinesen entstanden 15 Tunnel durch die

Sierra. Hier kamen die Arbeiter lediglich 24 Zentimeter am Tag voran. Doch 1868 hatte es die *Central Pacific* geschafft, sie hatte das Hochgebirge der Sierra Nevada überwunden. Vor ihnen lag die Hochebene Nevadas. Die *Central Pacific* war wieder im Rennen um das versprochene Land.

Im Frühjahr 1869 spitzte sich der Wettkampf der beiden Eisenbahngesellschaften im Norden Utahs zu. Rivalisierende Trupps von Arbeitern kämpften verbissen um jeden Meter Boden. Erst waren es fünf Meilen täglich, dann sechs und sieben, schließlich schafften sie zehn Meilen am Tag. Von beiden Seiten arbeiteten sich die Trupps, die den Eisenbahnbau vorbereiten, voran – und aneinander vorbei, da noch immer kein Treffpunkt der beiden Streckenteile festgelegt worden war. Schließlich griff die Regierung ein und bestimmte einen Ort: Die beiden Streckenabschnitte sollten am *Promontory Point* in der Wüste von Utah zusammenstoßen.

Vier Last Spikes

Zur feierlichen Zusammenführung der beiden Streckenteile am *Promontory Point* im späteren US-Bundesstaat Utah, deren Höhepunkt die Befestigung des goldenen Nagels in die letzte verlegte Schiene war, versammelten sich fast dreitausend Arbeiter und Offizielle der beiden Eisenbahngesellschaften sowie Regierungsvertreter und weitere Politiker. Sogar Präsident Grant reiste aus Washington an. Der Kompromiss, auf den sich die Eisenbahngesellschaften schließlich einigen konnten, sah vor, dass beide eigene letzte Nägel in die Schienen schlagen durften. Leland Stanford und „Doc" Durant sollten sie gleichzeitig in die Schwelle treiben.

Der letzte Nagel der *Central Pacific* wurde von David Hewes gestiftet, der sich stark für den Bau der Eisenbahn engagiert hatte. Mit sechs Inches Höhe hatte der Vierkantnagel die Größe eines üblichen Eisenbahnnagels, war jedoch aus purem Gold. Auf allen vier Seiten fanden sich Gravierungen: *May God continue the unity of our Country as the Railroad unites the two great Oceans of the world* und *The Pacific*

Railroad ground broken January 8th 1863 and completed May 8th 1869. Auf den anderen beiden Seiten befanden sich die Namen der Verantwortlichen sowie des Direktors der *Central Pacific* und auf dem Kopf des Nagels stand: *The last spike.*

Der Nagel der *Union Pacific* wurde von Frank Marriott, dem Herausgeber des *San Francisco News Letter* gesponsert. Dieser Nagel war ebenfalls aus Gold, allerdings von geringerer Qualität, und trug die Inschrift: *With this spike the San Francisco News Letter offers its homage to the great work which has joined the Atlantic and Pacific Oceans.*

Zwei weitere Nägel wurden kurz davor in die letzte Schiene geschlagen. Einer der beiden war aus Silber und wurde vom US-Bundesstaat Nevada, durch den ein großer Teil der Strecke führte, gestiftet. Den vierten Nagel steuerte der Staat Arizona bei. Die Ehre, die letzte Schiene verlegen zu dürfen, gebührte jedoch acht chinesischen Arbeitern der *Central Pacific.*

Beide Gesellschaften führten ihre Lokomotiven auf der fertigen Strecke bis auf wenige Meter an die Stelle des Treffpunktes. So standen sich die Lokomotive No. 119 der *Union Pacific* und die CP. 60, die *Jupiter* der *Central Pacific,* Spitze an Spitze gegenüber. Die Feier begann mit einem Gebet, das Reverend Dr. Todd aus Pittsfield sprach. Er bat den Himmel um Schutz für die Eisenbahn. Gott möge die Reisenden und die Bahnangestellten auf ihrer langen Fahrt über den Kontinent stets beschützen.

Nachdem die beiden Verantwortlichen wie vereinbart nahezu gleichzeitig die letzten Nägel in die Schwelle geschlagen hatten, stellten sich die Anwesenden um die beiden Lokomotiven auf, um den historischen Moment in einer Fotografie festzuhalten. Die Aufnahme wurde weltberühmt.

Done

Sofort nach dem letzten Hammerschlag, um 12:47 Uhr Ortszeit, wurde die Fertigstellung der transkontinentalen Eisenbahnstrecke in die großen Städte des Ostens nach Washington, New York, Boston und

Philadelphia sowie nach Kalifornien telegrafiert. Die Botschaft bestand aus nur einem einzigen Wort: *Done* – fertig. Die Menschen hatten gespannt vor den Telegrafenämtern auf diesen Moment gewartet. Als alle Telegrafenämter nun gleichzeitig die Nachricht erhielten, brachen die Menschen – ganz gleich in welcher Stadt – in Jubel aus. Amerika war zusammengerückt, die Menschen an der Ostküste und an der Westküste waren durch einen Schienenstrang miteinander verbunden. Eine Reise, die zuvor Monate gedauert hatte, nahm nunmehr nur noch wenige Tage in Anspruch. Ein Brief von New York nach San Francisco brauchte im Schnitt nur noch sieben Tage.

Die neue Art zu reisen

Schnell verbreitete sich die Neuigkeit von der Vollendung der transkontinentalen Eisenbahn. Die Nachricht drang in alle Städte des Ostens vor und entfachte großen Enthusiasmus. Das Land würde nun zusammenwachsen. Investoren und Unternehmer witterten gute Geschäfte. Dabei waren vor allem die Bereiche Bergbau, Rinderzucht und der aufkommende Tourismus interessant. Musste man sich zuvor noch mit Planwagen über die Prärien quälen, konnten die Passagiere nun bequem mit der Eisenbahn über den Kontinent reisen. Mit dem ersten von George Pullman 1864 gebauten Luxuswagen gab es auch ein standeswürdiges Ambiente für die Oberschicht. In der ersten Klasse fanden sie alles, was ihr Herz begehrte. Die Wagen waren mit bequemen Betten ausgestattet, hatten einen Rauchersalon und ein Speiseabteil. Auf Wunsch gab es Musik für die Gäste, an denen mit 55 Stundenkilometern die atemberaubend schöne Landschaft vorbeizog. Für die Reichen wurde es zu einem Muss, einmal mit dem Zug nach Westen gereist zu sein.

Doch auch für die ärmeren Menschen, die nicht als Touristen reisten, vereinfachte die Eisenbahn die Reise. Sie nahmen in der zweiten und dritten Klasse Platz, die nicht annähernd so luxuriös waren. Die zweite Klasse bestand aus Großraumwagen mit Mittelgang. Liegemöglichkeiten gab es nicht. Die Passagiere mussten auf den Sitzen schlafen. Sie waren aber zumindest gepolstert. Richtig eng ging es in der dritten Klasse zu. Hier saßen arme Einwanderer dicht gedrängt auf harten Holzbänken. Sanitäre Einrichtungen gab es so gut wie keine. Auch gab es keinerlei Möglichkeiten, sich etwas zu essen zu kaufen. Für ihre Verpflegung mussten die Reisenden hier selbst sorgen. Einen Vorteil gab es dennoch: Anstatt mehrere Monate in den Planwagen zu verbringen und den Kontinent großenteils zu Fuß zu überqueren, musste man die Strapazen in der dritten Klasse nur wenige Tage aushalten – und war am Ziel.

Die Strecken der beiden Eisenbahngesellschaften wurden in den folgenden Jahren mehrfach verändert und erweitert. Neben diesen Strecken wurden bis 1890 noch vier weitere transkontinentale Eisenbahnstrecken gebaut, unter ihnen die *Southern Pacific*, die von Südkalifornien durch Arizona, New Mexico, Texas bis nach Louisiana führte. Bis 1900 wurde sie nach Oregon und dann weiter nach Utah erweitert. Der Ausbau der Infrastruktur zog viele Konsequenzen nach sich: den Aufschwung der Eisen- und Stahlindustrie, die Intensivierung des Kohlebergbaus, die weltweit vorbildliche Eisenbahntechnik, die Beschleunigung der Besiedlung des Westens, die Einrichtung von Nationalparks und die Verringerung von Frachtkosten.

War die Eisenbahn wirklich schon transkontinental?

Seit 1869 gab nicht mehr der gleichmäßige Tritt der Ochsen, die die Planwagen über die Prärien zogen, den Takt vor, sondern das Schnaufen und Zischen der Dampflokomotiven und das gleichmäßige Rattern der Räder auf den Gleisen. Doch verband die transkontinentale Eisenbahn im Mai 1869 wirklich die Ost- mit der Westküste? Zwar waren nun die Streckenteile der *Central Pacific* im Westen mit denen der *Union Pacific* im Osten verbunden, doch eine durchgehende Verbindung in den Osten gab es noch nicht, auch wenn das häufig so kolportiert wird. Eine Brücke über den Missouri River fehlte noch, die die neue Strecke mit dem Eisenbahnnetz der Oststaaten verband.

Wollte jemand in den Westen reisen, musste er in Council Bluffs, Iowa, den Zug verlassen und das fehlende Stück nach Omaha, Nebraska, mit der Postkutsche und einem Dampfer entlang des Flusses überbrücken. Wirklich fertiggestellt wurde die transkontinentale Verbindung am 15. August 1870 in Strasburg, Colorado, das heute etwa zwanzig Meilen östlich des internationalen Flughafens von Denver liegt. Über Strasburg wurde die Strecke in den Westen mit dem Osten verbunden. Bis eine Brücke es der *Union Pacific* ermöglichte, über den Missouri River zu fahren, dauerte es weitere drei Jahre. Erst am 25. März 1873 war die Strecke in direkter Linie vom Osten in den Westen über die Schienen der *Central Pacific* und der *Union Pacific* durchgängig fertig.

Die „Weißen" haben alle Verträge mit den Indianern gebrochen

Im Herbst 1972 veranstaltete das *American Indian Movement* (AIM) nach dem Vorbild der Bürgerrechtsbewegung und Martin Luther Kings einen Marsch auf Washington, den *Trail of Broken Treaties*, um an die gebrochenen Verträge zwischen Indianern und US-amerikanischen Unterhändlern zu erinnern. Lässt man die für die indigene Bevölkerung Amerikas verhängnisvolle Geschichte der Eroberung und Besiedlung des amerikanischen Kontinents Revue passieren, so kommt einem auf Anhieb sicher kein Vertrag in den Sinn, der zugunsten der Indianer gewesen und nicht verletzt worden wäre. Bei näherem Forschen stößt man jedoch gleich auf mehrere Verträge zwischen den Europäern beziehungsweise Amerikanern auf der einen und Indianern auf der anderen Seite, die den Anspruch erheben, der *einzige* Vertrag zwischen „Weiß" und „Rot" zu sein, der nie gebrochen wurde. Für eine kurze Periode nach dem jeweiligen Abschluss mag dies vielleicht gestimmt haben, doch aus heutiger Sicht finden sich immer Gegenbeweise. Doch ein einziger Vertrag hat tatsächlich bis heute Gültigkeit: der Vertrag zwischen deutschen Einwanderern in Texas und den Komantschen. Wie kam es zu diesem Vertrag? Was wurde darin besiegelt? Und warum konnte ausgerechnet dieser Vertrag bis heute eingehalten werden?

Der Beginn der Besiedlung Nordamerikas durch deutsche Auswanderer

Bereits im frühen 17. Jahrhundert gab es vereinzelt Deutsche in Nordamerika, die vor allem mit den niederländischen Handelsgesellschaften dorthin gelangt waren, das eigentliche deutsch-amerikanische Leben begann jedoch im Jahr 1683, als eine erste größere Gruppe nach Pennsylvania auswanderte und sich in der Nähe des heutigen Philadelphia niederließ. Sie gründeten dort Germantown, die erste deutsche Siedlung in Nordamerika, die heute ein Stadtteil Philadelphias ist. Zuweilen ließen sich in der Folge deutsche Kaufleute in den neuen Handelsstädten an der Atlantikküste nieder. Doch bereits in den Jahren 1709/10 kam es zur ersten großen Auswanderungswelle aus dem Südwesten Deutschlands über London nach New York. Im weiteren Verlauf des 18. Jahrhunderts überquerten hunderttausende Deutsche den Atlantik. In den USA wurden sie gemeinhin als *Palatines* bekannt, weil die Mehrheit der Immigranten aus der Pfalz stammte. Eine große Anzahl verließ die Heimat aus weltanschaulichen Gründen. In Nordamerika konnten sie, die meist Angehörige einer der neuen Protestantischen Religionsgemeinschaften waren, ihre Religion frei ausüben und sich ohne Angst vor Verfolgung durch die Obrigkeit niederlassen. Zu diesen Glaubensgemeinschaften gehörten beispielsweise die Herrnhuter, die Mennoniten und die heute bekannteren Amish.

Im 19. Jahrhundert stieg die Zahl der Auswanderer sprunghaft an. Dabei lassen sich mehrere Phasen unterscheiden, von denen die dritte hier besondere Bedeutung hat. Die erste lag in der Zeit von 1816 bis 1830 und glich einer Anlaufperiode. Die zweite Phase reichte von 1831 bis 1841. Die Anzahl der Migranten stieg infolge der Julirevolution von 1830, besonders im Jahr 1832 deutlich an. Das ganze Jahrzehnt wurde zum Vorboten der wirtschaftlichen und sozialen Strukturkrise des Pauperismus. In der dritten Phase von 1842 bis 1857 erreichte die Auswanderung erstmals wirklich große Ausmaße. Sie wurde zu einem Massenereignis, weil sie ab Mitte des Jahrhunderts organisierte Gestalt annahm. In den deutschen Ländern wurde eine

wirkungsvollere Infrastruktur durch die Gründung von Auswanderer-
vereinen und die Aufklärung der Bevölkerung durch Zeitungen, Pam-
phlete und Bücher geschaffen. Die Zahl der Auswanderer überschritt
nun erstmals die Millionengrenze.

Charakteristisch für diese drei Phasen war, dass ganze Familien
selbstständiger Kleinbauern und Kleinhandwerker vor allem aus dem
südwestdeutschen und zu einem geringeren Teil aus dem westdeut-
schen Raum den größten Anteil der Auswanderer ausmachten. Ihr
Ziel war, in den Vereinigten Staaten Land zu erwerben und dort auf
eigenem Grund und Boden Landwirtschaft zu betreiben.

Der Mainzer Adelsverein

Führend waren damals die Kolonisationsbestrebungen des Mainzer
Adelsvereins. Sie ließen die Zahl der auswanderungswilligen Deutschen nach Texas in den 1840er Jahren enorm ansteigen. Es ist jedoch
schwierig, genaue Angaben über die Anzahl der neuen Siedler zu machen. Diejenigen Migranten, die über die Schiffswege direkt nach Texas gelangten, wurden zwar zahlenmäßig bei ihrer Ankunft erfasst,
über die Anzahl derjenigen Einwanderer aber, die in einem anderen
Staat der USA gelandet waren und auf indirektem Weg nach Texas
kamen, gibt es keinerlei Statistiken. Lediglich die *Deutsche Gesellschaft
von New Orleans* verzeichnete die Deutschen, die über den Hafen ihrer
Stadt auch nach Texas reisten. Dabei ist aber nicht gewährleistet, dass
diese Aufzeichnungen wirklich alle Deutschen umfassten.

Gründung und Ziele

Der Mainzer Adelsverein konstituierte sich am 20. April 1842 auf Ein-
ladung des Herzogs Adolf von Nassau. Er rief eine größere Anzahl
Adlige zusammen, um über ein groß angelegtes Kolonisationsprojekt
in Texas zu beraten. Zu diesem Zweck gründeten die Anwesenden den
Verein zum Schutze deutscher Einwanderer in Texas, oft als *Mainzer
Adelsverein* oder als *Texasverein* bezeichnet. Unter der Aufsicht der

Adligen sollten tausende Deutsche auswandern und sich in Texas niederlassen. Im Gegensatz zur bisherigen Auswanderung war dies nun
eine „Umsiedlung von oben". Texas schien den Adligen der ideale Ort
für eine deutsche Kolonie zu sein, weil das Land damals noch nicht zu
den Vereinigten Staaten gehörte, wo ein ähnliches Vorhaben ihrer
Meinung nach scheitern würde. Texas war eine unabhängige Republik, die noch nicht politisch gefestigt war.

Die Adligen beabsichtigten mit diesem Projekt dem Pauperismus
in Deutschland entgegenzuwirken und setzten sich folgende Ziele:
Die weitere Verarmung der Arbeiterklasse sollte durch die Umsiedlung nach Texas verhindert, für die heimische Industrie sollten neue
Absatzmöglichkeiten geschaffen und der deutsche Überseehandel
sollte entwickelt und ausgebaut werden. Um diese Ziele zu erreichen,
beschloss der Adelsverein, im wüstenartigen, unbewohnten Westen
von Texas Land zu kaufen und dort eine rein deutsche Kolonie zu
gründen. In dieser Region gab es bislang kaum Siedlungen, so dass
eine Vermischung mit den Texanern vermieden werden konnte. In einem zweiten Schritt sollten Handelsverbindungen zwischen den
deutschen Ländern und ihrer Kolonie in Texas aufgebaut werden.

Landerwerb mit Hindernissen

Am 24. Juni 1844 erwarb der Adelsverein von dem Deutsch-Amerikaner Henry Fisher und seinem Partner Burchard Miller einen Anteil an
einem Gebiet zwischen dem oberen Llano River und dem Colorado
River, den sogenannten Fisher-Miller-Grant. Fisher hatte am 1. September 1843 von der Republik Texas einen Kolonisationsvertrag erhalten, der mit der Bedingung verknüpft war, innerhalb der nächsten
18 Monate zweihundert Familien nach Texas zu bringen. Da der
Adelsverein das Abkommen mit Fisher aber erst am 24. Juni 1844 ab-
schloss, blieb nicht mehr viel Zeit für die Besiedlung. Fisher versprach
den deutschen Siedlern fruchtbares Weideland, hatte den Boden aber
selbst nie gesehen. Zudem verschwieg er, dass das Land zum Jagdgebiet der Komantschen gehörte, mit denen weder er noch die Regierung von Texas jemals eine Vereinbarung über die Besiedlung des

Landes getroffen hatte. Die Belange der indigenen Bevölkerung wurden von den Geschäftemachern dieser Zeit ignoriert. Nach Fishers Meinung sollten die Siedler selbst mit den Komantschen verhandeln und einen Vertrag abschließen. Sollte dies scheitern, könnten diese immer noch vertrieben werden. Er und sein Partner waren einzig und allein an ihrem Gewinn durch die Vermittlung des Landes interessiert. Der Adelsverein konnte diese Problematik nicht voraussehen, handelte aber letztlich naiv, weil sie das vorgesehene Land nie inspizierten.

Aufbruch nach Amerika

Für die zweihundert Familien – insgesamt siebenhundert Personen – begann das Abenteuer Texas im November und Dezember 1844. Sie stammten aus den unterschiedlichsten Gesellschaftsschichten und großenteils aus Hessen. Eingepfercht auf drei Segelschiffen, überquerten sie hoffnungsvoll den Atlantik und träumten davon, in Texas fruchtbares Weideland zu bewirtschaften. Sie würden die Wildnis urbar machen und erblühen lassen. Nach ein paar Jahren, so war die Abmachung mit dem Adelsverein, würde das Land in ihren Besitz übergehen. Um diesen Ansiedlungsprozess zu leiten, stellte der Adelsverein einen der Ihren nach Texas ab. Prinz Carl zu Solms-Braunfels bekam als erster Generalkommissar die Verantwortung über die Siedler übertragen. Bereits seit dem 1. Juli weilte er in Texas und bereitete die Ansiedlung vor. Als erste Station gründete er in den Sümpfen der Matagorda Bay die Stadt Carlshafen. Hier sollten die deutschen Ankömmlinge den ersten Winter bleiben. Doch in den notdürftigen Hütten brachen Seuchen aus, und viele Siedler starben. Nachdem sie im 19. Jahrhundert zweimal von Hurrikanen schwer verwüstet worden war, wurde die Stadt aufgegeben.

Von Carlshafen aus sollten die Siedler in die eigentlichen Siedlungsgebiete gelangen. Prinz zu Solms-Braunfels wollte bis in die Region am Colorado River kleine Dörfer anlegen, die den Trecks als Zwischenstationen dienen sollten. Der erste Wagentreck sollte die erste Station dieser Kette errichten. Fisher hatte vertraglich zugesagt, die für den Transport notwendigen Wagen zu besorgen. Als er aber mit 15 anstatt der vereinbarten fünfzig Wagen eintraf, kam es zu ersten Spannungen zwischen ihm und dem deutschen Prinzen. In dieser Situation kam Dr. Ferdinand Lindheimer den Siedlern des Adelsvereins zu Hilfe, ein bereits seit zehn Jahren in Amerika lebender Deutscher. Er verkaufte dem Prinzen ein 1 300 Acres großes Gebiet am Guadelupe River, das früher einem Mexikaner gehört hatte und das außerhalb der Jagdgebiete der Komantschen lag. Dort sollte die erste Siedlung des Adelsvereins entstehen.

Nach dem harten Winter machten sich die deutschen Siedler auf den strapaziösen Weg. Mit den wenigen Ochsenwagen durchquerten sie die unwegsame Wildnis landeinwärts. Die meisten von ihnen mussten laufen, nur Kinder und Kranke hatten Platz auf den vollgepackten Wagen. Am 21. März 1845, einem Karfreitag, erreichte der Treck schließlich den Guadelupe River. Hier sollte nun der Grundstein für die erste Siedlung gelegt werden. In den nächsten Jahren würden dann weitere Trecks aufbrechen, bis auch das Gebiet, das von Fisher für die Deutschen vorgesehen war, besiedelt sein würde. Solms-Braunfels vergab an jede Familie und an jeden Ledigen ein 2,5 Acres großes Grundstück innerhalb sowie zehn Acres Farmland außerhalb der künftigen Stadt, das die Deutschen sofort ihr Eigentum nennen konnten. Solms-Braunfels war begeistert von der Region und taufte die Siedlung nach seinem eigenen Namen: New Braunfels. Er schrieb an den Mainzer Adelsverein: „Hier am Guadelupe River beginnt das Land, das ich für die Gesellschaft gekauft habe. […] Auf der rechten Seite liegt Waldland […], das mich an den Schwarzwald erinnert. Im unteren Gebiet fließt der Comal River, der in sieben Kaskaden aus dem Fels bricht. Sein Wasser ist sehr tief und kristallklar." Nicht ganz unbescheiden schreibt er an anderer Stelle: „Nicht nur die Augen Deutschlands, nein, ganz Europa soll auf dieses Vorhaben schauen […] Neuen Glanz und Reichtum soll es den alten Kronen bringen."

Aufgrund der Nähe zum Gebiet der Komantschen hielt es Solms-Braunfels für nötig, Holzpalisaden um die Siedlung zu errichten. Zudem ließ er mindestens einmal am Tag einen Kanonenschuss abfeuern, um möglicherweise feindlich gesinnte Indianer abzuschrecken. Ganz den Gewohnheiten der europäischen Herrschaft entsprechend befahl er den Siedlern, ein geräumiges Blockhaus zu errichten, das er selbst bezog, nachdem er es zu Ehren seiner Verlobten *Sophienburg* genannt hatte. Solms-Braunfels setzte eine Verwaltung der Siedlung ein und baute eine Schutztruppe aus mehreren Soldaten auf, doch letztlich war er nicht in der Lage, die Kolonie gut zu führen. Unter den Siedlern regte sich Widerstand. Die einen wollten nicht in Neu Braunfels bleiben, sondern weiter an den Colorado River ziehen, wie es geplant war. Andere beschlossen auf Kosten des Adelsvereins zu leben, der den Siedlern freie Verpflegung zugesichert hatte, bis sie ihren endgültigen Bestimmungsort erreichten. Sie weigerten sich zudem, beim Aufbau der vorläufigen Siedlung zu helfen. Braunfels bezeichnete sie als Schmarotzer, und sie waren ihm ein Dorn im Auge. Immer wieder kam es zu Spannungen. Bald gab Prinz zu Solm-Braunfels auf und kündigte seinen Vertrag mit dem Adelsverein. Im Mai 1845 verließ er Texas, ohne auf seinen Nachfolger zu warten, und kehrte nach Deutschland zurück.

Die Ära Meusebach und der Aufschwung

Solms-Braunfels hinterließ seinem Nachfolger ein schwieriges Erbe. Die Siedlung war in ernsten finanziellen Nöten, der Adelsverein nahezu bankrott, und unter den Siedlern herrschten enorme Spannungen. Otfried Hans Freiherr von Meusebach traf am 14. Mai 1845 in Neu Braunfels ein. Er war am 26. Mai 1812 im hessischen Dillenburg geboren worden und entstammte einem thüringischen Adelsgeschlecht. 1815 zog seine Familie nach Koblenz und 1819 nach Berlin, wo sein Vater eine Stellung als preußischer Beamter angenommen hatte. Während seines Studiums in Clausthal, Bonn und Naumburg hatte er mehrere Sprachen, darunter vor allem Englisch, erlernt. 1844 absolvierte er das Examen in Jura. Im gleichen Jahr wurde er vom Mainzer Adelsverein als Nachfolger für Prinz Carl zu Solms-Braunfels verpflichtet. Meusebach sollte als Generalkommissar die Geschicke des Adelsvereins in Texas leiten, nachdem sein Vorgänger gescheitert war.

Als John O. Meusebach, wie er sich nun nannte, seinen Dienst antrat, fand er das Siedlungsprojekt in desolatem Zustand vor. Doch es gelang Meusebach, die Stimmung und die Moral unter den Siedlern wieder zu verbessern und die wirtschaftliche Lage der Ansiedlung zumindest zu beruhigen. Die Situation der Kolonie verschlechterte sich allerdings wieder, als Meusebach von der Ankunft mehrerer Tausend weiterer Siedler erfuhr. Die vielen Briefe, die die Deutschen in die Heimat geschickt hatten, setzten einen gewaltigen Exodus in Gang. In den Briefen schrieben sie meist heillos übertrieben von paradiesischen Zuständen: „Wir sind in ein gesundes glückliches Land gekommen. Wenn es ein irdisches Paradies gibt, so ist es gewiss dieses Land." Oder sie priesen die Freiheit: „Wir leben hier im wahrsten Sinn des Wortes frei. Kein Polizist, kein Soldat, kein Leuteschinder hat hier etwas zu sagen. Und der Geringste gilt so viel wie der Reichste."

Meusebach sah jedoch keine Möglichkeit, wie die junge Gemeinde eine dermaßen große Anzahl Menschen aufnehmen konnte. Im Dezember 1845 beschloss er daher, die Besiedlung von Texas weiterzuführen und schickte eine 36 Mann starke Expedition an den Pedernales River, um dort eine weitere Station auf dem Weg zum endgültigen Siedlungsgebiet zu gründen. Die Gruppe begann mit dem Bau eines Blockhauses, kehrte dann aber wieder nach Neu Braunfels zurück, da ihnen die Vorräte ausgingen. Im nächsten Frühjahr stellte Meusebach einen Siedlertreck zusammen, der dort die Stadt Friedrichburg gründen sollte, die er nach dem preußischen Prinzen Friedrich benannte, der ebenfalls ein Mitglied des Adelsvereins war. Der Treck bestand aus 120 Menschen, der mit zwanzig typisch mexikanischen zweiachsigen Ochsenkarren 16 Tage die urwaldartige Landschaft nach Friedrichsburg durchquerte. Zudem wurden sie von einigen Soldaten des Adelsvereins begleitet. Am 8. Mai 1846 trafen sie nach einer strapaziösen Reise am Ort ihrer Bestimmung ein und begannen mit dem Aufbau der neuen Siedlung.

Der Vertrag mit den Komantschen

Als sich die deutschen Siedler im Westen von Texas niederließen, wurden die Komantschen auf sie aufmerksam. Nun waren sie mit den Konsequenzen von Fishers Verantwortungslosigkeit und der Leicht-

fertigkeit des Adelsvereins konfrontiert. Da die deutschen Siedlungsgebiete an die Jagdgründe der Komantschen angrenzten, entschloss
sich Meusebach, mit den Komantschen ein Abkommen auszuhandeln.
Er war nicht nur auf die Sicherheit seiner Schutzbefohlenen bedacht,
er hatte den Komantschen gegenüber auch keinerlei rassistische Res-
sentiments. Meusebach wird die Aussage zugeschrieben: „Wenn mein
Volk für eine Zeitlang mit Euch gelebt hat und wenn wir uns gegenseitig besser kennen, dann mag es vorkommen, dass einige heiraten
möchten. Bald werden unsere Krieger Eure Sprache lernen. Wenn sie
dann wünschen, ein Mädchen aus Eurem Stamm zu heiraten, sehe ich
darin überhaupt kein Hindernis, und unsere Völker werden so viel
bessere Freunde. [...] Mein Bruder spricht von einer Barriere zwischen den roten Männern und den Bleichgesichtern. Ich schätze mei-
ne roten Brüder nicht geringer, weil ihre Haut dunkler ist, und ich
halte nicht mehr vom Volk der Weißen, nur weil ihre Hautfarbe heller
ist."

Meusebach schloss am 2. März 1847 mit den Häuptlingen Buffalo
Hump, Santana und Old Owl Frieden und unterzeichnete am 9. Mai
1847 den Vertrag. Die Deutschen verpflichteten sich zur Abnahme einer bestimmten Anzahl Felle und Lebensmittel von den Komantschen.
Beide Seiten willigten ein, fortan Frieden walten zu lassen. Meusebach sicherte damit den beiden deutschen Siedlungen Neu Braunfels
und Friedrichsburg die Existenz und ermöglichte zugleich auch die
weitere Ausdehnung der Kolonie.

Am Ort des Friedensschlusses wurde ein Gedenkstein mit folgen-
dem Text aufgestellt: *On this site a treaty of peace was agreed upon,
March 1–2, 1847, between twenty Comanche chiefs and the German co-
lonists represented by Otfried Hans Freiherr von Meusebach (1812–
1897), who became a citizen of Texas under the name of John O. Meusebach [...] this treaty was never broken.* (An diesem Ort wurde am
1. und 2. März 1847 ein Friedensvertrag zwischen zwanzig Häuptlingen der Komantschen und den deutschen Siedlern, vertreten durch
Otfried Hans Freiherr von Meusebach (1812–1897), der unter dem
Namen John O. Meusebach ein Bürger von Texas wurde, geschlossen.
Dieser Vertrag wurde niemals gebrochen.) Und dieser Vertrag zwi-

schen Indianern und „Weißen" ist tatsächlich der einzige, der bis heute unverletzt ist. Noch heute treffen sich Vertreter der Komantschen und die Nachkommen der deutschen Siedler alljährlich am zweiten Samstag im Mai in Friedrichsburg zum *Founder's Day*. Jedes Mal besiegeln sie den Frieden und die Freundschaft zwischen Deutsch-Texanern und Komantschen aufs Neue.

Doch auch Meusebach konnte die Pläne des Adelsvereins nicht verwirklichen. Der Fisher-Miller-Grant wurde nie besiedelt, und so erhielt Fisher auch nicht seinen gierig erwarteten Anteil. Karl May griff dennoch dreißig Jahre später diese Region am Llano als Handlungsort seiner Reiseerzählungen auf. Er siedelte mehrere Abenteuer im Llano Estacado an, in den sich unschuldige Siedler aus Deutschland verirrten.

Rund um die Städte Neu Braunfels und Friedrichsburg entstand jedoch eine blühende Siedlungslandschaft mit deutschen Dörfern und Städten. Bis weit in das 20. Jahrhundert hinein blieb dieser Landstrich von der deutschen Lebensweise geprägt. Noch heute spricht man von einem *German Belt* in Texas, in dem das texanische Amerikanisch stark mit deutschen Ausdrücken durchsetzt ist. Der mit den Deutsch-Texanern geschlossene Vertrag schützte die Komantschen jedoch nicht vor der US-Army. Auch die Komantschen ereilte das Schicksal der Verdrängung in die Reservation. Sie fügten sich schließlich ihrem Schicksal, blieben aber den Deutsch-Texanern bis heute eng verbunden.

Revolverhelden waren exzellente Schützen

Spätestens seit den Italo-Western der 1960er Jahre kennt sie jeder: die Revolverhelden. Lässig den Cowboyhut ins Gesicht gezogen, stehen sie an der Ecke des Saloons, kauen Kautabak und blicken finster um sich. Unrasiert und staubig, den Patronengurt tief auf den Hüften sitzend, einen Colt in jedem Holster. Sie schießen aus allen Lebenslagen und aus den unglaublichsten Winkeln, selbst hochgeschreckt aus dem Tiefschlaf haben sie sofort ihren Gegner im Visier. Eine in die Luft geworfene Münze wird der Schütze genau in der Mitte durchlöchern. Kleinste Gegenstände trifft er auf größte Entfernungen, reagiert blitzschnell und ballert nicht selten ganze Revolvertrommeln leer – wobei es keine Rolle spielt, wie viele Schüsse ein Revolver tatsächlich abgeben kann …

Auch in den deutschen Western gab es solche Kunstschützen. Im Karl-May-Film *Unter Geiern* spaltet Stewart Granger alias Old Surehand einen Pfeil, der auf ihn abgeschossen wurde, längs im Flug – während er an den Marterpfahl gefesselt ist. Der Charakter sollte sich durch diese Kunstfertigkeit deutlich von Old Shatterhand, den Lex Barker verkörperte, unterscheiden. Wie der Name es schon sagt, war Old Shatterhand eher ein Mann der Fäuste.

Von solchen Filmen inspiriert, hielt das Bild des Revolverhelden auch Einzug in die belgisch-französische Comic-Welt: Über Lucky

Luke wird gar behauptet, er ziehe schneller als sein Schatten. Beinahe lakonisch vollzieht der Cowboy seine Kunststücke. Während seine Gegner erst im Begriff sind, nach ihren Waffen zu greifen, ruht sein Colt bereits wieder qualmend im Holster. Es ist nicht verwunderlich, dass Lucky Luke in einer Realverfilmung ausgerechnet von Terence Hill gespielt wurde. Stellte er doch in den 1970er und 1980er Jahren an der Seite des Haudegens Bud Spencer den jungen, wilden Revolverhelden dar, der schießen und treffen konnte, wie und wann immer er wollte. Doch nicht nur die Schießkunst, auch die Waffen selbst hatten in den Filmen große Bedeutung. So irrte Eli Wallach als Tuco im Film *Zwei glorreiche Halunken* (*The Good, the Bad, and the Ugly*) mehrere Tage unter Bewachung von Clint Eastwood, dem „Blonden", halb verdurstet durch die Wüste. In der ersten Siedlung auf ihrem Weg stürmt er sofort den Waffenladen und bastelt sich aus mehreren Trommelrevolvern eine Schusswaffe zusammen, die ihn durch den Rest des Films begleiten wird.

Ob die Revolverhelden ernsthaft Gewalt ausübten oder nur zur Unterhaltung Kunststücke mit ihren Waffen vorführten – die Zuschauer liebten sie! Und sie waren eine Bereicherung für das gesamte Genre, wobei sich die Filmindustrie immer neue Geschichten für ihre Helden einfallen ließ, in denen sie ihren Willen und ihre Durchsetzungskraft unter Beweis stellen konnten. In Marlon Brandos erstem Regiewerk, dem Edel-Western *Der Besessene* (*One-Eyed Jacks*), zertrümmert der von Karl Malden gespielte Sheriff Dad Longworth die rechte Hand des jugendlichen Helden (Marlon Brando), damit er nicht mehr schießen und sich nicht mehr rächen kann. Daraufhin setzt Brando alles daran, mit der linken Hand schießen zu lernen, um am Ende des Films seine Rache doch noch vollziehen zu können. Sein Wille wird stärker sein als die Verletzung, die ihm zugefügt wurde.

Die Erzählungen, die sich um die Revolverhelden ranken, haben für gewöhnlich keinen realen Hintergrund. Und wenn, sind sie umstritten, und es scheint offensichtlich: Sie sind eine Erfindung der Filmindustrie. Die Verherrlichung der Waffengewalt erhielt einen spielerischen und überzeichneten Charakter, die Brutalität und das Leid, das die Schießereien verursachten, wurden verharmlost oder ausgeblendet. Wie aber sah denn die Wirklichkeit im Wilden Westen Nordamerikas aus? Und wie konnte das Bild des waffentragenden, gewaltbereiten und schießwütigen Outlaws zu einer so populären Figur werden?

Die Freiheit, Waffen zu tragen – ein in der Verfassung verbrieftes Recht

Als die ersten Siedler sich auf dem neuen Kontinent niederließen, lauerten im Unbekannten überall Gefahren. Es gab noch keine Staatsmacht, die den Menschen Sicherheit hätte garantieren können. Während es in Europa nur beispielsweise Adligen und Offizieren, freien Männern in der Tradition des ritterlichen Standes, erlaubt war, eine Waffe zu tragen, konnten einfache Leute und Untertanen nur von der Herrschaft zu den Waffen gerufen werden. In der Neuen Welt mussten sich die Siedler selbst verteidigen und sich notfalls ihren Lebensraum erkämpfen können. Das Recht, eine Waffe zu tragen, war also einerseits eine Notwendigkeit, andererseits aber ein Privileg, das für die Pioniere große Bedeutung hatte. Dieses Privileg verdeutlichte, dass sie keine Herrschaft über sich hatten, sondern freie Bürger waren. Als sich die Kolonien vom Mutterland England freigekämpft hatten, schrieben die Väter der Verfassung dieses Recht 1791 im zweiten Zusatzartikel der *Bill of Rights* fest. Hier heißt es: „Da eine wohl organisierte Miliz für die Sicherheit eines freien Staates notwendig ist, darf das Recht des Volkes, Waffen zu besitzen und zu tragen, nicht beeinträchtigt werden."

Dieser Satz löste eine der bis heute größten Kontroversen über die amerikanische Verfassung aus. Die Waffenlobby verteidigt seither verbissen ihr verbrieftes Recht auf eigene Schusswaffen und Munition. Die Gegenseite will vor allem klarmachen, dass die Väter der Verfassung im 18. Jahrhundert mit „Waffen" etwas anderes meinten als die heutigen Präzisions- und Schnellfeuerwaffen. Ihnen galten Degen, einläufige Flinten mit Bajonetten und einschüssige Pistolen als Waffen. Die enorme Entwicklung, die die Waffentechnik seit 1791 und vor allem im 20. Jahrhundert durchmachte, konnten sie nicht voraussehen. Moderne Schusswaffen oder gar Schnellfeuerwaffen, so argumentieren sie, könnten nicht zu den in der Verfassung gemeinten Waffen gezählt werden. Trotz mehrerer Klagen blieb der zweite Verfassungszusatz unangetastet. Folglich darf den Bürgern der Vereinigten Staaten von Amerika auch heute noch das Tragen von Waffen nicht verwehrt werden.

Die Waffen des Wilden Westens

Vom Revolver zum Colt

Entscheidenden Einfluss auf die Verbreitung von Waffen in den Vereinigten Staaten und besonders im Wilden Westen hatte die Weiterentwicklung des Revolvers durch Samuel Colt in den Jahren 1835 und 1836. Colt erhielt am 25. Februar 1836 ein Patent für seine Konstruktion, eine verbesserte Version des Revolvers, die auf die Erfindungen und Patente von Artemus Wheeler (Percussionsrevolver), Elisha Collier und Cornelius Coolidge zurückging. Am 5. März desselben Jahres stellte er den ersten Prototypen für die Produktion her. Sein erstes Modell war im Osten der Vereinigten Staaten eher unbeliebt, fand aber in der Republik Texas viele Abnehmer. Als Texas schließlich von den USA annektiert wurde und bald darauf der Krieg zwischen den USA und Mexiko ausbrach, konnte Texas die US-Regierung überzeugen, eine größere Menge von Revolvern aus dem Hause Colt nach Texas liefern zu lassen. Dieser Auftrag rettete nicht nur die Firma Colt vor der Insolvenz, er sorgte auch für die Verbreitung der Waffen im Westen.

In den 1840er bis 1860er Jahren wurde die Waffenproduktion industriell ausgebaut. Der Amerikanische Bürgerkrieg von 1861 bis 1865 steigerte den Bedarf noch einmal enorm. Nach Kriegsende zog es viele ehemalige Soldaten in den Westen. Sie wollten die Schlachtfelder im Osten vergessen und ein neues Leben beginnen – und sie brachten ihre Waffen mit in den Westen.

In den meisten Western trugen die Helden einen Colt, der den Spitznamen *Peacemaker* erhielt. Diese Waffe, produziert ab 1872/73, war zwar sehr populär, aber sie war nicht so weit verbreitet, wie man wegen seiner heutigen Bekanntheit annehmen mag. Einer der Gründe dafür war der hohe Preis, den man für ihn bezahlen musste. Viele behielten daher lieber ihre alten Waffen aus dem Bürgerkrieg und bauten sie selbst nach den neuen Entwicklungen der Technik um. Vorderlader-Revolver wurden durchbohrt und zu Hinterladern umkonstruiert. Dies war billiger, als sich eine neue Waffe anzuschaffen.

Die Winchester – ein Gewehr für jedermann

1860 entwickelte Benjamin Tyler Henry ein Repetiergewehr und ließ es patentieren. Auch diese Waffe wurde durch den Bürgerkrieg weit verbreitet. Vertrieben und hergestellt wurde das Repetiergewehr von der *New Haven Arms Company*. Als das Unternehmen sich 1866 in *Winchester Repeating Arms Company* umbenannte, lancierte es eine neu entwickelte Produktreihe unter dem Markennamen *Winchester*. Die einzelnen Typen benannten sie einfach nach dem Jahr ihrer Einführung. Die *Winchester 73* wurde zum Verkaufsschlager und ist noch heute bekannt, was wohl vor allem dem gleichnamigen Western – also wieder einmal der Filmindustrie – zu verdanken ist. Die Winchester war auf Zentralfeuerpatronen abgestimmt und verwendete die gleiche Munition wie die gängigsten Revolver im Westen. Die Waffenbesitzer mussten so nur eine Patronensorte mit sich führen. Bald erwarb sie sich den Ruf, das Gewehr zu sein, das „den Wilden Westen eroberte". Dieses Image basierte vor allem auf ihrer soliden Verarbeitung, die eine präzise Schusstechnik erlaubte. Im Wilden Westen verbreitete sich das Gewehr schnell und bescherte dem Unternehmen Winchester großen finanziellen Erfolg. Cowboys, Banditen, Kundschafter, Soldaten und Indianer – alle setzten auf die *Winchester 73*.

Cool contra praktisch

Unser Bild vom Revolverhelden ist vor allem eines: cool. Diese *cool-ness* beruhte vor allem auf der Haltung und der Silhouette der Män-ner: Der Griff zum Revolver und der Schuss aus der Hüfte suggerier-ten Lockerheit und Gelassenheit. Aber war der lässig sitzende Gürtel denn auch geeignet, in angespannten Situationen schnell zu ziehen und treffsicher zu schießen? Neben dem Umgang mit den Waffen ist – und das überrascht wenig – auch die Darstellung des Tragens der Waf-fen in den Westernfilmen eine Erfindung. Die Männer im Wilden Wes-ten trugen nämlich ihre Waffe nicht etwa in einem Holster an einem tief an der Hüfte sitzenden Gürtel, denn so konnte man die Waffe we-der schnell ziehen noch gut zielen. Stattdessen wurden die Holster für die Pistolen meist auf der Höhe der Taille getragen, was lange nicht so cool aussieht wie in den Filmen. Der Revolver befand sich deutlich über der Hüfte.

Verbreitet war auch, den Revolver mit dem Griff nach vorne zu tragen. Hier gab es zwei Möglichkeiten: Trug der Schütze den Revol-ver auf der gegenüberliegenden Seite der Schusshand, wurde seine Schusstechnik *cross draw* genannt. Ein Rechtshänder griff nach seiner Waffe auf die linke Seite und zog sie, ohne seinen Arm heben zu müs-sen. Dadurch konnte er schneller und sicherer ziehen. Daneben gab es auch den *twist*. Der Schütze drehte seine Hand nach innen und griff auf der gleichen Körperseite zur Waffe. So konnte man die Waffe schnell zum Zielen auf Augenhöhe halten.

Showdown

Klassische Duelle, um Genugtuung zu erhalten und seine Ehre wieder herzustellen, gab es schon seit dem Altertum. Allerdings war dieses Ritual offiziell verboten und wurde nur von „satisfaktionsfähigen" Kreisen, also beispielsweise dem Adel, praktiziert. Es musste streng festgelegte Voraussetzungen erfüllen. Erst wenn eine Schlichtung ge-scheitert war, durften sich die Gegner in Anwesenheit von Sekundanten und einem Arzt an einem abgelegenen Ort treffen, um den Zwist auszufechten oder mit Schusswaffen auszutragen. Im 19. Jahrhundert dehnte sich dieses Ritual auch auf bürgerliche Schichten aus, die ihren Ehrencodex an dem der Adligen orientierten.

Der *Showdown* im Film lehnt wohl an diese Praxis an, die Auseinandersetzungen im Wilden Westen fanden aber unter ganz anderen Voraussetzungen statt. In den Hollywoodproduktionen standen die Kontrahenten – um Spannung zu erzeugen – oft bis zu hundert Meter auseinander. Die Passanten zogen sich in den Schutz der umliegenden Häuser zurück. Die Widersacher blieben alleine auf der staubigen Straße der Westernstadt zurück. Die Revolverhelden verballerten dann in einem dramatischen Hin und Her ganze Revolvertrommeln, bevor schließlich einer zu Boden ging.

In der Wirklichkeit liefen diese Schießereien oft in einem Abstand von weniger als zwei Metern ab. Zwar wurde mitunter auch mehr als nur ein Schuss abgefeuert, aber man versuchte, nicht mehr Patronen als notwendig zu vergeuden. So mancher Streit ging unentschieden aus, weil keiner der Schützen den anderen zu treffen imstande war. Trotzdem galten die Streitigkeiten danach als beigelegt.

Der „One Mile Shot"

Den wohl bekanntesten und spektakulärsten Schuss in der Geschichte des Wilden Westens feuerte ein Büffeljäger namens Billy Dixon ab. Er wurde am 25. September 1850 in Ohio County im späteren US-Bundesstaat West Virginia geboren und schloss sich achtzehnjährig General Armstrong Custer an, dessen Truppen er mit Büffelfleisch versorgte. Ins Licht der Geschichte trat er 1874, als eine Gruppe von Komantschen, Cheyenne und Kiowa die Siedlung *Adobe Walls* in Texas angriff. Nur 28 Männer und eine Frau waren vor Ort, um *Adobe Walls* zu verteidigen. Dass die texanische Minderheit die indianische Übermacht auf Distanz halten konnte, lässt sich nur dadurch erklären, dass die Männer alle Büffeljäger waren. Sie waren gute Schützen und hatten ausgezeichnete Gewehre, mit denen sie auch auf große Entfernung treffen konnten.

Nachdem *Adobe Walls* schon drei Tage lang belagert worden war, gelang Billy Dixon sein berühmter *One Mile Shot*. Er feuerte mit seinem Gewehr auf einen Indianer, den er in weiter Ferne auf seinem Pferd sitzen sah. Tödlich getroffen stürzte der Indianer vom Pferd. Nach diesem Schuss zogen sich die Indianer zurück. Begeistert feierten die erfolgreichen Verteidiger ihren Helden. Am nächsten Tag maßen sie die Strecke nach, die Dixons Kugel zurückgelegt hatte. Der Legende nach sollen es 1 537 Yards, also fast eine Meile gewesen sein.

Dieser Schuss machte Billy Dixon berühmt. Ob er sich wirklich so zugetragen hat, darf jedoch bezweifelt werden, Dixon selbst rühmte sich dessen nie. Aber die Nachwelt streitet munter über die Distanz und verweist auf unterschiedliche Messungen. Dass mit der damaligen Waffentechnik ein solcher Schuss durchaus möglich war, haben Versuche jedenfalls ergeben.

Diese Geschichte zeigt die Begeisterung der Menschen für Waffen und Waffentechnik wie auch für Menschen, die verstanden, mit dieser Technik umzugehen. Schnell wurden sie zu legendären Helden. Die Bezeichnung „Revolverheld" verdienten sich wohl einige kühne Draufgänger damals im Wilden Westen, wenn sie häufig an Schießereien und Duellen beteiligt waren und nicht wenige Menschenleben auf dem Gewissen hatten. Kunstschützen unter den Revolverhelden – wie eingangs beschrieben – gab es im Westen aber nicht. Dafür reichte schon allein die damalige Technik nicht aus. Diese Art von Schützen wurde erst von der Filmindustrie erfunden, die auf der Suche nach immer neuen Westernhelden war, um die Zuschauer in die Kinos zu locken.

IRRTUM 7:

Es gab *eine* indianische Nation

Selbst führende Politiker des 19. Jahrhunderts tappten in die Falle, wie etwa der dritte US-Präsident Thomas Jefferson, der sich durchaus bewusst war, dass es verschiedene Indianerstämme gab. Auch er vereinfachte das Bild der nordamerikanischen Indianer und sah in ihnen ein weitgehend einheitliches Volk. Diese Sichtweise konnte fatale Folgen haben. Nachdem Jefferson 1803 das riesige Louisiana-Gebiet gekauft hatte, schickte er eine Expedition unter der Führung von Meriwether Lewis und William Clark in den Westen, um die Flora und Fauna zu erkunden, neue Verkehrswege zu entdecken und erste Kontakte zu noch unbekannten Indianerstämmen zu knüpfen. Sie sollten deren Häuptlinge nach Washington einladen, damit sie den Präsidenten der Vereinigten Staaten kennen lernten und über die Vorhaben der jungen Republik informiert wurden.

Auf ihrer Expedition trafen Lewis und Clark unter anderem auf die Blackfoot-Indianer. Sie hatten seit langem den Ruf, den europäischen Entdeckern und Eroberern feindlich gesinnt zu sein. Doch das stimmte nicht ganz, lebten die Blackfoot doch seit etwa zwanzig Jahren in Frieden mit den französischen und kanadischen Trappern und Pelzhändlern, die bei ihnen Wolfs- und Biberpelze gegen Waffen, Munition und Alkohol tauschten. Die Blackfoot profitierten nämlich von diesem Handel. Sie kamen auf diese Weise an die neuen Waffen, mit denen sie ihre Nachbarn und Rivalen, die Nez Percé sowie die Schoschonen, auf Distanz halten konnten.

Bei ihrer ersten Begegnung waren Meriwether Lewis und die Indianer sehr zurückhaltend, konnten dann aber ihre anfänglichen Ängste und Vorbehalte überwinden. Lewis erzählte den Indianern von der guten Absicht seiner Regierung und lud die Häuptlinge nach Washington ein. Dann fuhr er fort und beschrieb einen fortwährenden Frieden zwischen den Indianern und den Amerikanern. Er fügte hinzu, dass die Schoschonen und die Nez Percé den Plänen des Präsidenten bereits zugestimmt hätten und bald von den Amerikanern versorgt und in ein Handelsnetz eingebunden werden sollten. Augenblicklich versteinerten die Mienen der anwesenden Indianer, doch Lewis wusste die plötzlich angespannte Situation nicht zu deuten.

In der folgenden Nacht versuchten die Indianer, die Waffen der Weißen zu stehlen. Die Situation eskalierte, und im folgenden Schusswechsel wurden zwei Indianer getötet, die übrigen flüchteten und berichteten ihren Häuptlingen von den Vorhaben der Amerikaner. Von diesem Zeitpunkt an betrachteten die Blackfoot-Indianer die Amerikaner, ganz gleich ob alte Pelzhändler oder neue Siedler aus Europa, als Todfeinde.

Was war geschehen? Der sonst so erfahrene Forschungsreisende Meriwether Lewis hatte bei seinen Verhandlungen mit den Vertretern der Blackfoot nicht bedacht, dass es sich bei den Indianern Nordamerikas genauso verhielt wie bei den Völkern Europas. Auch unter den Stämmen der Indianer gab es freundschaftliche Verhältnisse, aber auch unversöhnliche Feindschaften. Er wusste nicht, dass die Nez Percé und die Schoschonen die Todfeinde seiner Gesprächspartner waren. Für die Blackfoot hatten die Pläne des amerikanischen Präsidenten die Stärkung ihrer Feinde zur Folge und damit eine direkte Bedrohung ihres Status, ja ihres Lebens. Erhielten sie ebenfalls Waffen und Munition und waren zudem mit den Amerikanern verbündet, würde es nicht lange dauern und sie würden sich gegen die Blackfoot wenden und versuchen, sie zu vernichten. Dieses Missverständnis markierte den Beginn eines fast neunzig Jahre andauernden blutigen Konflikts zwischen den Prärieindianern und den Vereinigten Staaten von Amerika.

Wir und die Anderen

Auch heute kennen wir die Tendenz der Menschen, alles in Eigenes und Fremdes einzuteilen. Die markanten Unterschiede zur eigenen Gruppe verwischen die feinen Unterscheidungsmerkmale innerhalb der fremden Gruppe. Das ist nur allzu menschlich. So nahmen auch die Indianer an, dass alle Weißen zusammengehörten und gleich seien.

„Wir sind alle Menschen. Wir sind alle gleich", sagt Jerome Richards, ein künftiger Medizinmann der Navajo. Er führt eine Gruppe Touristen durch das durch die Werbung und viele Filme bekannte Monument Valley und steht auf einem kleinen Felsvorsprung im *Big Hogan*, einem heiligen Ort seines Volkes. „Früher", so Jerome weiter, „wusste ich gar nicht, dass ihr Europäer so viele unterschiedliche Sprachen sprecht. Französisch, Deutsch, Englisch, Italienisch ... Ich dachte, das sei alles das Gleiche. Aber es ist wie mit uns. Die Europäer dachten zuerst auch, es gebe nur ein indianisches Volk. Dabei gibt es viele – und wir sprechen die unterschiedlichsten Sprachen und haben verschiedene Lebensweisen." Und so wie in Europa jedes Land seine Nationalgeschichte schreibt, so wird auch ein Lakota immer von der Geschichte der Lakota erzählen, ein Apache von der Geschichte der Apachen und ein Navajo von der Geschichte der Navajo.

Indios – Indians – Indianer

Die vielen Eindrücke von dem neuen Kontinent wurden von den ersten Europäern begierig aufgenommen, waren aber undifferenziert. Sie sahen eine Vielzahl an fremd aussehenden Menschen mit unverständlicher Sprache und fremden Sitten. Wie sollte man sie nennen, wenn man zu Hause in der Alten Welt über sie sprach? Man musste ein Wort finden, das die Menschen der Neuen Welt bezeichnete.

Worin hat das Wort *Indianer* und die damit verbundene Vorstellung der einen indianischen Nation ihren Ursprung? Die gängigste Erklärung lautet: Als Christopher Kolumbus 1492 in Amerika landete, hatte er eigentlich beabsichtigt, einen neuen Seeweg über den Atlantik nach Indien zu entdecken. Den Boden, den er nach seiner Überfahrt betrat, betrachtete er daher wie selbstverständlich als Indien. Ebenso selbstverständlich bezeichnete er die Menschen, auf die er in der Neuen Welt traf, als *Indios*.

Doch es gibt noch andere Theorien. Denen zufolge hieß Indien in der Zeit, als Kolumbus in Amerika landete, im Spanischen noch Hindustan. Also hätte er die Fremden nicht *Indios*, sondern eher *Hindúes* nennen müssen. Vertreter dieser Theorie beziehen sich vielmehr auf einen Brief Kolumbus' an den spanischen König. Darin bezeichnete der Entdecker die Menschen, die er in der Neuen Welt antraf, als *una gentre en dio* – „ein Volk in Gott". Aus *en dio* wurde dann später das Wort *indio*, im Englischen *indian* und im Deutschen Indianer. Mit diesem einen, neuen Wort für alle Bewohner der Neuen Welt verfestigte sich auch die Vorstellung, dass die Menschen dort alle eins seien – zumal sie für europäische Augen auf den ersten Blick gleich oder zumindest sehr ähnlich erschienen.

Heute wird die Bezeichnung *Indianer* eher problematisch gesehen, weil sie erstens eine Fremdbezeichnung ist und darüber hinaus etwas umschreibt, was von den bezeichneten Personen so nicht wahrgenommen wird. Im Deutschen entstand die Unterscheidung zwischen Indern und Indianern, weil der Begriff für die Einwohner Nordamerikas erst später und nicht im direkten Kontakt mit ihnen gefunden wurde. Er bezeichnet alle ursprünglichen Bewohner Nordamerikas – ohne die Menschen in der Arktis und Subarktis. Doch während der englische Ausdruck *indians* heute nicht mehr als politisch korrekt eingestuft wird, ist das deutsche Wort Indianer unglücklich, aber nicht negativ oder gar rassistisch gefärbt. Im Gegenteil: Im deutschen Sprachraum suggeriert der Begriff äußerst positive Attribute wie Respekt, Edelmut, Tapferkeit und Naturverbundenheit. Neben dem Wort Indianer gibt es keine wirklich treffende Bezeichnung für die Ureinwohner Nordamerikas in der deutschen Sprache. Um Fehlinterpretationen zu vermeiden übernimmt die moderne Kultur- und Sozialwissenschaft heute Ausdrücke wie *Native Americans*, *First Nations* oder *Indigenous Peoples of the Americas* aus dem Englischen.

Wichtig bei der Verwendung des Begriffes *Indianer* ist jedenfalls, dass man sich stets klar macht, dass diese Bezeichnung eine unglaubliche Vielfalt an Menschen bezeichnet, deren Kultur, Geschichte und Lebensweisen sich stark unterscheiden können. Denn die vielen Stämme der *Native Americans* sind keinesfalls als *ein* indianisches Volk oder als *eine* indianische Nation zu verstehen. Auch in der höchsten Not der Verdrängung im 19. Jahrhundert handelten sie nicht als eine Einheit. Ihre Unterschiedlichkeit manifestiert sich in ihren Sprachen, ihren Sitten und Gebräuchen, ihren Religionen; ihre Lebensweisen sind durch die höchst unterschiedlichen klimatischen Verhältnisse Nordamerikas bedingt. Die Stämme rivalisierten um die besten Weide- und Jagdgründe, betrieben Handel miteinander, schlossen Bündnisse und führten Kriege. In ihrer Vielfalt sind sie durchaus mit den Völkern auf dem europäischen Kontinent vergleichbar.

Die Angst vor einem pan-indianischen Aufstand

Mitverantwortlich für die pauschale Sicht auf die Ureinwohner des neuen Kontinents war sicherlich die Angst der Kolonisten, dass die Indianer sich zusammenschließen und mit einer gemeinsamen Streitmacht gegen sie vorgehen könnten. Dieses Feindbild im Antagonismus der „Roten" gegen die „Weißen" bediente die gängigen Klischees. Um die Differenzierungen innerhalb der indigenen Bevölkerung, auch die verschiedenen Bündnisse und Feindschaften zwischen den Stämmen erkennen zu können, hätte man sich intensiver mit dem Gegner auseinandersetzen müssen.

Aber ganz abwegig waren diese Befürchtungen nicht. Es gab immer wieder Bemühungen einzelner Häuptlinge, ein entsprechendes Bündnis zu gestalten. Zu ihnen zählt beispielsweise der Pontiac-Aufstand im Jahr 1763. Bis dahin standen die Indianer auf der Seite der französischen Kolonisten, weil sie keine Siedlungen in den Indianergebieten errichteten, sondern lediglich einzelne militärische Stützpunkte unterhielten. Die englischen Siedler dagegen drangen westwärts immer tiefer und in immer größerer Zahl in den Lebensraum der Indianer ein und ließen sich dort nieder. 1754 kam es zu ersten Auseinandersetzungen zwischen Frankreich und England, die dann in den Siebenjährigen Krieg von 1756 bis 1763 mündeten und von den Kolonisten in Nordamerika ausgefochten wurden. Die meisten indianischen Stämme kämpften in diesem als *French-and-Indian-War* bezeichneten Krieg auf Seiten der französischen Truppen. Als sich die Niederlage Frankreichs abzeichnete, zogen sich die Franzosen größtenteils aus Nordamerika zurück, und die Engländer übernahmen die Vormachtstellung in der Neuen Welt. Die Indianerstämme jedoch blieben im Land. Sie verloren ihre Verbündeten und Handelspartner und waren nun mit den Folgen der Niederlage konfrontiert. Bald schon mussten die Indianer erkennen, dass ein friedliches Zusammenleben mit den englischen Kolonisten unmöglich war und Verträge von ihnen nicht eingehalten wurden. Unter der Führung des Ottawa-Häuptlings Pontiac organisierte sich ein großer Indianeraufstand, der einen deutlichen Wendepunkt in den Beziehungen zwischen Indianern und den englischen Kolonisten markierte. Nachdem die Indianer eine Reihe englischer Forts und Siedlungen angegriffen und belagert hatten, wurde der Aufstand von der britischen Armee in zwei Expeditionen 1763 und 1764 niedergeschlagen. Damit war zwar der größte Widerstand der Indianer gegen die Westexpansion gebrochen, doch saß auch bei den englischen Kolonisten der Schock tief. Noch als sie längst zu US-Amerikanern geworden waren, fürchteten sie sich stets vor einem pan-indianischen Bündnis, dem sie militärisch unterlegen sein könnten. Diese Angst begleitete die vordringenden Amerikaner zusammen mit den europäischen Siedlern während der ganzen Westexpansion. Heute wissen wir, dass es nicht zu einem solchen Indianerbündnis kam – und auch nicht kommen konnte: Zu unterschiedlich waren die indianischen Kulturen, zu groß die Rivalitäten und zu gering die Einschätzung des gemeinsamen Feindes.

Die Vielfalt indianischen Lebens

Zu Beginn der Entdeckung des amerikanischen Kontinents waren den Europäern die vorgefundenen Menschen alle gleich fremd. Sie nahmen an, dass sie alle einander verständliche Dialekte sprachen, gleiche Sitten und Traditionen hatten, aber auch in ihrer Religion, ihrem Rechtsverständnis sowie in ihrer Wirtschaftsweise zumindest sehr ähnlich seien. Die Kulturen der Indianer Nordamerikas heute zu beschreiben ist schwierig. Quellen aus der Zeit vor den ersten Kontakten mit den europäischen Eroberern sind nicht erhalten, da die Indianer nicht über eine Schrift verfügten. Aus der Zeit danach liegen nur Beschreibungen von „weißen" Berichterstattern vor. Durch die Missionierung, die Umerziehung und die lange Zeit des Verbotes, die eigene Kultur zu leben, ist sehr viel des kulturellen Erbes und des Wissens über dieses Erbe verloren gegangen. Die indianischen Kulturen können deshalb nur noch sehr grob skizziert werden.

Die Wissenschaft hat versucht, die Bewohner Nordamerikas nach verschiedenen Kategorien zu erfassen. Eine Form ist die Einteilung in Sprachfamilien. Es existieren viele indigene Sprachen, über deren Abgrenzung voneinander aber noch immer Uneinigkeit herrscht.

Eine andere Möglichkeit ist die Einteilung in Kulturareale: Man nimmt an, dass die vorherrschenden Umweltverhältnisse relativ homogene Kulturen formen, da sich die Lebensweise den jeweils unterschiedlichen Umweltbedingungen anpasst. So unterscheidet man zehn Kulturareale, zehn unterschiedliche Landschaften. Neben den Kulturregionen Arktis, Subarktis und Nordwestküste wird Nordamerika im Osten in das nordöstliche und das südöstliche Waldland unterteilt. Im Westen erstrecken sich die Plains, das Plateau, das Große Becken, Kalifornien und der Südwesten. Je nach den geographischen und klimatischen Bedingungen lebten die Stämme dort als Jäger und Sammler, manche als sesshafte Ackerbauern, wieder andere als halbnomadische Büffeljäger, oder sie ernährten sich vom Fischfang. Manche lebten ausschließlich in kleinen Gruppen, andere gehörten hochkomplexen und organisierten Gemeinschaften mit bis zu zwanzigtausend Mitgliedern an. Über alle Völker der westlichen Hemisphäre erstreckte sich ein weit verzweigtes Handelsnetz, das nur von natürlichen Barrieren wie unpassierbaren Wüsten, undurchdringlichen Wäldern und nicht zuletzt von den Rocky Mountains unterbrochen war.

Arktis und Subarktis

Das an das Nordpolarmeer angrenzende Kulturareal Arktis gilt nicht als indianisch. Ihr grenzt im Süden die Subarktis an. Dieses nördlichste indianische Kulturareal umfasst den größten Teil Kanadas und Teile Alaskas bis hin zum Sankt-Lorenz-Strom an der Atlantikküste und ist größtenteils von Nadelwald bedeckt. Hier finden sich viele der frühen Spuren indianischer Besiedlung, die archäologisch ausgewertet werden können. Die Indianer in den westlichen Gebieten gehören zur athabaskischen Sprachgruppe, die im Osten zur Sprachgruppe der Algonkin. Sie lebten überwiegend von der Jagd auf Elche, Hirsche und Büffel, betrieben Fischfang und sammelten die Früchte des Waldes. Weil die Winter so kalt waren, war generell keine Landwirtschaft möglich. Ihre Siedlungen errichteten sie entlang von Seen und Flüssen, die sie auch mit ihren Kanus als Wasserstraßen nutzten. Sie wohnten entweder in mobilen Stangenzelten oder Wigwams, was ihnen das nomadische Leben erleichterte.

Waldland

An der Ostküste schließt sich der Subarktis südlich des St. Lorenz Stromes das Kulturareal des nordöstlichen Waldlandes an, das im Süden an den heutigen US-Bundesstaat North Carolina und im Westen an Tennessee grenzt. In diesem Kulturareal lebten beispielsweise die Pequot, Narraganset, Irokesen und Chippewa. Das Gebiet ist geprägt von Laub- und Mischwäldern. Der Boden machte es seinen Bewohnern möglich, Ackerbau zu betreiben, weshalb die meisten Indianer dieser Region sesshaft waren und Mais, Bohnen, Kürbisse und andere Gemüse anbauten. Einige Stämme wie die Chippewa pflanzten Wildreis an. Die Dörfer waren zumeist von Palisadenzäunen umgeben und schlossen die für diese Region typischen Langhäuser ein. In einem Dorf konnten bis zu zweihundert Personen leben.

Das südöstliche Waldland erstreckt sich vom Gebirgszug der Appalachen im Norden bis zu den Everglades im Süden, im Westen bis nach Texas. Die Indianer, die dort lebten, waren größtenteils sesshaft, betrieben Landwirtschaft und jagten. Über den Sommer bezogen sie leichtere Sommerhäuser, während sie den Winter in festen Rundhäusern verbrachten. In diesem Gebiet lebten die sogenannten *Fünf Zivilisierten Stämme*, die sich gesellschaftlich und politisch nach dem Erstkontakt mit den englischen Siedlern den europäischen Kolonisten anpassten. Deshalb wurden sie als besonders fortschrittlich bezeichnet.

Great Plains

Im Westen schließen sich an die Waldgebiete die Great Plains, die Prärien, an. Dieses flächenmäßig größte Kulturareal war vor der Ankunft der Weißen am dünnsten besiedelt, da die Böden nicht sehr fruchtbar sind. Die Prärien erstrecken sich als endlose Graslandschaft von Kanada bis an den Golf von Mexiko sowie vom Mississippi River bis zu den Rocky Mountains. Erst durch das von den Spaniern nach Nordamerika eingeführte Pferd entwickelten sich auf den Plains die indianischen Reitervölker, die von der Büffeljagd lebten. Nun bildeten sich (halb)-nomadische Jägerkulturen, die mit ihren Tipis über die Prärien zogen. Die meisten Stämme in diesem Areal wie die Cheyenne, Mandan, Blackfoot, Crow, Sioux, Pawnee, Komantschen oder Kiowa kamen erst spät hierher. Sie waren von den Kolonisten verdrängt worden oder mussten anderen Indianern aus dem Weg gehen, die vor den Kolonisten zurückwichen.

Plateau, Großes Becken, Südwesten

Westlich der Prärien ziehen sich die Rocky Mountains von Norden bis Süden über den gesamten Kontinent. Sie bilden die Grenze zu drei weiteren Kulturarealen im Westen: dem Plateau, dem sich weiter südlich das Große Becken und der Südwesten anschließen. Im Westen sind diese drei Areale durch den Gebirgszug an der Küstengegend begrenzt. Das dünn besiedelte Plateau hat im Süden ein ausgesprochen trockenes Klima mit wenig Niederschlag, im Norden Nadelwald. Drei große Flüsse, der Columbia River, der Snake River und der Fraser River, bieten den dort lebenden Stämmen Fisch als Lebensgrundlage, wobei der Lachs das Hauptnahrungsmittel ist. Das Sammeln von Früchten sowie die Jagd auf Kleintiere spielen traditionell ebenfalls eine wichtige Rolle. Ähnlich wie auf den Prärien veränderte das Pferd das Leben der Indianer des Plateaus. Auf dem Rücken der Pferde konnten sie auch Büffel jagen. Der bekannteste Stamm der Plateau-Indianer sind die Nez Percé.

Südlich des Plateaus liegt das Große Becken. Es umfasst die heutigen US-Bundesstaaten Nevada, Oregon, Idaho, Utah, Wyoming und einen Teil Kaliforniens. Die trockenen Täler zwischen den bewaldeten Bergen haben keinen Zugang zum Meer. Die Landschaft ist karg und wüstenartig. Das Sammeln von Pflanzen und Früchten bot die einzige Nahrung, bis die Pferdezucht das Leben der Stämme des Großen Beckens veränderte: Die Ute, Paiute und Schoschonen wurden seit der Mitte des 18. Jahrhunderts zu Nomaden.

Schließlich folgt der Südwesten, der die heutigen US-Bundesstaaten Arizona und New Mexico sowie den Norden Mexikos umfasst. Dieser Bereich ist eine extrem trockene Steppe. Erst durch Bewässerungssysteme konnten die halbnomadischen Jäger und Sammler dieses Kulturareals Mais, Bohnen und Kürbisse anbauen. Außerdem verfügten die hier lebenden Pueblo-Indianer, zu denen die Hopi und Zuni zählen, über eine ausgefeilte Töpferkultur. Ihre stadtähnlichen Siedlungen, die *pueblos*, bauten sie aus Lehmziegeln, den sogenannten Adobe-Steinen. Später zogen aus dem Norden die Navajo und die Apachen in diese Region, die verschanzt in den Bergen Steinhütten, die sogenannten *hogans*, oder *wickiups* bewohnten.

Nordwestküste und Kalifornien

An diese drei Kulturareale grenzt im Norden das Gebiet der Nordwestküste. Es reicht vom Süden Alaskas bis nach Oregon und war sehr dicht von kleineren Stämmen wie den Tingit, Chinook und Haida besiedelt. Sie gehörten verschiedenen Sprachfamilien an, was auf eine hohe Mobilität in dieser Region hindeutet. Durch die verkehrsgünstige Lage am Pazifik und am Columbia River konnten die Indianer der

Nordwestküste ein breit gefächertes und weit verzweigtes Handels-
netzwerk aufbauen. Grundlage der Ernährung war der Fischfang, wobei einige Stämme sogar Wale jagten, was feste Boote und gute Navi-
gationskenntnisse voraussetzte.

Im Süden schloss sich das verhältnismäßig kleine Kulturareal Kalifornien an, das ebenfalls dicht besiedelt war. Es umfasst den heutigen
US-Bundesstaat sowie Teile von Utah und Nevada. In Kalifornien lebten viele kleine Stämme, die heute weniger bekannt sind. Zu ihnen
zählen die Miwok und Pomo. Auch sie hatten ein weiträumiges Han-
delssystem, in dem die Muschel als Zahlungsmittel diente. Sie lebten
von der Jagd auf Wild, Schafe und Vögel sowie vom Fischfang.

Im Laufe des 19. Jahrhunderts gingen die indianischen Kulturen beinahe zugrunde. Das Trauma der Verdrängung teilen alle Stämme,
und wahrscheinlich ist dies das einzige Band, das alle Indianer Nordamerikas in ihrer Unterschiedlichkeit verbindet. Erst jetzt, über hundert Jahre nach dem Ende der blutigen Verdrängung, zeigen sich erste
Spuren der Erholung. Bezeichneten sich im alle zehn Jahre durchge-
führten Zensus der USA im Jahr 1900 nur 237 000 Menschen als Indianer, waren es 1960 bereits 523 000. Im Jahr 1990 bekannten sich
bereits über zwei Millionen zu ihren indianischen Wurzeln, heute sind
es geschätzte vier Millionen. Auch viele amerikanische Stars rühmen
sich jetzt, indianische Vorfahren zu haben, beispielsweise Cher, Jimi
Hendrix, Johnny Depp, Tommy Lee Jones, Cameron Diaz und Chuck
Norris. Dieser selbstbewusste öffentliche Umgang mit der eigenen
Vergangenheit ist ein Zeichen des Umdenkens und eines neuen Stel-
lenwerts der Indianer in der amerikanischen Gesellschaft, die Vielfäl-
tigkeit der indianischen Kulturen kann dadurch jedoch nicht wieder
zurückgebracht werden.

IRRTUM 8:

Im Wilden Westen wurde Englisch gesprochen

Es gibt Menschen, die behaupten, sie hätten ihre ersten Brocken Englisch durch Westernfilme gelernt. Für den deutschen Sprachraum trifft das wahrscheinlich weniger zu, weil die Filme hierzulande zumeist synchronisiert sind, aber in anderen Ländern, in denen die Filme oft im Original gezeigt werden, kann dies gut sein. Denn in amerikanischen Filmen wird nun einmal Englisch gesprochen. Einen Film, der die Vielsprachigkeit widerspiegelt, die wirklich im Westen geherrscht hat, gibt es bislang nicht. Denn die Annahme, dass im Wilden Westen ausschließlich Englisch gesprochen wurde, ist natürlich nicht richtig. Zu vielfältig war das Leben im Wilden Westen, als dass sich dort im 19. Jahrhundert nur eine einzige Sprache hätte durchsetzen können.

Neben den vielen Sprachen und Dialekten, die die einzelnen Indianerstämme sprachen, hatten die Siedler und Abenteurer aus den verschiedenen Teilen der Welt ihren Anteil daran, dass im Wilden Westen ein babylonisches Sprachengewirr herrschte.

Eine Topografie der sprachlichen Einflüsse

Das 16. Jahrhundert war das Jahrhundert der Entdeckungen. Alle Länder Europas, die eine Handelsflotte besaßen, schickten Expeditionen auf die Weltmeere, um neue Handelsrouten und neue Märkte zu erschließen. Nachdem Christopher Columbus, der für die spanische Krone segelte, auf dem Westweg nach Indien auf einen neuen Kontinent gestoßen war, schickten Portugiesen, Spanier, Franzosen, Holländer und Engländer ebenfalls ihre Schiffe los, um ihren Anteil an der Neuen Welt zu sichern. Um Konfrontationen zwischen den Kolonialmächten zu vermeiden, wurde die Welt in Abschnitte eingeteilt, von wo aus jeder sein Stück vom großen Kuchen erobern durfte. Ausgestattet mit der Erlaubnis des jeweiligen Herrschers, glaubten sich erst die Entdecker, dann die Kolonisten im Recht, den Kontinent in Besitz zu nehmen.

Später folgten Millionen Auswanderer aus allen Teilen Europas und Asiens. Da sich aber die englischen Kolonien zu den Vereinigten Staaten zusammengeschlossen und die Unabhängigkeit erkämpft haben, setzte sich als Staatssprache für die USA das Englische durch. Die Muttersprachen der Einwanderer, mitunter auch nur lokale Dialekte, sind aber noch heute überall in Amerika präsent.

Die Spanier im Südwesten

Für die Geschichte des Südwestens der heutigen USA sind die Spanier von großer Bedeutung. Sie drangen von Mittelamerika, vom Vizekönigreich Neuspanien, nach Norden bis Kansas vor. Zunächst umfasste Neuspanien lediglich das heutige Mexiko und die mittelamerikanischen Staaten. Bei seiner größten Ausdehnung im Jahr 1763 erstreckte es sich über weite Teile des nordamerikanischen Kontinents und schloss die späteren US-Bundesstaaten Kalifornien, Texas, Arizona, New Mexico, Nevada, Utah, Colorado und Florida ein. Noch heute finden sich im Westen der USA viele Ortsnamen, die auf die spanische Vergangenheit hinweisen: Nevada (verschneit), Colorado (rötlich), Las Vegas (die Ebenen), El Paso (der Durchgang), Los Angeles (die Engel), Monterrey (der königliche Berg), Mesa Verde (Grüner Tafelberg). In Kalifornien haben die meisten Städtenamen einen spanischen Ursprung: San Francisco, San Diego, San Bernardino, Sacramento, Santa Monica, Pasadena.

Die Spanier waren nicht daran interessiert, Handelskolonien aufzubauen, sondern suchten auf ihren zum Teil brutalen Eroberungszügen vor allem nach Gold und Reichtümern. Den Eroberern folgten die katholischen Missionare, die in den nächsten Jahren versuchten, die Indianer zum Christentum zu bekehren, und mehrere Missionsstädte wie Santa Fé (1610) und El Paso (1659) gründeten. Mitte des 18. Jahrhunderts errichteten die Spanier einige militärisch befestigte Städte, um ihre Machtposition in Nordamerika zu sichern. Das Zentrum wurde die 1775 gegründete Stadt Tucson. Auch als Mexiko 1810 seine Unabhängigkeit von Spanien erklärte und 1821 nach einem langen und blutigen Krieg durchsetzen konnte, blieben die ehemals spanischen Gebiete Nordamerikas bei Mexiko, rückten aber allmählich in das Blickfeld der expandierenden US-Amerikaner. Schließlich verlor Mexiko 1836 das nach Unabhängigkeit strebende Texas und im Mexikanisch-Amerikanischen Krieg 1846–48 die Regionen, die später zu den US-Bundesstaaten Kalifornien, Utah, Arizona, Nevada, Wyoming, Colorado und New Mexico werden sollten. Die spärlich von den Mexikanern besiedelten Gebiete wurden bald von amerikanischen Siedlern „erobert". Mexikanische Traditionen verschmolzen mit dem US-amerikanischen *way of life*. Am deutlichsten sichtbar ist dies auf vielen Speisekarten der Tex-Mex-Restaurants im Südwesten. Bis heute ist das spanische Erbe nicht aus den Vereinigten Staaten verschwunden. Durch die verstärkte Einwanderung aus ärmeren Gebieten Lateinamerikas wächst die Anzahl der Spanisch sprechenden Bevölkerung wieder an. In vielen Städten im Südwesten der USA wie auch in den großen Metropolen gibt es mittlerweile spanische Verkehrsschilder, TV- und Radiosender und Zeitungen.

Die Franzosen im Mittleren Westen

Neben den spanischen Relikten gibt es auch starke französische Einflüsse. Vom Mississippi bis zu den Rocky Mountains und hinauf bis an den Sankt-Lorenz-Strom und nach Quebec reichte das riesige Gebiet von Neufrankreich. Dieses Gebiet wurde 1534 von Frankreich in Besitz genommen und teilweise kolonisiert. Ab 1608 hieß es dann offiziell Neufrankreich. Die Siedlungsschwerpunkte lagen am Sankt-Lorenz-Strom und entlang des Mississippi. Frankreich verlor den Großteil seiner Kolonie jedoch nach dem Siebenjährigen Krieg an England durch den Frieden von Paris im Jahr 1763. Den letzten verbliebenen Teil kaufte schließlich US-Präsident Thomas Jefferson 1803 Napoleon im sogenannten *Louisiana Purchase* ab. Dieses Gebiet erstreckte sich über die weiten Prärien und Savannen vom Mississippi River bis hin zum Gebirgskamm der Rocky Mountains. Damit war das französische Engagement in Nordamerika beendet.

Als das Land verkauft wurde, lebten dort viele französische Kolonisten, Siedler und Trapper, die von diesem Kauf aufgrund der schlechten Infrastruktur erst Jahre später erfuhren. Sie hinterließen in dem Gebiet deutliche kulturelle Spuren. So gehen die Namen von vier heutigen US-Bundesstaaten auf die französische Sprache zurück: Louisiana, benannt zu Ehren des Sonnenkönigs Ludwig XIV., Illinois, die französische Bezeichnung für den Stamm der Illiniwek, sowie im Osten Maine nach der historischen Provinz Maine in Frankreich und Vermont, was „Grüner Berg" bedeutet.

Französische Siedler gründeten auch im Wilden Westen Städte, die noch heute existieren und wo mittlerweile Englisch ausgesprochen wird: Bel Air in Kalifornien, Boise in Idaho, Des Moines in Iowa, Fond du Lac in Wisconsin, Baton Rouge, New Orleans und Lafayette in Louisiana sowie St. Louis in Missouri und Detroit in Michigan.

Vor allem im Mississippi-Delta in Louisiana entwickelte sich eine frankophone Kultur, deren Spuren bis in die Gegenwart zu erkennen sind. Dort wird noch heute das sogenannte Cajun French von den *Creoles* gesprochen. Es sind zum einen Teil die Nachkommen der französischen Kolonisten, deren Anzahl heute auf etwa viertausend Sprecher geschätzt wird. Der andere Teil der *Creoles* besteht aus Nachfahren der Sklaven, die aus den französischsprachigen Teilen der Karibik stammen. Bei ihnen handelt es sich um etwa 40 000 Sprecher in der Gegenwart. Hinzu kommen die aus dem nördlicheren Teil Neufrankreichs vertriebenen und nach Louisiana geflüchteten französischen Kolonisten, die dem Zensus des Jahres 2000 zufolge 194 000 Köpfe zählen.

Beide Kolonisationen, die spanische wie die französische, haben deutliche Spuren im westlichen Teil des nordamerikanischen Kontinents hinterlassen. Im 19. Jahrhundert, zur Zeit des Wilden Westens, war dieses Erbe noch wesentlich stärker sichtbar, und es gab noch viel mehr Bewohner mit US-amerikanischer Staatsbürgerschaft, deren Muttersprache Spanisch oder Französisch war.

Masseneinwanderung und die Eroberung des Westens

Im Zuge der Besiedlung des Wilden Westens ab Mitte des 19. Jahrhunderts kamen weitere Europäer zu den bereits im Westen lebenden Menschen hinzu und verstärkten die Sprachenvielfalt. Die zahlenmäßig stärksten Einwanderergruppen waren in dieser Zeit die Iren und die Deutschen. Während die Iren Englisch sprachen und zumeist in den großen Städten des Ostens blieben, zog es viele deutsche Siedler in den Westen. Dabei gilt für die Deutschen, was auch für alle anderen europäischen Einwanderer gilt: Sie ließen sich jeweils in einer Region nieder, die den klimatischen Verhältnissen ihrer Heimat entsprach. So konnten sie auf ihre Erfahrungen zurückzugreifen und das Land leichter bewirtschaften. Viele Finnen zog es in die nördlichen Staaten des Mittleren Westens, Minnesota und Michigan. Die schwedischen Einwanderer bevorzugten South Dakota, die Norweger North Dakota. Die Iren, die nicht in den Städten blieben, ließen sich in Montana nieder und die Deutschen in Ohio, Wisconsin und Illinois. Deutsche Mennoniten verschlug es nach Kansas, deutsche Juden nach Oregon. Sie alle brachten die Kultur ihrer Heimat und vor allem ihre Muttersprache mit.

Von autobahn *bis* zeitgeist – *der Einfluss der Deutschen*

In wenigen Sprachen gibt es so unterschiedliche Dialekte wie im Deutschen. Es konnte passieren, dass die eingewanderten Deutschen sich untereinander nicht verstanden. Dies machte es notwendig, dass in den Schulen die deutsche Schriftsprache gelehrt werden musste, um sich innerhalb der eigenen Gruppe der Deutsch-Amerikaner auf Deutsch verständigen zu können. Zunächst hatten die deutschen Einwanderer in ihren Schulen nur deutsch unterrichten lassen, in der zweiten Generation gab es bereits zweisprachigen Unterricht, und erst die dritte Generation besuchte in großen Teilen die Schulen der Amerikaner. Englisch lernten die Kinder in der Schule, Deutsch zu Hause. Spätestens mit Beginn des Ersten Weltkriegs verschwand der Deutschunterricht vollständig aus den Schulen. Innerhalb der Familien wurde die Sprache jedoch immer noch weitergegeben, so dass es auch heute noch Amerikaner deutschen Ursprungs gibt, die Deutsch sprechen.

Im amerikanischen Englisch findet sich eine ganze Reihe an Wörtern anderer Sprachen. Darunter sind auch deutsche Ausdrücke, für die es keinen Begriff im Englischen gab und die von den Deutschen nach Amerika gebracht wurden. Einige Beispiele sind: alpenglow, gemuetlich, Oktoberfest, Ostpolitik, autobahn, pils, glockenspiel, bildungsroman, hamburger, plattenbau, beergarden, pretzel (von Brezel), blitz, hausfrau, polka, Blitzkrieg, bratwurst, hinterland, coffeeklatsch, reinheitsgebot, concertmeister, kaputt, kindergarten, rucksack, sauerkraut oder sourkraut, schnapps, dirndl, schnitzel, leberwurst, strudel, umlaut, edelweiss, lederhosen, waldmeister, fahrvergnuegen, leitmotiv, waldsterben, weltschmerz, muesli, wunderkind, fraulein, zeitgeist und zigzag von „zickzack". Und vielerorts wünscht man sich nach dem Niesen in den USA noch heute „Gesundheit!"

Wo die Toleranz endet: Die Zuwanderung der Asiaten

Als der Goldrausch in Kalifornien losbrach, strömten viele Einwanderer, von der Hysterie dieser Zeit getrieben, in die Nähe von San Francisco. Dort wiederum entstand ein „Multi-Kulti-Lager" der Goldgrä-

bcr, zu dem sich nun auch Menschen aus Asien und Südamerika ge-
sellten. Durch den Eisenbahnbau kamen verstärkt Chinesen in den
Wilden Westen. Die *Central Pacific* warb hauptsächlich Arbeiter in
China an, weil diese als besonders sparsam und genügsam galten. Damit wurde die asiatische Einwanderung in die USA angeregt. Bis 1880
stieg die Anzahl der chinesischen Einwanderer auf 300 000 an. In Kalifornien bekamen viele Angst vor der Überfremdung durch Einwanderer aus Asien. Die Chinesen waren dann die erste ethnische Gruppe, die – mit dem *Chinese Exclusion Act* von 1882 – von der Einwanderung in die USA ausgeschlossen wurde. In den Jahrzehnten zuvor
strömten allerdings noch so viele Chinesen nach Nordamerika, dass
die *China Towns* die Zeiten überdauerten.

... im wirtschaftlichen Erfolgsrausch

Wie gemischt der Wilde Westen in dieser Zeit war, zeigt ein Beispiel
aus Montana. Dort blühte in den 1860er Jahren die Minenstadt Butte
auf, als man dort Gold fand. Nachdem die Goldhysterie abgeebbt war,
wurde in den 1870er Jahren Silber entdeckt, was einen neuen Rausch
auslöste und zum abermaligen Aufschwung der Stadt führte. Doch
Gold und Silber verblassten gewissermaßen gegenüber dem Fund von
1881, der alles bisher Dagewesene übertraf. Die Bergleute fanden in
hundert Meter Tiefe Kupfer. Bald stellte sich heraus, dass dies das
größte Kupfervorkommen war, das die Welt bis dahin gesehen hatte.
Damit hatte die Stadt einen unermesslichen Schatz, denn im Osten
war längst das Zeitalter der Elektrizität angebrochen, und Kupfer
wurde zu einem begehrten Rohstoff für die Verdrahtung. Die Verantwortlichen handelten schnell und begannen das Kupfer abzubauen.
Nahezu eine Million Dollar pro Monat erwirtschafteten sie. Butte
wurde als die „reichste Stadt der Welt" bekannt, und ihre Bewohner
waren stolz darauf, auf dem wertvollsten Hügel der Welt zu leben.
    Schnell verwandelte sich die Gegend im Westen in eine Industrie-
region, wie man sie in dieser Zeit eigentlich nur an der Ostküste vor-
fand. In der Stadt kamen die unterschiedlichsten Menschen zusam-

men. Die meisten Bergleute waren Iren, viele kamen aber auch aus Finnland, Schweden und Mexiko. Insgesamt entstammten die Bewohner Buttes 38 Nationen. Dies hatte zur Folge, dass die Beschilderungen in den Minen in 14 verschiedenen Sprachen verfasst wurden.

Einwanderungspolitik

James De Bow, einer der bekanntesten amerikanischen Nationalökonomen des 19. Jahrhunderts, vertrat die Ansicht, dass die Vereinigten Staaten von Amerika von Anfang an eine Politik der Einwanderungsermutigung verfolgten. Hauptsächlich begründete er seine These damit, dass die USA zu keinem Zeitpunkt der Einwanderung Hindernisse in den Weg gelegt haben. Allein die Liberalität der Regierung und der Gesetze zusammen mit Qualität und Erwerbbarkeit des Bodens seien Anreiz genug. Mit dieser Haltung nahm die Regierung in Washington den Vorwürfen aus Europa, die USA würden die Einwanderer regelrecht zur Einwanderung ermutigen, den Wind aus den Segeln.

Die Annahme, die amerikanische Regierung hätte die Einwanderung nach dem Laissez-faire-Prinzip gehandhabt, ist jedoch nicht richtig. Immer wieder gab es im Lauf der Geschichte der USA Tendenzen, sowohl die Einwanderung zu forcieren, als auch die Zuwanderung unerwünschter Auswanderer zu unterbinden. Auf einzelstaatlicher Ebene bemühten sich einige Staaten ausdrücklich um die Einwanderung, andere hingegen versuchten sich vor Überfremdung zu schützen. So bemühte sich die Stadt New York bereits zu Beginn des 19. Jahrhunderts auf gesetzlichem Wege, mittellose Einwanderer fernzuhalten. Weitere Bundesstaaten folgten und erließen ähnliche Gesetze.

Von bundesstaatlicher Seite haben die USA von Beginn an Land an Siedler nach einheitlichen Bestimmungen abgegeben. Im Laufe der Zeit wurden sowohl der Preis des Landes wie auch die zu erwerbende Mindestfläche immer mehr herabgesetzt. Als in den 1830ern die deutsche Masseneinwanderung begann, lag der Preis pro Acre bei

$ 1,25, und ein Käufer musste mindestens 40 Acres erwerben. Für 50 US-Dollar konnten die Siedler also ein Stück Land von 16 Hektar erwerben. Dieses Angebot war für die deutschen Einwanderer traumhaft, nachdem Land in Deutschland knapp und teuer war. Den Höhepunkt der billigen Landverteilung bildete der im Jahr 1862 vom Bund erlassene *Homestead Act*. Die republikanische Regierung schenkte jedem Siedler 160 Acres Land, sofern er sich verpflichtete, dieses Stück Land fünf Jahre lang zu bewirtschaften. Sie warben somit während des Amerikanischen Bürgerkriegs um Wählerstimmen von Siedlern, denen die Sklaverei gleichgültig war. Allerdings erwies sich dieses Gesetz eher als ein Fehlschlag, da 160 Acres in der Prärie eine Familie nicht ernähren konnten. Aus deutscher Sicht war es auch deswegen weniger attraktiv, weil es erst in Kraft trat, als die erste große deutsche Auswanderungswelle längst verebbt war.

Trotz der Möglichkeiten, verhältnismäßig billig Land erwerben zu können, musste ein Migrant diese Gelder erst einmal aufbringen können. Bereits im 18. Jahrhundert hatte sich daher das *redemptioner*-System entwickelt und bewährt. Der *redemptioner* verpflichtete sich nach seiner Ankunft bei einem amerikanischen Arbeitgeber für einige Jahre zu unfreier Arbeit. Dafür zahlte sein neuer Arbeitgeber nachträglich dem Kapitän die Kosten für die Überfahrt. Beide gingen dabei keinerlei Risiko ein, denn junge Frauen und Männer waren als Mägde und Knechte in der Neuen Welt jederzeit willkommen. Nach dem Ablauf der Zeit als unfreier Arbeiter erhielt der *redemptioner* ein kleines Startkapital zum Aufbau einer eigenen Existenz. Diese Methode bot vielen überhaupt erst die finanzielle Möglichkeit auszuwandern. Im 18. Jahrhundert wanderten zwischen 50 und 75 Prozent aller deutschen Migranten auf diese Weise nach Amerika aus.

Nach der Verschärfung des Naturalisierungsgesetzes von 1798 kehrten die USA ab dem Jahr 1802 wieder zu der liberaleren Version von 1795 zurück. Demnach konnten alle weißen Immigranten bereits fünf Jahre nach ihrer Ankunft die amerikanische Staatsbürgerschaft erlangen. Hierzu mussten sie eine entsprechende Absichtserklärung verlauten lassen, nach zwei Jahren ihre frühere Staatsbürgerschaft ablegen und der amerikanischen Verfassung Treue geloben. In manchen Bundesstaaten erwarb man bereits mit der Absichtserklärung das Wahlrecht.

Die andere Seite der multikulturellen Gesellschaft: Fremdenfeindlichkeit

Doch wo „Alteingesessene" auf „Fremde" treffen, entsteht meist eine Abneigung gegenüber den neuen Siedlern – bis hin zu Fremdenhass. Zu wirklich ernsthaften Auseinandersetzungen und offen ausgetragener Fremdenfeindlichkeit kam es in der zweiten Hälfte des 19. Jahrhunderts. Sprachliche, religiöse und kulturelle Unterschiede führten auf amerikanischer Seite zu Abwehrhaltungen und trafen vor allem katholische Einwanderer aus Europa besonders hart. Unter den Betroffenen waren vor allem die Iren und die Deutschen. Die Nativisten, wie die fremdenfeindlichen Amerikaner genannt wurden, forderten dabei die Stärkung der Rechte der in Amerika Geborenen und die Reinheit der amerikanischen Gesellschaft. Sie traten daher für eine Reduzierung der Einwanderung und deren Möglichkeiten der gesellschaftlichen wie politischen Mitbestimmung ein.

Die Wurzeln dieser Welle der Fremdenfeindlichkeit gehen bis ins 18. Jahrhundert zurück, als verschiedentlich Amerikaner Schwierigkeiten darin sahen, dass die Deutschen weiterhin ihre Muttersprache sprachen und sich nicht in die angelsächsische Mehrheit eingliedern wollten. In den 1820er und 1830er Jahren entstand dann eine mit religiösem Eifer vorangetriebene protestantische Erweckungsbewegung, das *Second Great Awakening*. Diese Bewegung richtete sich vor allem gegen die eingewanderten Katholiken aus Irland und Deutschland. Mit großen Bedenken wurde auf die ständig steigende Zahl katholischer Immigranten geblickt, die sich in den Jahren 1830–1869 von 300000 auf 3,1 Millionen mehr als verzehnfacht hatte. Es kam von protestantischer Seite zu heftigen Abwehrreaktionen gegen die Katholiken, denen Abhängigkeit vom Papst und undemokratische Ideale vorgeworfen wurden. Die Amerikaner hatten Angst um ihre Demokratie, die auf den Säulen der Aufklärung und des Protestantismus beruhte. Anhänger des Papstes und eines europäischen Monarchen konnten ihren neugeschaffenen freiheitsliebenden, republikanischen und demokratischen Staat ernsthaft gefährden und „verunreinigen".

In den 1850er Jahren lebten in New York schließlich ebenso viele Einheimische wie Eingewanderte. In den großen Städten des Westens wie Chicago, Milwaukee und St. Louis waren die Immigranten sogar in der Überzahl. Das Aufkommen einer Abwehrhaltung gegenüber den Einwanderern war die Folge. Verstärkt wurde dies zusätzlich durch die Kriminalität, die auf die asozialen Verhältnisse in den Slums der Einwanderer zurückzuführen war. Oft waren Raub und Diebstahl die einzige Möglichkeit für die Einwanderer aus Irland und Deutschland, in der Armut ihren Hunger zu stillen.

Überall formierten sich fremdenfeindliche Geheimbünde, die aufgrund ihrer Auskunftsverweigerung populär als *Know-nothings* bezeichnet wurden. Ihre Partei, die *American Party*, gewann in den 1850er Jahren in einigen Staaten an politischem Einfluss. Sie forderten, Einwanderern das passive Wahlrecht zu versagen, die Einbürgerung erst nach 21 Jahren Residenz zu erlauben und öffentliche Gelder für katholische Schulen zu sperren.

Die Geheimbünde hatten den Vorteil für Politiker, sich nicht öffentlich zur Fremdenfeindlichkeit bekennen zu müssen. Sie profitierten vor allem von den Ängsten der amerikanischen Bürger vor der Überfremdung durch neue Siedler und Einwanderer. Der Einfluss der *Know-nothings* war allerdings nur von kurzer Dauer. Das öffentliche, nationale Interesse wandte sich der Frage der Sklaverei zu, womit der Einfluss des Nativismus rasch von der politischen Bühne verschwand. Die Vorurteile gegenüber den Einwanderern blieben allerdings in den Köpfen.

Nicht nur die Konkurrenzangst in einigen Berufssparten führte wiederholt zu Auseinandersetzungen mit den deutschen Einwanderern, vor allem die Freizeitgestaltung der Deutschen löste Reibungen zwischen den Amerikanern und den Deutschen aus. Die meisten Saloons wurden von Iren oder Deutschen betrieben. Die zahlreichen Zusammenkünfte dieser Siedler in geselliger Runde bei Sängerfesten, Vereinstreffen oder im Saloon – vor allem an den Sonntagen – widersprachen den Idealen der puritanisch geprägten Amerikaner. In dreifacher Hinsicht erregten sich die protestantischen Gemüter: Die Sonntagsruhe wurde des Öfteren verletzt, der ständige Alkoholkonsum war für die zum Großteil puritanisch geprägten Amerikaner eine Sünde. Noch heute wird in einigen Staaten der USA der Alkoholkonsum mit Argwohn beobachtet.

Allerdings bestehen die USA mittlerweile aus so vielen Kulturen und Subkulturen, dass es seit der Zeit des Wilden Westens zu weitaus größeren kulturellen Unterschieden und Konflikten gekommen ist. Die eingewanderten Deutschen wie auch die Siedler aus anderen Ländern sprechen seit der dritten Einwanderergeneration Englisch, die Iren verloren zumeist ihren Akzent. Bei aller kulturellen Unterschiedlichkeit hat sich die englische Sprache landesweit durchgesetzt. Nur schwer kann man sich heute das babylonische Sprachengewirr im 19. Jahrhundert vorstellen.

Der Sinnspruch *E Pluribus Unum* aus dem Siegel der Vereinigten Staaten, der auf Deutsch „aus vielen eines (machen)" bedeutet, steht stellvertretend für die vielen Bundesstaaten, Völker und Ethnien, die gemeinsam die Vereinigten Staaten bilden. Im Besonderen gilt dieser Spruch aber für den Wilden Westen, denn er war im 19. Jahrhundert durch und durch ein „Vielvölkerland".

Ein Sheriff ist edel und gut

Aus dem Film *High Noon – 12 Uhr Mittags* kennen Westernfans den wohl berühmtesten Marschall der Filmgeschichte: Will Kane, gespielt von Gary Cooper. Von der Bevölkerung im Stich gelassen, muss er alleine seinen Mann stehen und gegen das Böse antreten. Cooper verkörpert den Prototyp des aufrechten und selbstlosen Amerikaners, dem es ausschließlich darum geht, die Bösen zu besiegen, das Recht durchzusetzen und Gerechtigkeit walten zu lassen. Er geht so weit, dass er das eigene Wohl und das seiner Frau dafür aufs Spiel setzt. In vielen späteren Filmen anderer Genres gehen Filmfiguren auf diesen Prototyp zurück – bis hin zu John Rambo in *Rambo I* oder der ebenfalls von Sylvester Stallone verkörperte Dorfpolizist in *Copland*, Bruce Willis als John McClane in den *Stirb langsam*-Filmen und vielen weiteren Actionhelden. Alle eint, dass sie in eine Situation kommen, in der sie alleine Recht und Ordnung zum Wohle der Gemeinschaft durchsetzen müssen.

Ein Beispiel für einen leicht abgewandelten Typ bietet der Film *Rio Bravo* mit John Wayne in der Hauptrolle als Sheriff John T. Chance. Er kämpft mit einigen wenigen Verbündeten, seinem Gehilfen Stumpy, dem stadtbekannten Säufer Dude sowie dem jungen Revolverhelden Colorado, gegen eine Übermacht. Auch dies ist ein gängiges angelsächsisches Erzählmotiv: die wenigen, teilweise gehandicapten Kämpfer gegen einen übermächtigen Gegner. Dieses Motiv entwickelte sich weiter in Action- und Westernfilmen wie *Die glorreichen Sieben* und

Das dreckige Dutzend sowie in den Fantasy-Abenteuern der alten *Krieg-der-Sterne*-Trilogie und in *Herr der Ringe*.

Der filmhistorische Schritt zum Italo-Western Ende der sechziger Jahre veränderte dieses Motiv. Es ist dabei nicht erstaunlich, dass diese Transformation nicht in den USA, dem Mutterland des Westerns, sondern in Europa geschah, da die Hauptfiguren nicht den amerikanischen Idealen entsprachen. Für die Kinobesucher bedeuteten diese auch als Spaghetti-Western oder Italo-Western bekannten Filme neue, unterhaltsame Geschichten mit Charakteren, bei denen sich Gut nicht mehr so leicht von Böse trennen ließ. In den Italo-Western hatten die Bösewichte durchaus die Position eines Sheriffs oder Marshalls inne. Und die Guten waren Landstreicher, deren Ziele menschlicher, wenn auch niedriger waren: Nicht die Gerechtigkeit, Recht oder Ordnung wollten sie herstellen, sondern – ganz egoistisch – die Kriegskasse finden, eine Belohnung erhalten oder reich werden. Diese Anti-Helden gelangten erst durch die italienischen Western nach Hollywood.

Die Filmindustrie spielte also mit der Aufgabe und dem Amt des Sheriffs. In der frühen Filmgeschichte waren sie gut, später konnten durchaus auch schlechte Charaktere das Amt eines Sheriffs innehaben. Doch waren die Sheriffs auch in Wirklichkeit immer so selbstlos und stellten ihre Mission ganz unter das Streben, Recht und Gesetz im Wilden Westen zu vertreten? Was waren ihre Aufgaben? Und gab es auch in der Geschichte Sheriffs, die nicht auf der Seite des Gesetzes standen?

Gerechtigkeit im rechtsfreien Raum

Das Leben im Wilden Westen spielte sich nicht nur an der Grenze zwischen Wildnis und Zivilisation ab, sondern auch an der Grenze zwischen Gesetz und Gesetzlosigkeit, zwischen der Freiheitsliebe der Siedler und den Bedrohungen in einem rechtsfreien, noch unterentwickelten Raum. Der Wilde Westen war eine Region, die gerade erst bevölkert wurde, in der die einzelnen Siedlungen weit auseinander lagen und die kaum Infrastruktur aufweisen konnte. Wo keine Staatsmacht präsent war, konnten Banditen und *Outlaws*, die sich zuhauf im Westen herumtrieben, die Situation für sich nutzen. Die offene Prärie, die unwirtliche Wüste, unbekannte Höhlen, alte, verfallene Missionen der Spanier und die unerforschten Berge boten ideale Verstecke und Rückzugsgebiete. Oftmals waren die wenigen Gesetzeshüter gegen die kriminelle Energie machtlos, und die Bewohner beschlossen, sich selbst Gerechtigkeit zu verschaffen – ebenfalls, ohne auf das Gesetz zu achten. Gewalttaten, Raub und Diebstahl waren an der Tagesordnung, Racheakte und Lynchmorde die Vergeltung. Weil ein für den Westen passendes Rechtssystem fehlte, griffen einige Bewohner zur Selbstjustiz, während andere – enttäuscht von der machtlosen Gerichtsbarkeit – sich in die Privatsphäre zurückzogen. Die armen Auswanderer aus europäischen Ländern wie Deutschland hatten sich erträumt, in Amerika ein neues Leben in Frieden und Freiheit zu beginnen, und gerieten nicht selten vom Regen in die Traufe.

Die Menschen im Wilden Westen entwickelten auch besondere Formen der Bestrafung. So gab es das berühmte *Teeren und Federn*, das bereits seit der Antike bekannt ist, im Westen Nordamerikas aber vermehrt angewendet wurde. Damit wurde der Verbrecher bildlich „vogelfrei" gemacht. Darüber hinaus formierten sich Bürgermilizen, vielerorts wurden Galgen aufgestellt, um die Todesurteile möglichst umgehend zu vollstrecken.

Und es gab Duelle. Auf diese Weise bereinigten Männer ihre Meinungsverschiedenheiten auf schnelle und häufig – nicht immer – tödliche Art. Allerdings gab es weitaus weniger Duelle, als wir es, beeinflusst von Film und Fernsehen, annehmen würden. Diese besondere Form, Gerechtigkeit herzustellen, gab es schon in der aristokratischen Südstaatenkultur. Das Duell wurde jedoch im Westen von den höfischen Ritualen und den festen Abläufen befreit. Sahen die Regeln in den Südstaaten noch vor, dass jeder der Duellanten nur einen Schuss besaß, sie sich Rücken an Rücken aufstellen und mehrere Schritte voneinander entfernen, sich drehen mussten und dann erst schießen durften, lief ein Duell im Wilden Westen völlig anders ab. Hier standen sich zwei Männer gegenüber, fixierten sich lange. Ein kurzes Zucken der Hand, ein Blinzeln reichte aus, und beide Männer zogen

blitzschnell ihre Revolver und schossen. Im Film stehen sie weit auseinander, und meistens ist einer der beiden schneller und erschießt den
anderen. In der Wirklichkeit standen sie sich meist sehr nahe gegenüber, und trotzdem verfehlten sich die Schützen häufig, und das Duell
endete gewissermaßen „unentschieden". Einerseits war die Waffentechnik in dieser Zeit noch zu schlecht, andererseits waren die Kontrahenten oft keine guten Schützen. Diese Form der Auseinandersetzung beendete zwar nicht selten Streitigkeiten zwischen zwei Personen. Für Gerechtigkeit sorgte es nicht.

Marshalls, Sheriffs und Richter

Recht und Gesetz waren im Wilden Westen kaum durchzusetzen. Die
Gesetze, die in den neuen Gebieten im Westen gelten sollten, stammten größtenteils aus den Oststaaten, die als zivilisiert, kultiviert und
gebildet und keinesfalls als „wild" galten. Für den Westen waren sie
nicht geeignet. Wo sich neue Siedlergruppen niederließen, Siedlungen und Städte errichteten, wo Rinder- bzw. Goldgräberstädte aus
dem Boden gestampft wurden, gab es auch Kriminalität. Es war also
notwendig, die Ausübung des Rechts in die Hand einer Person zu le-
gen, die mit aller Entschiedenheit und trotz der widrigen Umstände
Verbrechen konsequent verfolgte. Diese Person wurde zum Sheriff
oder Marshall ernannt, der von Hilfssheriffs und Deputy Marshalls
unterstützt wurden.

Die Infrastruktur entwickelte sich abseits staatlicher Kontrolle nur
langsam. Es gab so gut wie keine Gefängnisse, lediglich kleine Arrest-
zellen in den Büros der Sheriffs und Marshalls. Auch ordentliche Gerichte gab es nicht. Kam es in den Siedlungen zu Gerichtsverhandlungen, musste häufig improvisiert werden. War ein Raum in einem Stall
oder im Saloon gefunden, suchten die Verantwortlichen schreib-
kundige Bürger, oftmals Einwanderer, die die Gesetze kaum kannten.
Andere Gerichte machten sich weniger Mühe. Obwohl das Gesetz vor-
sah, dass die Todesstrafe nur nach einer ausgedehnten Beweisauf-
nahme verhängt werden konnte und im Zweifel die Täter freigespro-

chen werden mussten, wurden häufig auch Unschuldige verurteilt und an Ort und Stelle gelyncht. In Gemeinden entstanden Wachsamkeits-Komitees (*vigilants*), einfache Bürger, die mit den Verbrechern kurzen Prozess machten.

Der gesunde Menschenverstand als Richt(er)schnur

Die meisten Richter im Wilden Westen waren keine studierten Juristen. Sie hatten weder eine Universität besucht, noch kannten sie den Wortlaut der Gesetze. Ihre Urteile fällten sie nach „dem gesunden Menschenverstand". Und es gab keine Instanz, die ihre Rechtsprechung überprüfte. Deshalb war es von großer Bedeutung, dass die Richter ein nach dem Rechtsempfinden gerechtes Urteil sprachen. Das Paradebeispiel eines Richters im Westen ist Roy Bean. 1825 in Kentucky geboren, eröffnete er in den 1880er Jahren einen Saloon in Texas. Nachdem er erfolgreich einige Streitigkeiten zwischen Siedlern schlichten konnte, erklärte er sich selbst zum Friedensrichter und nannte sich „das Gesetz westlich des Rio Pecos". Bean wurde schnell überregional wegen seiner vernünftigen und gerechten Urteile berühmt. Letztlich ging seine Person in die Populärkultur ein, so dass sein Leben mehrfach verfilmt wurde und er immer wieder, wie zum Beispiel in den Lucky-Luke-Heften, als Beispiel eines weisen, nicht ausgebildeten Richters bemüht wird.

Gerichtssäle gab es meist noch keine, weshalb die Verhandlungen in Räumlichkeiten gelegt wurden, die Platz genug für die Versammlung boten: in die Saloons. Es konnte daher bei einer Gerichtsverhandlung sehr turbulent zugehen, da es kein Alkoholverbot während der Verhandlung gab. Die Prozesse wurden an bestimmten „Gerichtstagen" abgehalten, zu denen der Richter meistens aus einer entfernten Stadt anreisen musste. Kamen die fremden Richter in die Stadt, wurden sie oft nicht entsprechend begrüßt, sondern mit Verachtung und Respektlosigkeit empfangen. Große Teile der Bevölkerung waren der Ansicht, dass sie keine Richter bräuchten und dass sie die Ausübung der Gerichtsbarkeit lieber selbst in die Hand nehmen sollten.

Der Marshall

Doch neben den wenigen Richtern gab es vor allem Menschen, die nicht Recht sprechen, sondern das Recht vertreten sollten. Dies geschah an den meisten Orten durch einen Marshall. Er war der unumstrittene Gesetzeshüter, der innerhalb einer Stadt für Gesetz und Ordnung sorgen sollte. Er ist nicht zu verwechseln mit den späteren US-Marshalls, die bundesweit agierten. Die Befugnisse eines solchen Marshalls endeten an der jeweiligen Stadtgrenze. Angestellt und bezahlt wurde ein Marshall von der Stadtverwaltung. Bei seiner Verpflichtung spielte sein Vorleben eine untergeordnete Rolle. Ein Bewerber qualifizierte sich, wenn er Mut und Durchsetzungsvermögen besaß und so für Ruhe in der Stadt sorgen konnte. Viele Revolverhelden, die andernorts aufgrund eines Verbrechens gesucht wurden, übernahmen dieses Amt und wechselten damit gewissermaßen die Seite. Neben der Aufklärung von Straftaten musste ein Marshall noch weitere Aufgaben für die Stadtverwaltung erledigen. Hierzu gehörte auch das Eintreiben der Steuern der ortsansässigen Bewohner. In größeren Städten waren dem Marshall zur Unterstützung seiner Tätigkeit häufig noch ein oder mehrere Hilfsmarshalls unterstellt.

Der Sheriff

Im Gegensatz zum Marshall war der Sheriff für einen ganzen *county*, also einen Landkreis, zuständig und wurde meist durch eine öffentliche Wahl auf zwei bis vier Jahre bestimmt. Auch die Anstellung als Sheriff war sehr begehrt, obwohl die Ausführung des Amtes zur Zeit des Wilden Westens durchaus ein tödliches Risiko barg. Der Aufgabenbereich war nahezu deckungsgleich mit dem des Marshalls, allerdings waren die Befugnisse weiter gesteckt. Zudem war ihm die Oberaufsicht über die Vollstreckung von Urteilen übertragen, was bedeutete, dass er in einigen Fällen auch als Henker tätig werden musste. So erhielt der Sheriff für jede Festnahme eine Prämie, einen prozentualen Anteil an den eingesammelten Steuern und ein nicht unerhebliches Gehalt.

Um überhaupt jemanden für die gefährliche und mitunter blutige Aufgabe zu finden – man brauchte einen harten, durchsetzungsfähigen Mann, der sich auch vor Verbrechern und Gewalt nicht scheute –, war es nicht selten, dass ein Mann zum Sheriff gewählt wurde, der andernorts ein gesuchter Straftäter war. In der Rolle als Sheriff übten die ehemaligen Straftäter Gewalt und Macht staatlich legitimiert aus, oftmals in einer Art und Weise, dass die Bevölkerung unter seinem Regiment litt.

Wyatt Earp

Einer der berühmtesten Sheriffs des Wilden Westens war Wyatt Earp. Dank der Filmindustrie ist er bis heute eine der bekanntesten Figuren des Wilden Westens, aber auch in Büchern und Comics, ja sogar in wissenschaftlichen Studien ist über ihn zu lesen. Das liegt sicherlich auch an seinem facettenreichen Leben. Er wurde am 19. März 1848 in Monmouth, Illinois, geboren. Sein Vater Nicolas Earp war zweimal verheiratet, aus seiner zweiten Ehe gingen acht Kinder hervor, unter ihnen Wyatt, Morgan, James genannt Jim und Virgil. Wyatt war unter anderem Glücksspieler, Sheriff, Deputy Marshall, Büffeljäger, kämpfte im Bürgerkrieg auf der Seite des Nordens, arbeitete im Saloon und als Goldsucher und zog samt dem Großteil seiner Familie 1864 in einem Wagentreck nach Kalifornien. Dort angekommen verdingte er sich als Postkutschenfahrer auf einer Linie von San Bernardino, Kalifornien, nach Salt Lake City, Utah. Eine Zeit lang war er – ebenfalls als Kutschenfahrer – für die *Union Pacific Railroad* tätig, die an der transkontinentalen Eisenbahn baute.

Später zog die Familie Earp nach Lamar, Missouri, wo Nicolas Earp Sheriff wurde. Als er zum Richter aufstieg, folgte ihm Wyatt in das Amt des Sheriffs nach. Doch auch in dieser Anstellung hielt es ihn nur kurz. Mitte der 1870er Jahre zog er nach Dodge City, eine der großen Rinderstädte, wo er als Hilfsmarshall anheuerte. Im Dezember 1879 ging er schließlich zusammen mit seinen Brüdern Jim und Virgil in die Silberminenstadt Tombstone, Arizona. Seine Brüder Morgan und Warren sowie sein Freund Doc Holliday folgten ihm ein Jahr später.

Virgil wurde in Tombstone Hilfsmarshall, und da der eigentliche Marshall zweihundert Meilen entfernt stationiert war, vertrat er in Tombstone fortan das Recht.

Dort gerieten er und seine Brüder mit den Clantons und McLaurys in Konflikt. Angefangen hatte alles im Jahr 1880. Damals hatten sie gemeinsam mit Doc Holliday und der Clanton-Familie eine Reihe von Postkutschenüberfällen verübt. Um den Verdacht von sich zu weisen, lenkte Wyatt Earp den Verdacht auf die Clantons, die wiederum die Earps beschuldigten. In Tombstone spitzte sich die Situation immer weiter zu, und beide Seiten beschuldigten sich gegenseitig verschiedener Vergehen. Die Earps, die alle *Deputy Marshalls* waren, wurden von den Clantons als rücksichtslos und skrupellos beschimpft, die ihr Amt für ihre eigenen Interessen missbrauchten. In den Clantons und McLaurys wiederum sahen die Earps nur Viehdiebe und Banditen.

Obwohl das Duell nur dreißig Sekunden dauerte, gilt es bis heute als das bekannteste im Wilden Westen. Es fielen etwa dreißig Schüsse, und drei Menschen starben: die McLaury-Brüder und Billy Clanton. Doc Holliday, Morgan und Virgil Earp wurden verwundet, Ike Clanton und Wyatt Earp blieben unverletzt. Darüber, was vor und nach den dreißig Sekunden passierte, kursierten bald viele äußerst unterschiedliche Versionen. Zudem erschwerte die starke Polarisierung der Einwohner die Aufklärung der Frage, wer schuld an dem Konflikt und den Todesfällen war. Vor Gericht wurden die Earps schließlich von der Anklage auf Mord freigesprochen, weil sie als *Deputy Marshalls* gehandelt hätten und somit das Gesetz vertraten. In der Populärkultur wurden sie und Doc Holliday zu heldenhaften und mutigen Gesetzeshütern stilisiert, obwohl man wohl kaum entscheiden kann, wer hier die Guten und wer die Bösen waren.

Auch über Wyatt Earp lässt sich nicht genau sagen, welcher Seite er letztendlich angehörte. Es hängt ganz vom Standpunkt ab. Für einige mag er ein Killer gewesen sein, der das Amt des Sheriffs missbrauchte. Für andere war er ein Mann der Tat, der kompromisslos für Recht und Gerechtigkeit eintrat und sich nicht auf den Schutz anderer verließ.

„Wild Bill" Hickok

Auch bei anderen berühmten Sheriffs wie zum Beispiel bei James Butler Hickok, genannt *Wild Bill*, verschwimmen Gut und Böse. Schon als Jugendlicher brach er in den Wilden Westen auf und diente der Army als Scout und Späher. Berüchtigt war er für seine kompromisslose Schießwütigkeit. Außerdem kleidete er sich trotz des rauen Lebens im Westen immer nach der Mode der Ostküste: Über einer karierten Hose trug er stets eine Seidenweste. Manche Zeitgenossen berichten, dass er gar ein Korsett getragen habe, um seine Figur zu betonen.

Im Jahr 1871 wurde Hickok Marshall der bedeutenden Rinderstadt Abilene. Die Stadt war ein Sündenpfuhl, in dem sich die Cowboys nach Lust und Laune vergnügten, sobald sie ihre Rinderherden an den Verladebahnhöfen der Stadt abgeliefert hatten. In ihrem Gefolge kamen auch Banditen und Outlaws, die sich nicht um Recht und Gesetz scherten. „Wild Bill" Hickok räumte in der Stadt auf. Unter den etwa viertausend Cowboys, die Herden bis zu insgesamt 600 000 Rinder in die Stadt trieben, setzte er mit eiserner Hand ein generelles Waffenverbot durch und beruhigte die überdrehte Stimmung.

Auch „Wild Bill" blieb nie lange an einem Ort. Später trat er in Buffalo Bills Westernshow auf und siedelte sich schließlich in Deadwood, South Dakota, an. Hier ging er seiner Leidenschaft, dem Pokerspiel, nach, bei dem er von Jack McCall am 2. August 1876 durch einen Schuss in den Rücken getötet wurde. Sein Blatt – zwei Asse und zwei Achten – ist seither bei Pokerspielern als *A dead man's hand* bekannt.

Texas Rangers

Eine besondere Art der Exekutive waren die sogenannten *Texas Rangers*. Bereits vor den größeren Siedlerzügen der US-Amerikaner nach Texas stellten die Siedler in den 1820er Jahren diese Truppe auf, die sie vor Angriffen der Indianer und der Mexikaner schützen sollte. Zu Anfang waren sie lediglich eine gewöhnliche Milizeinheit, erst mit der texanischen Unabhängigkeit Ende der 1830er Jahre wurden sie als offizielle Einheit der Polizeibehörde unterstellt. Obwohl die Rangers militärisch organisiert waren, besaßen sie keine Uniformen und übten ihr Amt in Zivilkleidung aus. Bei dem Versuch, das „Indianerproblem" in Texas zu lösen, gingen sie mit äußerst brutaler Gewalt vor und töteten jeden Indianer, ganz gleich, ob er einem kriegerischen Stamm angehörte oder nicht. Schließlich trieben sie 1859 den größten Teil der texanischen Indianerstämme über den Red River nach Norden. Auch bei ihrer zweiten Aufgabe, der Beseitigung des mexikanischen Banditenunwesens, gingen sie mit ähnlicher Härte vor. Ganze mexikanische Dörfer wurden belagert und die Bewohner getötet, um die Banden zu eliminieren und das gestohlene Vieh zurückzuführen.

Die *Rangers* waren eine sehr umstritten Einheit, und so gab es mehrere Versuche, sie aufzulösen. Schließlich wurden sie Anfang des 20. Jahrhunderts dem Amt für öffentliche Sicherheit unterstellt. Nach mehreren Korruptionsvorwürfen wurden die Texas Rangers reorganisiert und sind heute ein Teil der texanischen Autobahnpolizei (*Texas Highway Police*). Sowohl als Autobahnpolizei wie auch als selbstorganisierte Truppe des 19. Jahrhunderts spielen sie häufig in amerikanischen Filmen eine Rolle.

Sheriffs waren also weder edel und gut, noch hinterlistig und böse. In erster Linie waren sie Männer der Tat, die häufig beide Seiten des Gesetzes kannten. Durch ihre Tatkraft wurden sie – ähnlich dem Cowboy – zu einer amerikanischen Ikone stilisiert, da die Wildnis des Westens, so die Annahme, nur mit der harten Hand durchsetzungsfähiger Männer bezwungen werden konnte.

IRRTUM 10:

Das Monument Valley ist ein Nationalpark

Eine karge und steinige Landschaft, einige dornige Büsche trotzen der Trockenheit – eine unwirtliche Gegend. Aber die Weite und Eintönigkeit wird unterbrochen von riesigen, hoch aufragenden Felsen in bizarren Formen und allen Schattierungen von Rot- und Brauntönen, denen das Tal seine Unverwechselbarkeit und weltweite Berühmtheit verdankt. Vor allem die vielen Filme, die seit den 1930er Jahren dort gedreht wurden, brannten das Bild in das kollektive Gedächtnis ein. Allen voran die Western mit John Wayne in der Hauptrolle, die Regisseur John Ford vor dieser spektakulären Kulisse in Szene setzte. Ford liebte das Monument Valley, und so ist es nicht verwunderlich, dass er dort viele seiner Filme spielen ließ. Das gesamte Equipment musste dafür von Kalifornien in das Wüstenland von Arizona und Utah gebracht werden. Durch die Filmproduktionen wurde eine erste Infrastruktur im Monument Valley aufgebaut. Viele Navajo, die in dieser Gegend lebten, wirkten in den Filmen als Komparsen oder Stuntmen mit oder fanden als Hilfsarbeiter bei der Produktion Anstellungen. Noch heute rechnen die Navajo John Ford hoch an, dass er dem Tal eine wirtschaftliche Perspektive gegeben hat. Als Huldigung wurde ein Aussichtspunkt im Monument Valley, von dem aus Ford besonders gerne Einstellungen in seinen Filmen aufnahm, auf den Namen *John Ford Point* getauft.

1939 drehte John Ford seinen Film *Stagecoach* im Monument Valley. Für diesen Film wollte er einen relativ unbekannten Schauspieler in der Titelrolle haben, der die Erfahrungen im Grenzland des 19. Jahrhunderts verkörpern sollte. In John Wayne fand er die richtige Besetzung und arbeitete von da an oft mit ihm zusammen. Insgesamt verwirklichten der Regisseur und der Schauspieler gemeinsam neun Western im Monument Valley, auch wenn die Handlung wie im *Schwarzen Falken* eigentlich in Texas spielte. Zu ihren Meisterwerken gehören *True Grit* (Der Marshall), *The Searcher* (Der Schwarze Falke), *She Wore a Yellow Ribbon* (Der Teufelshauptmann) und *Fort Apache* (Bis zum letzten Mann).

Weltweit genießt der Regisseur Anerkennung für seine cinematografische Inszenierung des Wilden Westens. Seine Bilder waren Trendsetter, denen viele Regisseure und Kameramänner folgten. Auch sie verlegten ihre Settings in das Monument Valley, das bald als Paradekulisse des Wilden Westens galt. So gibt es in Sergio Leones Meisterwerk *Once Upon a Time in the West* (Spiel mir das Lied vom Tod) neben den Einstellungen in Italien und Spanien, wo der Großteil des Films gedreht wurde, auch Aufnahmen aus dem Monument Valley. Ebenso bildete es für *Zurück in die Zukunft – Teil 3* den Hintergrund für den Wilden Westen des Jahres 1885. Aber nicht nur Western bedienten sich der Kulisse. Auch andere Genres wurden vor den imposanten Felsen des Tales gedreht: *Mission: Impossible – Teil 2, Thelma und Louise, Forrest Gump* und *Koyaanisqatsi*.

Touristen erobern das Tal

Schon seit den 1940er Jahren kamen viele Besucher und Touristen aus Europa wie auch aus Amerika ins Monument Valley, um auf den Spuren ihrer Filmhelden zu wandeln. Doch vor kurzem schnellten die Besucherzahlen noch einmal in die Höhe. Denn 2009 eröffnete das *View Hotel* auf einer Anhöhe am Rande des Tales mit einem atemberaubenden Ausblick. Es macht seinem Namen alle Ehre. Von dem Hotel und dem dazugehörigen Restaurant hat man einen Blick über das Tal, den kein Besucher so schnell vergessen wird. Obwohl die Felsformationen den Betrachtern aus den Filmen, aus der Werbung und von zahllosen Fotografien bekannt sind, gewinnt der Ausblick von dort oben, wenn man ihn selbst erlebt, eine neue Qualität. Schon früh morgens sitzen die Besucher auf der Terrasse und die Hotelgäste auf ihren Balkonen, nur um sich nicht entgehen zu lassen, wie die ersten Sonnenstrahlen die Felsen in rotes und gelbes Licht hüllen. Am Abend versammeln sie sich wieder, wenn das Monument Valley purpurrot in der Abendsonne glüht und einen grandiosen Anblick bietet. Wenn der Mond schließlich noch über den Felsen aufgeht, ist der Besucher fast geneigt zu behaupten, dass es sich um inszenierten Kitsch aus der Traumfabrik Hollywood handelt und jeden Moment der Vorhang fallen könnte. Aber es ist wirklich, und es ist ein atemberaubendes Naturschauspiel.

Besitzerin des neuen Hotels mit dem atemberaubenden Ausblick ist Armanda Ortega, eine Navajo. Sie fühlt sich der Natur verpflichtet und hat bei der Gestaltung strikt darauf geachtet, dass das Hotel sich perfekt in die Landschaft einfügt. „Wir haben hier auch keinen Pool wie bei amerikanischen Hotels üblich, da das für die Navajo maßlose Verschwendung darstellen würde. Immerhin sind wir hier mitten in einer Wüste", so Jerome Ortega, ein angehender Medizinmann der Navajo. Dennoch ist das Hotel unter den Navajo nicht unumstritten.

Über die Entstehung der bizarren Landschaft

Vor über hundert Millionen Jahren bestand die gesamte Region aus einem riesigen Tieflandbecken. Im Laufe der Zeit lagerten sich Schichten über Schichten von Sedimenten ab. Sie verfestigten sich zu Gestein, hauptsächlich zu Kalkstein und weicherem Sandstein. Die ältesten in der Region aufgeschlossenen Gesteine sind etwa dreihundert Millionen Jahre alt. Im Zuge der sogenannten *Laramischen Gebirgsbildung* vor siebzig Millionen Jahren hob sich die Oberfläche durch den stetigen Druck von unten an. Das einstige Becken wurde zu einem Felsplateau, das nun mehr als zweitausend Meter über Meereshöhe liegt. In den letzten fünfzig Millionen Jahren hinterließen Wind, Regen und die extremen Temperaturen ihre Spuren. Die weichen Gesteinsschichten erodierten und legten die harten Schichten frei. So entstanden die gewaltigen, für das Monument Valley typischen roten Tafelberge, die bis zu dreihundert Meter über die Hochebene ragen und die Landschaft auf so charakteristische Weise prägen. Die rötliche Farbe der Felsen kommt von dem Eisenoxid, das in den Gesteinsschichten enthalten ist. Die bizarren Formen der im Englischen *butte* genannten Restberge inspirierten die Fantasie der Menschen. Sie gaben ihnen Namen wie *Elephant Butte, Camel Butte, Three Sisters* oder *Totem Pole*. Die bekanntesten sind die beiden *Mitten Buttes*, wobei *mitten* englisch für „Handschuh" steht, die die Navajo ganz pragmatisch jeweils „rechts" und „links" nennen.

Die Wahrnehmung der Natur – ein erster Schritt zur Bewahrung

Der nordamerikanische Kontinent ist reich an außergewöhnlichen Landschaften. Schon die Entdecker standen sprachlos vor den gewaltigen Kulissen der großen Flusstäler im Westen. Leider konnten sie ihre Eindrücke nicht angemessen an eine große Öffentlichkeit vermitteln. Erst die Zeichner und Maler, die die Expeditionen begleiteten, und später die Fotografen konnten eine Vorstellung von den atemberaubenden Landstrichen weitergeben und ein Bewusstsein für deren Erhalt schaffen. Aber das war ein langer Weg. So formulierte der berühmte Maler George Catlin erste Ideen zur Bewahrung der Natur schon im Jahre 1832. Er schlug vor, die Prärien durch bestimmte weitreichende Maßnahmen als einen geschützten „Park" für immer in ihrem ursprünglichen Zustand zu erhalten. Allerdings sah er die von ihm angestrebten Parks vornehmlich als ungestörte Wohngebiete für die in ihrem Lebensraum bedrohten Ureinwohner und nicht etwa als Nationalparks.

Albert Bierstadt – Monumentalgemälde romantischer Landschaften

Auch ein Deutsch-Amerikaner hat viel dazu beigetragen, dass die Bevölkerung der Oststaaten die Landschaften des Westens als schön empfand, die es zu beschützen galt: Albert Bierstadt. Mit seinen Gemälden von der faszinierenden Natur des Wilden Westens verzauberte er Amerikaner wie Europäer gleichermaßen. Seine Bilder wildromantischer Landschaften fern der Industrialisierung beeinflussten nachhaltig die Sichtweise über die Beschaffenheit des nordamerikanischen Kontinents und weckten zugleich eine Sehnsucht nach dem Unberührten in der Ferne. In vielen seiner monumentalen Landschaftsbilder stellte er den Westen als romantisch verklärte Wildnis dar und gilt als herausragendster Künstler der *Hudson River School*.

Albert Bierstadt wurde am 7. Januar 1830 in Solingen geboren, wanderte aber bereits im Alter von zwei Jahren mit seinen Eltern und seinen beiden Brüdern nach Nordamerika aus, wo sich die Familie in New Bedford, Massachusetts, niederließ. Als er zwanzig Jahre alt war, begann er sich für Gemälde und Zeichnungen zu interessieren und entschloss sich, an die Kunstakademie in Düsseldorf in der alten Heimat seiner Eltern zu gehen. Von 1853 bis 1857 studierte er in der rheinischen Metropole Malerei. Die Landschaftsmalerei wandelte sich in dieser Zeit von der überfüllten, romantisierenden Historienstaffage hin zu einer realistischen Darstellung der bloßen Natur. Diesem Trend folgte auch Bierstadt.

Nach dem Ende seines Studiums kehrte Bierstadt in die USA zurück. 1859 schloss er sich einer Forschungsexpedition in den Westen an, die von General Frederick W. Landers geleitet wurde, um eine neue Route für die Wagentrecks auszukundschaften. Auf dem Oregon Trail wurde Albert Bierstadt von der Schönheit der Rocky Mountains so sehr inspiriert, dass er seine künstlerische Bestimmung entdeckte: die Landschaftsmalerei an der Siedlungsgrenze. In hunderten Skizzen, Zeichnungen und Gemälden hielt er nicht nur das große Felsengebirge fest, sondern auch die Dynamik und den Pioniergeist der Zeit des Aufbruchs nach Westen. Bierstadt nahm während dieser und drei weiteren Reisen alles auf, was sein Auge erfassen konnte. Später, im New Yorker Atelier, komponierte er aus seinen Skizzen große Landschaftsgemälde, die, ganz seiner Ausbildung an der Düsseldorfer Kunstakademie entsprechend, die Natur in ihrer vollkommenen Schönheit zeigten. Sie wird dabei allerdings nie realistisch abgebildet, sondern stets romantisch verklärt. In den Jahrzehnten nach dem Bürgerkrieg, als die amerikanische Nation verstärkt nach Westen blickte, stieg er zum berühmtesten und höchstbezahlten Maler der Vereinigten Staaten auf. Als zum Ende des Jahrhunderts jedoch die Impressionisten in Mode kamen, geriet er in Vergessenheit. Auch die amerikanische Gesellschaft entwickelte sich weiter. Die Begeisterung für die Natur des Westens wich der Begeisterung für Fortschritt und Moderne. Bezeichnend war, dass Albert Bierstadts Gemälde *The Last of the Buffalo* nicht auf der Weltausstellung von Paris 1888 gezeigt wurde. Die amerikanische Delegation hatte es abgelehnt. In den nächsten Jahren ging es mit ihm bergab. Nach dem Tod seiner Frau im Jahr 1895 vereinsamte und verarmte er zusehends. 1902 starb er in New York.

In den sechziger Jahren des 20. Jahrhunderts entdeckte die amerikanische Umweltbewegung die Landschaftsgemälde Albert Bierstadts wieder. Seither hängen seine Bilder in den großen Galerien Amerikas und Europas, und überall finden sich Reproduktionen seiner Motive auf Postkarten, Postern und in Magazinen.

Die Idee der Nationalparks

Doch wie entstand die Idee, Nationalparks einzurichten? Die Ursprünge der amerikanischen Nationalparks liegen im 19. Jahrhundert, also noch in jener Zeit, als die Siedler weite Teile des Kontinents besiedelten. Zu Anfang des Jahrhunderts wurden die Beschreibungen der Landschaften im Westen noch als Übertreibungen und Lügenmärchen abgetan. Aber schon wenige Jahrzehnte später bewiesen Fotografien die Schönheit dieser außergewöhnlichen Landschaften. Gegen Ende des Jahrhunderts wusste man im gesamten Osten, wie es im Westen aussah, ohne jemals dorthin gereist zu sein.

Damals änderte die Wildnis jedoch schnell ihr Gesicht. Mit den Siedlern kam die Zivilisation und drohte, die Schönheit der wilden Natur zu zerstören. Aus der idyllischen Kulisse von Freiheit und Abenteuer wurde innerhalb kurzer Zeit eine zivilisierte und industrialisierte Region. Viele Landstriche, die zu Beginn des 19. Jahrhunderts noch den unbekannten Westen ausmachten, glichen fünfzig Jahre später bereits den urbanen Regionen der Ostküste. Der Bau der transkontinentalen Eisenbahn katapultierte den Westen endgültig in das Zeitalter der Industrialisierung. Der Wilde Westen war nun nicht mehr ein Ort voller Romantik, Abenteuer und unentdeckter Naturschönheiten; die Zeit der Trapper und Entdecker war definitiv vorbei. Der Westen war kartografiert, verkehrstechnisch erschlossen und wurde besiedelt. Es schien so, als könne den Westen nichts vor seinem Schicksal bewahren. Der Mythos war entzaubert, dennoch war die Faszination ungebrochen.

In dieser Not tat sich etwas auf, womit viele nicht gerechnet hatten: Eine Art Umweltschutzbewegung entstand. Immer wieder berichteten die Tageszeitungen von der Schönheit des Westens und konnten so Stimmung für den Erhalt der Natur machen. Die *Chicago Tribune* schrieb beispielsweise in ihrer Ausgabe vom 28. Januar 1872 über die Region am Yellowstone River: *Even in the middle of the summer the snow is so deep in these mountains that successive Government exploring parties were battled in their attempts to enter them ... These vales are the resort of numberless herds of buffalo and wild animals.* („Sogar mitten im Sommer liegt dort so viel Schnee, dass sich mehrere von der Regierung geschickte Erkundungsexpeditionen bei dem Versuch, in das Gebirge vorzudringen, geschlagen geben mussten ... Diese Täler sind das Rückzugsgebiet von zahllosen Büffelherden und anderen wilden Tieren.") Am Beispiel dieser Landschaft lässt sich sehr eindrücklich schildern, wie eine der schönsten Gegenden der USA vor der Zerstörung durch den Menschen geschützt werden konnte.

Die Geschichte des Yellowstone-Nationalparks

Im Winter des Jahres 1807 stolperte der Trapper John Colter durch eine merkwürdig bizarre Landschaft. Seit Tagen war er unterwegs durch die Schneemassen der Rocky Mountains. Er bibberte vor Kälte, hatte kaum etwas zu essen und fürchtete, in der Nacht zu erfrieren. Und nun stand Colter in einer Natur, wie er sie nie zuvor gesehen hatte. In seine Angst mischte sich Erstaunen, und langsam erfasste ihn eine Begeisterung, die ihm den Atem verschlug: Der Boden qualmte vom Dampf heißer Quellen, Gasflammen brannten mit zischenden Geräuschen über kleinen Kratern. Brodelnde Schlammbecken, speiende Geysire und heiße Quellen erzeugten urplötzlich Dampffontänen über der Schneelandschaft. Die Luft roch nach Schwefel. Der Trapper hielt inne. Seit Tagen hatte er nur den eiskalten Winterwind gespürt und hin und wieder einen Kojoten heulen hören. Doch nun blubberte es angenehm warm aus dem Boden. Eine so furcht erregende und zugleich faszinierende Landschaft war mit nichts vergleichbar, was er je gesehen hatte. Ist dies die Hölle?, fragte er sich.

Wärme hatte der völlig unterkühlte Mann bitter nötig. Die warmen Quellen retteten ihn durch die eisige Kälte des Winters. Über Wochen hielt er sich in ihrer Nähe auf und genoss seine Rettung. Als der Frost nachließ und der Schnee zu tauen begann, verließ er den Yellowstone. Seit Jahren war John Colter durch die Berge gestreift, hatte Expeditionen begleitet und vom Fallenstellen gelebt. Nun war er der erste Amerikaner, der in den für die Schoschonen seit langer Zeit heiligen Ort vorgedrungen war. Colter verdankte den heißen Quellen des Yellowstone-Plateaus sein Leben. Begeistert berichtete er im Osten von den Naturwundern, denen er begegnet war. Doch niemand glaubte ihm. Alle hielten ihn für einen Spinner.

Genauso erging es Jim Bridger, einem der damals bekanntesten Pelzjäger. Er durchwanderte das Yellowstone-Plateau im Jahre 1857. Auch seine Berichte wurden weitgehend ignoriert, zumal er für seine Übertreibungen bekannt war. Eine Person jedoch interessierte sich für Bridgers Beschreibungen: der Geologe Ferdinand Vandeveer Hayden. Bis 1859 stattete er zwei Expeditionen aus, die nach dem geheimnisvollen Ort suchen sollten. Doch beide scheiterten an den widrigen Wetterverhältnissen. 1869 schließlich gelang es einer Expedition, die von David E. Folsom geleitet wurde, das Gebiet zu erreichen. Aber auch ihre Notizen wurden für unglaubwürdig gehalten und nur in einem einzigen Magazin veröffentlicht. Lediglich der ehemalige Kongressabgeordnete und spätere Generalinspektor von Montana, Henry Dana Washburn, zeigte für die Beschreibungen der Folsom-Expedition wirkliches Interesse. Nachdem er selbst 1870 mit einer Gruppe in das Yellowstone-Gebiet gereist war, gelang es ihm, Ferdinand Hayden zu überzeugen, abermals eine Forschungsreise in das Gebiet zu unternehmen. Hayden und Washburn waren entschlossen, dieses Mal die Menschen an der Ostküste von der Schönheit des bizarren Landes zu überzeugen. Um Beweise zu liefern, nahmen sie den Maler Thomas Moran sowie den Fotografen William Henry Jackson mit. Und diesmal sollten sie Erfolg haben! Als sie wieder zurück im Osten waren, begeisterten die Bilder Morans und die Fotografien Jacksons die Öffentlichkeit. Auch im Kongress in Washington wurde nun eine Debatte über den Umgang mit der Schönheit der Natur und im Speziellen mit dem Yellowstone-Plateau geführt. Die Berichte der Expedition beeindruckten die Abgeordneten so sehr, dass sie im Februar 1872 einen Gesetzentwurf einreichten, der das Yellowstone-Gebiet für immer schützen und erhalten sollte. Präsident Ulysses S. Grant unterschrieb das Gesetz am 1. März 1872 und gründete damit den weltweit ersten Nationalpark.

Die New York Times berichtete in ihrer Ausgabe vom 29. Februar 1872 über den Yellowstone Park: *Perhaps, no scenery in the world surpasses for sublimity that of the Yellowstone Valley; and certainly no region anywhere is so rich, in the same space, in wonderful natural curiosities … And in all probability it will soon appear that the mineral springs, with which the place abounds, possess various curative powers.* („Es gibt vermutlich keinen Ort der Welt, der das Yellowstone Tal an Erhabenheit übertrifft; mit Sicherheit aber gibt es keinen weiteren Ort mit einer solchen Fülle an wundersamen und merkwürdigen Naturerscheinungen … Und höchstwahrscheinlich werden die Mineralquellen, die es dort in einem Übermaß gibt, vielfältige Heilkräfte besitzen.")

In der Öffentlichkeit verbreitete sich allmählich ein Bewusstsein dafür, dass die Natur des Westens geschützt werden musste. Zu rücksichtslos und zu gierig drangen die Bergleute, Goldsucher und Siedler vor. Für ihre Farmen rodeten Siedler die Wälder und verdrängten damit die heimischen Tiere. Bergbau und Industrien verschmutzten Luft und Wasser. Überall im Westen wurden nun Umweltschützer aktiv und engagierten sich für den Erhalt der Naturschönheiten.

John Muir – vom Umweltschutz zum Nationapark: Yosemite

Einer, der entschlossen für den Schutz der Natur eintrat, war der schottische Einwanderer John Muir. Ihn hatten die kalifornische Sierra Nevada und besonders das Yosemite-Tal so sehr beeindruckt, dass er sich dort als Schafhirte in Frieden und Einklang mit der Natur niederließ. Doch als Schafhaltung und die Rodung der Mammutbäume überhand nahmen und die Natur nachhaltig zu schädigen drohten, gründete er den *Sierra Club*, eine Art frühe Umweltorganisation. Mit dem *Sierra Club* im Rücken überzeugte Muir prominente Persönlichkeiten davon, das Yosemite-Tal zu schützen. Schließlich erreichte er beim Kongress, dass die Gegend unter staatlichen Schutz gestellt und am 1. Oktober 1890 offiziell als Nationalpark ausgewiesen wurde. Allerdings blieb der Park unter der Verwaltung des Staates Kalifornien, was John Muir missfiel. Er forderte, dass der Park einer Bundesorganisation unterstellt würde, die sich um alle Nationalparks der USA kümmern sollte. Nur so, meinte er, könnte die Natur wirksam geschützt werden.

Durch seine Ausdauer hatte er schließlich Erfolg. Der amerikanische Präsident Theodore Roosevelt vollzog 1903 den Schulterschluss mit Muir und schlug zusammen mit ihm ein Lager im Yosemite-Park auf. In langen Gesprächen gelang es Muir, Roosevelt von seinem Anliegen zu überzeugen. Die Verwaltung des Parks wurde im Jahre 1906 der Bundesregierung unterstellt. Daraus entstand der *U.S. National Park Service*, der bis heute den Umweltschutz in den amerikanischen Nationalparks koordiniert. In Präsident Roosevelt hatten die Naturschützer einen mächtigen Verbündeten gefunden. Er erweiterte das

Gebiet des *National Forest* um 53 Millionen Hektar, etablierte ein Netz von Wildschutzgebieten und schuf insgesamt 18 Nationalparks.

Der vernachlässigte Osten

Östlich des Mississippi gab es jedoch keine Parks. Man hielt die Landschaften des Ostens für weniger schützenswert, da sie nicht die bizarre und überwältigende Schönheit des Westens besaßen. Außerdem standen der Ausweisung von Parks verschiedene Probleme im Wege. Die östlichen Staaten waren erstens dichter besiedelt als der Westen, zweitens befanden sich die noch unerschlossenen Regionen großenteils in privater Hand. Die Initiative, aktiv die Umwelt zu schützen, kam deshalb von Seiten reicher Privatleute. Im Jahr 1916 kauften Geschäftsleute, unter ihnen John D. Rockefeller, 2400 Hektar auf Mount Desert Island vor der Küste des US-Bundesstaates Maine. Später wurde daraus in erweiterter Form der Acadia National Park. Rockefeller fühlte sich als Multimillionär in der Verantwortung und spendete in den 1920er Jahren weitere fünf Millionen Dollar für die Errichtung des Great Smoky Mountains-Nationalparks in North Carolina und Tennessee sowie für den Shenandoah-Nationalpark in Virginia.

Das Monument Valley – auch ein Nationalpark?

In den Vereinigten Staaten von Amerika gibt es viele Regionen, die besondere Täler, Flüsse, Canyons und Bergformationen beinhalten und als Nationalparks ausgewiesen wurden. Verwaltet werden die Nationalparks zentral vom *National Park Service*, der dem US-Innenministerium unterstellt ist. In der Gegenwart gibt es 58 offizielle Nationalparks mit einer Fläche von insgesamt 210 000 Quadratkilometern – zum Vergleich: Die Fläche der alten Bundesrepublik vor 1990 betrug 248 000 Quadratkilometer. Die einzelnen Parks haben dabei sehr unterschiedlichen Charakter. Während in den entlegenen Parks in Alaska oder beispielsweise in Parks wie dem Congaree-Nationalpark in den Sümpfen South Carolinas die Wildnis weitgehend erhalten werden konnte, leiden Parks in der Nähe von Bevölkerungszentren unter dem starken Tourismus.

Auch das Monument Valley wird touristisch immer besser erschlossen. Dabei untersteht es jedoch nicht dem Schutz des *National Park Service*. Es ist nämlich *nicht*, wie viele annehmen, ein amerikanischer Nationalpark. Es befindet sich seit 1868, als der Friedensvertrag der Navajo mit den USA geschlossen wurde, wieder im Besitz der *Navajo Nation*.

Die Traditionen sichern den Schutz der Landschaft

Ursprünglich aus dem Westen Kanadas stammend, wanderten die Navajo wahrscheinlich erst im späten 13. Jahrhundert in den heutigen Südwesten der USA. Mit etwa 300 000 Stammesmitgliedern sind die Navajo heute der bevölkerungsreichste Stamm in Nordamerika. 160 000 leben in der *Navajo Nation Reservation*, der größten auf der Fläche der Vereinigten Staaten. Seit 1923 werden die Diné – wie sich die Navajo selbst nennen – von einem Stammesrat verwaltet, der sich aus den Repräsentanten der insgesamt 88 Siedlungen zusammensetzt. Dem Rat steht ein direkt gewählter *chairman* vor. Die Reservation der Diné hat Steuerhoheit wie ein amerikanischer Bundesstaat, eine eigene Polizei und eigene Gerichtsbarkeit.

Seit der Verdrängung in die Reservationen gibt es bei den Navajo wie auch bei anderen Stämmen, die das gleiche Schicksal erlitten, zwei politisch-gesellschaftliche Strömungen. Die Fortschrittlich-Progressiven streben eine Anpassung an die amerikanische Lebensweise an. Sie suchen nach Einnahmequellen und Wirtschaftszweigen, um so die Armut, die größtenteils in den Reservationen herrscht, zu überwinden. Die andere Fraktion gibt sich konservativ. Sie konzentrieren sich auf den Erhalt der Lebensweise ihrer Vorfahren und meiden die Politik. Die progressiven Navajo haben nun den Tourismus für sich entdeckt. Mit dem Bau des Hotels wollen sie Touristen ins Monument Valley locken und neue Arbeitsplätze für die Navajo schaffen. Das ist ganz im Sinne von Joe Shirley Jr., dem Präsidenten der Navajo Nation: „Die Schaffung von Arbeitsplätzen auf unserem Stammesland bedeutet neue wirtschaftliche Möglichkeiten, aber auch den Erhalt unserer traditionellen Lebensweise."

Der angehende Medizinmann und Fremdenführer Jerome Ortega sieht die Entwicklung zwiespältig. Das Monument Valley ist das größte Wirtschaftsgut der Navajo, zugleich aber auch ein heiliger Ort. „Seit das neue Hotel steht, kommen mehr Touristen, und wir haben täglich mehr Kunden für die Touren durchs Tal. Es ist aber auch der traditionelle Wohnort unserer Familien und kein Museum." Ortega ist sich aber sicher, dass die Regierung der Navajo den Ausbau des Tourismus nicht ins Tal vorantreiben wird. Dorthin gibt es weiterhin nur eine holprige Piste, die die meisten Touristen scheuen. „Solange es uns Navajo überlassen bleibt, die Touristen ins Tal zu führen, ist alles in Ordnung." Er zwinkert: „Erzählt euren Familien und Freunden von der Schönheit des Monument Valley. Wir würden es ihnen gerne zeigen."

Es gab etliche Indianerkriege im Wilden Westen

Gemeinhin werden als „die Indianerkriege" jene Kämpfe, Konflikte und Schlachten bezeichnet, die sich in den 25 Jahren zwischen 1865 und 1890 auf den Prärien, in den Rocky Mountains und den Wüsten im Südwesten der USA ereigneten. Dieser Zeitabschnitt umfasst zugleich die klassische Periode des Wilden Westens, in der die meisten Western und Indianerfilme des 20. Jahrhunderts spielen. In diesen 25 Jahren trieben vor allem Präsident Grant und die Generäle Sherman und Sheridan – alle drei hatten im Bürgerkrieg gekämpft – die Verdrängung der Indianer voran.

Die Kriegsparteien in den Indianerkriegen waren im Allgemeinen die verschiedenen Indianerstämme auf der einen Seite, auf der anderen die US-Army, europäisch-amerikanische Siedler und Einwanderer. Die Kämpfe wurden westlich des Mississippi River ausgetragen. Ausgelöst wurden die Kämpfe zumeist von unbedachten Siedlern, die Indianerland besetzten und für sich und ihre Familien beanspruchten, gierigen Spekulanten, die das Land der Indianer für ihre eigenen Bodenspekulationen gewinnen wollten, rassistischen Gewalttätern und Indianern, die sich dem Vordringen der Europäer bzw. Amerikaner widersetzten und ihr Land verteidigten. Zudem führten wirtschaftliche Interessen an dem riesigen Land und seinen Rohstoffen in Verbindung mit dem aggressiven Besitz- und Raumdenken der nach Westen dringenden Siedler zu immer neuen Konflikten und gewaltsamen Grenzverschiebungen.

Betrachtet man Ursachen, Gründe, Anlässe, Verläufe, Ergebnisse und Folgen der Kriege mit den einzelnen Stämmen, erkennt man, dass sie bei allen nahezu gleich sind. Man sollte deshalb eher von einem durchgängigen Eroberungskrieg der europäischen Kolonisten und später der Amerikaner gegen die indigene Bevölkerung des nordamerikanischen Kontinents sprechen. Die Wurzeln dieses Krieges liegen auch nicht im 19. Jahrhundert, sondern zweihundert Jahre früher. Der Krieg gegen die Indianer begann nicht nach dem Amerikanischen Bürgerkrieg, sondern bereits mit der Ankunft der ersten Europäer in Nordamerika. Nur in dieser umfassenden Betrachtungsweise und nur unter der Annahme, dass es sich um einen einzigen Krieg handelt, sind „die Indianerkriege" wirklich zu verstehen. Die folgenden Beispiele aus dem 17., 18. und 19. Jahrhundert ähneln sich, sind aber nur punktuelle Einblicke in den jahrhundertelangen Konflikt, der mit dem Pequotkrieg 1637 begann und mit dem Massaker am Wounded Knee 1890 endete.

Unvereinbare Weltbilder

Eine der wichtigsten Ursachen für die Konflikte mit den Indianern liegt in dem Weltbild der Puritaner. Sie waren den Pilgervätern aus Europa nach Nordamerika gefolgt und hatten dort im Jahr 1629 die *Massachusetts Bay Colony* gegründet. Ihr Anführer war John Winthrop, der von tiefem religiösen Sendungsbewusstsein erfüllt war. Wie Moses die Israeliten ins Heilige Land geführt hatte, so führte er die Puritaner über den Ozean in ein heiliges, nur für sie bestimmtes Land. Er hatte die Vision, dass seine Anhänger in Amerika das „reine" Christentum verwirklichen sollten, die amerikanische Wildnis urbar machen und nach biblischem Vorbild ein „himmlisches Jerusalem" errichten, das der übrigen christlichen Welt als leuchtendes Beispiel dienen sollte.

Landnahme

Innerhalb kurzer Zeit kamen immer mehr Puritaner aus Europa und drangen immer tiefer und rücksichtsloser in die Gebiete der Indianer vor. Sie fanden weite Teile des Landes unberührt und unkultiviert vor. Doch das Land, in das sie kamen, war bereits bewohnt. Die Indianer bebauten aber traditionell nur so viel Land, wie sie zum Überleben brauchten. Wenn der Boden nicht mehr fruchtbar genug war, zogen sie weiter und bauten ihre Zelte oder Hütten einfach woanders wieder auf. Die Natur regenerierte sich wieder. Denn ihrer religiösen Vorstellung zufolge durften sie der Natur nur das Nötige entnehmen, um den Einklang mit der Natur nicht zu verletzen. Landbesitz in dem Sinne, wie er in Europa verstanden wurde, gab es bei den Indianern nicht. Das Land und die Ressourcen der Natur standen jedem offen. Die Puritaner folgerten daraus, sie könnten die herrenlose Wildnis in Besitz nehmen, ja es sei geradezu ihre Bestimmung, das Land zu bewirtschaften. Sie strebten nach wirtschaftlichem Erfolg, der für sie ein Zeichen der Auserwähltheit und göttlichen Gnade war. Sie verurteilten die Haltung der Indianer, nicht das Letztmögliche aus der Erde herauszuholen.

Die Landnahme zeigt in exemplarischer Weise den Unterschied zwischen dem Weltbild der Kolonisten und dem der Indianer. Die Vorstellungen von Besitz, der Nutzung der natürlichen Gegebenheiten sowie der eigenen Rolle in diesem System konnten unterschiedlicher nicht sein. Und als die Engländer nun auch noch versuchten, den Indianern Land abzukaufen, wollten sie etwas, was deren Auffassung vollkommen fremd war und was die Indianer nicht nachvollziehen oder verstehen konnten. Die beiden Denksysteme waren unvereinbar und führten zwangsläufig zu einem Konflikt, da beide Seiten von völlig unterschiedlichen Grundlagen ausgingen.

Vertragsschlüsse

Ein weiterer Unterschied zwischen Indianern und Weißen lag in der Art und Weise, wie Verträge geschlossen wurden. Da die Indianer im Allgemeinen keine Schrift kannten, galt eine mündliche Zusage als bindend, während Verträge und Abmachungen für Europäer wie Amerikaner in der Regel erst Geltung bekamen, sobald sie in schriftlicher Form festgehalten wurden. Dass Verträge geändert oder gar gebrochen wurden, war den Indianern unverständlich.

Außerdem ergab sich aus der unterschiedlichen politischen Struktur der Verhandlungsseiten ein Problem. Die Europäer beauftragten Abgesandte, die das Recht hatten, Verträge zu schließen und zu unterzeichnen. Sie nahmen an, dass dies bei den Indianern ebenso sei. Sie verhandelten mit dem Häuptling, ohne zu ahnen, dass gerade die Stämme des Ostens meist einen Ältestenrat hatten, dessen Wort gewichtiger war als das des Häuptlings. Ein Vertrag mit ihm bedeutete noch nicht, dass sich der ganze Stamm diesem Beschluss beugen würde.

Der Auftakt der Auseinandersetzung – das Massaker am Mystic River

Der Konflikt mit den Indianern begann schon kurze Zeit nach der Landung der ersten Siedler auf dem nordamerikanischen Kontinent unter anderem mit einem Missverständnis. Der Stammesführer der Pequot war wegen einer Auseinandersetzung mit dem feindlichen Stamm der Narragansett von den Holländern gefangen genommen worden. Sie verlangten daraufhin ein hohes Lösegeld, exekutierten aber die Geisel, obwohl die Pequot das Lösegeld bezahlt hatten. Im Jahre 1634 griffen die Pequot daraufhin das am Connecticut River vor Anker gegangene Schiff des englischen Kaufmanns John Stone an und töten ihn und seine gesamte Mannschaft. Der Überfall sollte eigentlich ein Racheakt gegen die holländischen Kolonisten sein. Denn wie die Europäer nicht zwischen den Indianern der einzelnen Stämme unterschieden, unterschieden auch die Pequot nicht zwischen holländischen oder englischen Kolonisten.

Bislang waren die Begegnungen zwischen den Pequot und den Engländern friedlich verlaufen. Jetzt lagen Misstrauen und Spannungen in der Luft. Im April 1637 griffen die Pequot schließlich englische Siedler am Connecticut River an und töteten die meisten von ihnen.

Daraufhin erklärten die Engländer den Pequot den Krieg und gingen nun mit aller Brutalität und Härte gegen sie vor. Neunzig Kolonisten rückten gemeinsam mit verbündeten Indianern auf das Hauptdorf der Pequot am Mystic River zu. Unter ihnen waren zweihundert Krieger der Narragansett, die sich mit den Engländern verbündet hatten und sie nun unterstützten.

Im Dorf befanden sich siebenhundert Pequot. Da die meisten Krieger zu dieser Zeit in Kämpfe verwickelt waren, hielten sich im Dorf hauptsächlich Frauen, Kinder und Alte auf. Die Engländer und ihre Verbündeten kannten keine Gnade mit den Dorfbewohnern und metzelten sie auf grausame Weise nieder. Das Dorf wurde in Brand gesetzt, und Flüchtende wurden immer wieder zurück in die Flammen getrieben. Da der kommandierende Captain John Mason den Befehl erhalten hatte, die Pequot bis auf den letzten Bewohner auszurotten, setzte er jedem, der dem Inferno entkommen konnte, gnadenlos nach. Die letzte flüchtige Gruppe wurde von Mason am 28. Juli in der Nähe des heutigen New Haven vernichtet. Nur sehr wenige Pequot überlebten. Sie flohen aus dem Gebiet und versuchten, bei befreundeten Stämmen unterzukommen.

Mit dem Massaker an den Pequot statuierten die englischen Kolonisten ein Exempel ihrer Grausamkeit und ihrer Entschlossenheit. Schnell verbreitete sich die Nachricht über ganz Neuengland und alarmierte die anderen Indianer. Die unbarmherzige Kriegsführung, der präventive Offensivkrieg und der Versuch, einen ganzen Stamm auszulöschen, waren der indianischen Vorstellung fremd. Sie kämpften zwar auch gegen ihre Feinde, aber mit dem Sieg eines der Kontrahenten war die Auseinandersetzung beendet. Niemals hatten es die Indianer erlebt, dass ein ganzes Volk vernichtet wurde.

Vom Spielball der Kolonialmächte zum Störfaktor im eigenen Land

Doch nicht nur die Engländer hatten auf dem nordamerikanischen Kontinent Kolonien gegründet. Die Franzosen hatten sich vom Sankt-Lorenz-Strom über die Großen Seen und den Mississippi bis nach New Orleans am Golf von Mexiko ausgebreitet. Zwangsläufig trafen die Engländer bei ihrer Expansion nach Westen auf sie. In mehreren Kriegen stritten sie um die koloniale Vorherrschaft und zogen die Indianer in das Kampfgeschehen mit hinein. Sie wurden zum politischen und militärischen Spielball der Kolonialmächte. Die Indianer wurden von beiden Seiten attackiert. Es wurden Kopfgelder ausgesetzt, für jeden abgelieferten Skalp bekamen die Mörder eine Prämie.

Der *French and Indian War*, der in Europa als Siebenjähriger Krieg ausgetragen wurde, brachte eine Entscheidung zugunsten der Engländer. Im letzten Jahr des Krieges kam es zu dem großen Indianeraufstand unter der Führung des Ottawa-Häuptlings Pontiac. Er hatte sich mit den Franzosen verbündet. Nach deren Niederlage standen die Ottawa allein gegen die Engländer. Pontiac konnte einige Stämme hinter sich sammeln und zum Kampf gegen die Kolonisten einschwören. Trotz anfänglicher Erfolge mussten sie sich den Engländern aber 1764 geschlagen geben.

Die Grundsätze der amerikanischen Politik

Der erste amerikanische Präsident George Washington legte 1786 zusammen mit dem Leiter des Kriegsministeriums fest, wie weiter mit den Indianern verfahren werden sollte. Die Grundpfeiler seines Planes waren die Zivilisierung der Indianer und deren Assimilierung an die amerikanische Kultur. Sie sollten zu Amerikanern werden und als solche in dem Land leben können. Präsident Washington war sich bewusst, dass der Landraub den Vereinigten Staaten einen schlechten Ruf einbringen würde, dennoch hielt er diesen Schritt aus sicherheitspolitischen Gründen wie für die Wirtschaft und die Freiheit der zukünftigen Generationen für unabdingbar.

Bis 1871 wurde jeder Indianerstamm von der US-Regierung als eigenständiges Volk betrachtet, mit der die Regierung Verträge schließen konnte. Danach kippte der amerikanische Kongress diesen Beschluss. Vor allem Ulysses S. Grant, der Held aus dem Bürgerkrieg, der von 1869 bis 1877 US-Präsident war, trieb die gewaltsame Vertreibung und Vernichtung der westlichen Indianer voran. Einige Stämme akzeptierten ihr Schicksal. Sie zogen resigniert in die ihnen zugewiesenen Reservationen. Andere Stämme wiederum leisteten erbitterten Widerstand gegen ihre Verdrängung – auch wenn es ihren Häuptlingen bewusst war, dass sie diesen Kampf nicht gewinnen konnten.

Entrechtung und Verdrängung nach dem Bürgerkrieg

In den Jahren nach dem Bürgerkrieg verschärfte sich der Konflikt mit den Indianern weiter. Die Sioux, Navajo, Cheyenne, Kiowa und Komantschen auf den Great Plains, die Nez Percé in den Rocky Mountains und die Apachen im Südwesten wehrten sich mit aller Gewalt gegen ihre Vertreibung und Entrechtung. Bis 1874 hatte die US-Regierung unter anderem die Miwok, die Yokut, die Utah, die Modoc, die Schoschonen, die Paiute und die Navajo zur Aufgabe gebracht. Die meisten lebten in den Reservationen und waren von der Versorgung durch die US-Regierung abhängig. Häufig trafen die Essensrationen aber nicht ein, so dass viele Indianer in den Reservaten Hunger leiden mussten.

Außerdem sahen sich die Indianer nun mit einer völlig neuen und bedrohlichen Situation konfrontiert: Der Eisenbahnbau und die damit verbundene Entstehung neuer Farmen und Siedlungen in den ihnen zugewiesenen Gebieten jenseits des Mississippi River bedeuteten die weitere Verdrängung und letztlich das Ende der noch eigenständigen Indianerkulturen des Westens. Die neuen Siedler bauten Städte, rodeten Wälder, legten Gold- und Silberminen an, und die Regierung errichtete Forts zum Schutz der Siedler. Die Trasse der Eisenbahn verlief quer durch das Sioux-Gebiet. Die Arbeiter der Eisenbahn sowie die neuen Siedler benötigten Nahrungsmittel und begannen mit der Jagd auf die Büffel. Die riesigen Herden mit dreißig bis fünfzig Millionen Tieren waren ein Jahrzehnt später nahezu ausgelöscht. Es wurde unter den Jägern sogar zu einem Sport, möglichst viele Tiere zu schießen, ohne dass Interesse an dem toten Tier oder seinem Fleisch bestand. Mit dem sinnlosen Abschlachten der Büffel zerstörten sie sukzessive die Lebensgrundlage der Sioux.

Die noch verbliebenen Sioux waren entschlossen, lieber im Kampf zu sterben, als sich den Amerikanern zu ergeben und in eine Reservation zu ziehen. In den folgenden Monaten nahmen sie Rache für ihre Toten, überfielen Siedlertrecks und Postkutschen und verwickelten die US-Army in mehrere Scharmützel. Ab 1864 nahmen die Überfälle auf Siedler zu. Die ständigen Attacken führten schließlich zum Einlenken der US-Regierung. Sie sprach im Friedensvertrag von Fort Laramie vom 6. November 1868 den Lakota ein großes Gebiet zwischen dem Missouri und dem Platte River zu, das den heutigen Bundesstaat South Dakota umfasste. Darüber hinaus ließen die USA ihre Außenposten innerhalb des Gebietes räumen, erhielten aber im Gegenzug die Erlaubnis, die *Northern Pacific Railroad* weiter durch das Lakota-Gebiet bauen zu dürfen. Als Ausgleich sicherten sie den Lakota jährliche Zahlungen über die nächsten dreißig Jahre zu.

General Custer und die Schlacht am Little Bighorn River

Im Jahre 1874 unternahm General George Armstrong Custer im Auftrag der US-Army eine folgenschwere Expedition in Indianergebiet. In der Gegend der Black Hills entdeckten einige Soldaten Gold und lösten damit eine ähnliche Hysterie wie 1849 in Kalifornien aus. Das Wort „Goldrausch" war im Westen wie im Osten wieder in aller Munde! Und als die Presse berichtete, die Black Hills seien voll von Gold, kümmerte es nur noch wenige, dass die Black Hills auf Lakota-Territorium lagen und zudem den Sioux und anderen Indianerstämmen heilig waren. Schon bald hatten die Goldgräber ein Dutzend Camps errichtet. Das bedeutendste entwickelte sich bald zur Stadt Deadwood, um die sich mehrere Wildwest-Legenden ranken.

Nach dem Vertrag von Fort Laramie war die Armee verpflichtet, die Goldsucher aus dem Land der Lakota zu vertreiben. Gegen eine solche Menge war dieser Schritt politisch im Kongress aber nicht zu vertreten. Die Regierung versuchte zunächst, den Indianern das Land abzukaufen und forderte alle außerhalb des Reservats lebenden Lakota auf, sich bis Ende Januar 1876 in den Reservaten einzufinden. Für die Lakota unter der Führung von Sitting Bull war dies eindeutig ein Vertragsbruch. Sie waren nicht bereit, ihr Land abzutreten und in der Kälte des Winters die Umsiedlung in ein Reservat auf sich zu nehmen. Sitting Bull versuchte daraufhin, mehrere Indianerstämme zum gemeinsamen Widerstand zu vereinen. Präsident Grant rechnete nun mit einem erneuten Indianeraufstand und begann mit den Vorbereitungen für eine militärische Operation. Unter der Führung der Häuptlinge Sitting Bull und Crazy Horse lieferten sich die Sioux mehrere Gefechte mit der US-Army.

Mit einer Allianz aus Lakota und Cheyenne zog Crazy Horse im Frühsommer des Jahres 1876 gemeinsam mit Sitting Bull und anderen Häuptlingen gegen Colonel Custer zu Felde. Am 6. Juni 1876 versammelten sie sich noch einmal am Rosebud Creek in Montana. Dort zelebrierten sie ihr heiliges Ritual des Sonnentanzes. Als Opfergabe brachte sich Sitting Bull hundert Schnitte an den Armen bei und fiel daraufhin in Trance. In diesem Zustand hatte er eine Vision, die die Lakota und Cheyenne in den Kampf begleitete: „Wieder kommen die Soldaten, um mein Volk anzugreifen, so zahlreich wie Heuschrecken. Doch dieses Mal standen sie Kopf und ihre Hüte fielen zu Boden, als sie in das Dorf der Lakota einrückten." Gestärkt von Sitting Bulls Vision eines Sieges über die US-Army zogen seine Krieger nun zum Little Bighorn River, und schlugen dort ein großes Lager auf. In den darauffolgenden Tagen stießen weitere dreitausend Arapaho, Lakota und Cheyenne zu ihnen, die von dem Feldzug gehört und daraufhin ihre Reservationen verlassen hatten.

Doch auch die US-Army hatte sich vorbereitet. Wenige Wochen zuvor hatte in Chicago General Philipp Sheridan, von dem der Ausspruch „Nur ein toter Indianer ist ein guter Indianer" stammte, einen Kriegsplan gegen die Lakota ausgearbeitet. Drei Armeekolonnen sollten Sitting Bull, Crazy Horse und ihre Krieger in die Reservation treiben. Eine Kolonne sollte dabei von Süden her nach Norden ziehen, eine zweite von Montana Richtung Osten und eine dritte von Fort Abraham Lincoln aus nach Westen. Unter ihnen befand sich das 7. Kavallerieregiment unter dem Befehl von George Armstrong Custer, der das „Indianerproblem" mit enormem Ehrgeiz lösen wollte. Vor allem wollte er den damit verbundenen Ruhm alleine ernten. In dem Feldzug gegen die Sioux trieb er deshalb seine Truppen an, immer schneller vorzurücken. Die Indianer sollten ihm nicht entkommen!

Am 25. Juni 1876 entdeckten Custers indianische Späher, die den Crow angehörten, das Lager der Sioux und ihrer Verbündeten. Doch niemand konnte genaue Angaben über die Größe des Lagers und die Anzahl der Krieger machen. Custer trieb nun die Sorge, dass die Indianer ihn ebenfalls entdeckt haben könnten, und gab den Befehl, das Lager sofort anzugreifen. Dabei überschätzte Custer sich gewaltig und unterschätzte die Kampfkraft der Indianer. Custer bemerkte viel zu spät, dass seine Soldaten keine Chance gegen die Übermacht der Sioux und Cheyenne hatten. Als er seine Niederlage eingestehen musste, erklomm er mit den Letzten seiner Leute die höchste Erhebung der Hügelkette am Little Bighorn River. Dort wurde er von den Häuptlingen Crazy Horse und Gall eingekesselt. Für Custer und seine über zweihundert Soldaten gab es kein Entkommen, auf diesem Felsen fanden sie den Tod. Das Bild des umzingelten Custer machte seinen Weg als romantisierte und verklärte Heldendarstellung unter dem Titel *Custer's Last Stand* in den Osten und hielt Einzug in die Populärkultur. Der ehrgeizige, Indianer hassende Offizier wurde zum mutigen Märtyrer glorifiziert.

Custers Niederlage war ein Sieg für die Indianer. Dieses eine Mal in dem 250 Jahre währenden Konflikt hatten sie eine große Schlacht gewonnen. Doch ihr Erfolg schürte unter den Soldaten, in der Politik und in Teilen der Bevölkerung den Hass auf die Sioux. Präsident Grant gab seinen Generälen Sheridan und Sherman freie Hand, gegen die Indianer vorzugehen. Die im Bürgerkrieg von Sherman praktizierte Strategie des Krieges gegen die Bevölkerung wandten die beiden Generäle nun gegen die Indianer an. Sie vernichteten die restlichen Büffelherden und zerstörten mehrere Winterlager. Auf den Prärien hinterließen sie verbrannte Erde. Der Widerstand der Prärieindianer war bald gebrochen. Häuptling Crazy Horse ergab sich 1877. Sitting Bull konnte zunächst nach Kanada flüchten, stellte sich aber 1881 der Bundesbehörde. Die überlebenden Lakota wurden in die Reservation gebracht.

Das Massaker am Wounded Knee Creek

Doch dies war noch nicht das Ende des Indianerkrieges, obwohl der Widerstand der Indianer zu diesem Zeitpunkt bereits gebrochen schien. Die meisten hatten sich der US-Army ergeben, die Waffen niedergelegt und sich ihrem Schicksal in der Reservation gefügt. Big Foot, ein alter, kranker Sioux-Häuptling, war auf dem Weg in die *Pine Ridge Reservation*, um dort am Geistertanztreffen teilzunehmen. Auf seiner Reise hatte er die letzten Anhänger Sitting Bulls aufgenommen, die nach dem Tod des Häuptlings vor der Indianerpolizei und den amerikanischen Soldaten aus der Reservation geflüchtet waren. Insgesamt folgten ihm etwa 350 Männer, Frauen und Kinder, die erschöpft von dem zweiwöchigen Marsch durch den tiefen Schnee waren.

Die Gruppe wurde am 28. Dezember 1890 am *Wounded Knee Creek* von der US-Army umstellt, weil sie einen Aufstand der Indianer befürchtete. Kurz nach Sonnenaufgang forderte Colonel John Forsyth die Sioux auf, ihre Waffen zu übergeben. Obwohl die Indianer sich den Soldaten nicht widersetzten, ließ Forsyth Zelte und Indianer durchsuchen. Sie ließen sich nicht provozieren, sondern fingen an, den Geistertanz zu tanzen, weil sie glaubten, so vor den Soldaten geschützt zu sein. Die Soldaten jedoch dachten, es sei ein Kriegstanz und die Krieger bereiteten sich zum Kampf vor. Als bei einem jungen Sioux noch ein Winchester-Gewehr gefunden wurde, kam es zu einem Handgemenge, bei dem sich ein Schuss löste. Die Soldaten schossen nun wild um sich. Mehr als zweihundert Indianer und 25 Soldaten starben. Mit diesem Akt endete der Widerstand der Indianer endgültig – und damit endeten die Indianerkriege.

Das Ende des Krieges gegen die Indianer

Von nun an lebten die Indianer nur noch in den einzelnen Reservationen. Bis in die heutige Zeit ist das Leben dort von großer Armut geprägt. Die Arbeitslosenrate ist hoch, der Alkoholismus ein großes Problem und das Gesundheitswesen schlecht organisiert. Die Ursprünge der Reservationen gehen schon auf das Jahr 1640 zurück. Uncas, der Häuptling der Mohikaner, verkaufte einen großen Teil des Landes seines Stamms an die Siedler in Connecticut. Der Rest des Gebietes wurde für seinen Stamm „reserviert". 1786, kurz nach dem Ende des Unabhängigkeitskrieges, richteten die Vereinigten Staaten die erste Reservation ein, um das Zusammenleben zwischen den Siedlern und den Indianern zu regeln. Die Indianer sollten dort sesshaft werden und allmählich die Lebensweise der „Weißen" annehmen. Andererseits sollten auch die Siedler nicht mehr in das Indianergebiet ziehen, es sei denn, sie hatten es vorher von den Indianern gekauft und entsprechend deklariert. Allerdings hielten sich nur die wenigsten Siedler an dieses Abkommen. Aus Sicht der Indianer wurden die Weißen laufend vertragsbrüchig und die Regierung in Washington musste ständig neu mit den Stämmen verhandeln.

Das Werk, das die Puritaner im frühen 17. Jahrhundert mit der Auslöschung der Pequot begonnen hatten, war vollendet. In gewisser Weise wurde John Winthrops Vision von einem neuen Land, das Gott für seine Anhängerschaft bereithielt, damit wahr. So gesehen gab es nicht viele kleine Kriege, sondern einen großen, 250 Jahre dauernden Vernichtungskrieg gegen die Indianer Nordamerikas. Die Ansichten der Puritaner prägen das nationale Selbstverständnis der Vereinigten Staaten bis heute.

Die *frontier* verschob sich kontinuierlich nach Westen

Das Gemälde *American Progress* von Jonathan Gast ist vielleicht die berühmteste bildliche Darstellung der Eroberung des Wilden Westens. Engelsgleich schwebt Columbia, die Allegorie der Vereinigten Staaten von Amerika, über die Prärien gen Westen. In einer Hand die Bibel, mit der anderen spannt sie einen Draht von einem Telegrafenmast zum nächsten. Mit ihr kommen Siedler und Pioniere, und ihr folgt die Eisenbahn, vor ihr her flüchten Indianer. Im Hintergrund ist eine moderne Industriestadt zu erkennen, die zeigt, wie man sich die Zukunft des Westens vorstellte.

Die frontier *als Erfahrung*

Durch diese Darstellungen wurde der Eindruck erweckt, dass die Besiedlung des Kontinents sukzessive von Ost nach West stattfand. Immer weiter dringen die Siedler vor, bringen Zivilisation und Technik mit sich, bis sie schließlich den Pazifik erreichen und den Kontinent vollständig besiedelt haben. Diese Vorstellung ist weit verbreitet. Schon Ende des 19. Jahrhunderts beschrieb der junge Historiker Frederick Jackson Turner die Geschichte der Westexpansion in dieser Weise. Auf der Weltausstellung in Chicago analysierte er vor der

American Historical Association in seinem berühmt gewordenen Vortrag *The Significance of the Frontier in American History* die Besiedlung des Westens. Per Definition der Zensusbehörde bezeichnete der Begriff der *frontier* ein Gebiet der Vereinigten Staaten, auf dem nicht mehr als zwei nicht-indianische Einwohner pro Quadratmeile lebten. Diese Grenze verschob sich, so Turner, im 19. Jahrhundert über den Kontinent, bis der Zensus des Jahres 1890 feststellte, dass es zum ersten Mal keine durchgehende Grenzlinie zwischen den bewohnten Gebieten und der vermeintlichen Wildnis mehr gab. Die *frontier* wurde für aufgelöst erklärt. Statistisch gesehen galt der Westen nun als besiedelt. Diese Feststellung des Zensus war der Anlass für Turners Vortrag.

Turner interpretierte die *frontier* als eine Grenzregion, die mehr war als ein bloßer Landstrich. An ihr lebte ein spezieller Typus Mensch, der durch die Erfahrungen zwischen Zivilisation und Wildnis erst zu dem wurde, was einen echten Amerikaner ausmachte. So konnte er sich von den europäischen Altlasten lösen. Zudem sei die stete Verschiebung der Siedlungsgrenze ein sichtbares Zeichen der Dynamik, die die Vereinigten Staaten vom unbeweglichen alten Europa unterschied. Durch die kontinuierliche Verschiebung der Grenzlinie sei es auch nicht möglich, den sogenannten Wilden Westen geografisch und zeitlich eindeutig anzusiedeln.

Die Zeit der Kolonien

Turners Beschreibung der Westwärtsbewegung mag sehr eingängig sein, hat aber mit der Realität der Eroberung des Kontinents durch die vielen verschiedenen Mächte nicht viel zu tun. Die Ostküste wurde seit dem frühen 17. Jahrhundert von holländischen und englischen Kolonisten besiedelt. Der Gebirgszug der Appalachen war die natürliche Grenze zum Westen. Dahinter lag Wildnis. Ab 1770 überschritten die englischen Siedler diese Grenze. Bis 1820 erstreckten sich die Siedlungen südlich der Großen Seen bis zum Mississippi. Etwa zu diesem Zeitpunkt endete die sukzessive Verschiebung der

Siedlungsgrenze in Richtung Westen. Danach strömten die Siedler direkt an die Westküste.

Empire of Liberty

Der dritte US-Präsident Thomas Jefferson hatte eine Vision: Er nahm an, dass immer mehr Europäer nach Amerika kommen, die Vereinigten Staaten sich ausdehnen und eines Tages den ganzen Kontinent für sich beanspruchen würden. Die Siedler sollten als Farmer, Handwerker oder Händler als freie und unabhängige Bürger in einem *Empire of Liberty* leben können. Hierfür wollte er die Weichen stellen. Die amerikanischen Städte sollten sich nicht zu Monstern entwickeln, in denen sich Reichtum und Luxus direkt neben Hunger und Armut befanden und der Alltag von sozialen Spannungen geprägt war.

Der Kauf von Louisiana

Neben den Engländern hatten auch die Franzosen nach der Entdeckung der Neuen Welt ihren Teil des Kontinents erobert. Sie waren von Norden über den Sankt-Lorenz-Strom und über den Mississippi bis zum Golf von Mexiko vorgedrungen und nannten ihre Kolonie Neufrankreich. Präsident Jefferson hatte nun vor, den Franzosen die Stadt New Orleans abzukaufen, um den amerikanischen Handel auf dem Mississippi zu erleichtern. Sie lag verkehrstechnisch günstig an der Mündung des Mississippi River in den Golf von Mexiko. Er sandte zwei Unterhändler, James Monroe und Robert R. Livingston, nach Frankreich, um über den Kauf der Stadt zu verhandeln. Zu ihrer Überraschung bekamen sie von Napoleon nicht nur New Orleans, sondern das gesamte Louisiana-Gebiet angeboten. Offensichtlich hatte der französische Kaiser kein Interesse mehr an einem Kolonialreich in Nordamerika. Er hatte Europa mit Kriegen überzogen und benötigte alle verfügbaren Ressourcen.

Die Abgesandten stimmten dem Kauf von Louisiana spontan zu, obwohl sie nicht einmal wussten, wie groß dieses Gebiet war. Jefferson übernahm die Verantwortung und zahlte im Frühjahr 1803 schließlich 15 Millionen Dollar für die französischen Besitztümer, die sich von Mexiko bis Kanada, vom Mississippi bis zu den Rocky Mountains erstreckten. Damit verdoppelte sich das Staatsgebiet der USA auf einen Schlag. Was jetzt der Westen der Vereinigten Staaten wurde, war in seiner Größe und Beschaffenheit noch weitgehend unbekannt. Aber sie hatten ein Gebiet erworben, in dem nicht nur viele französische Siedler lebten, sondern auch unzählige Indianerstämme, die nicht verstanden, wie ihr Land überhaupt verkauft werden konnte.

Die Eroberung der spanischen Gebiete

Mitte des 19. Jahrhunderts verleibten sich die Vereinigten Staaten weitere Teile des Westens ein. Als von 1845 bis 1849 James Knox Polk Präsident der USA war, trieb er die expansionistische Politik voran. Er wollte nicht nur Texas in die amerikanische Union eingliedern, sondern auch Kalifornien und die restlichen Gebiete nördlich des Rio Grande. Es war vorauszusehen, dass die Aufnahme von Texas, das gerade die Unabhängigkeit von Mexiko erkämpft hatte, zu massiven Spannungen mit Mexiko führen würde. Polk verlegte einige Truppen nach Texas und provozierte damit einen Krieg mit Mexiko, den er am 13. Mai 1846 offiziell erklärte. Die Mexikaner hatten den überlegenen Amerikanern nicht viel entgegenzusetzen. Zwei Jahre später, im September 1847, war der Krieg mit der Eroberung von Mexiko-Stadt entschieden. Am 2. Februar 1848 wurde der Friede von Guadalupe Hidalgo geschlossen, in dem Mexiko eine Abfindung von 15 Millionen Dollar erhielt. Die USA aber bekamen außer Texas das gesamte Gebiet jenseits der Rocky Mountains bis hin zum Pazifik.

Willkürliche Grenzziehungen

Die neu gewonnenen Gebiete wurden von der US-Regierung unterteilt und zunächst zu Territorien und schließlich zu Staaten organisiert. Anfangs bezeichnete man das weite Land im Westen wie zum

Beispiel das gekaufte Louisiana-Territorium als „unorganisierte Territorien". Später wurden sie zu „organisierten Territorien" mit einer eigenen Regierung. Stieg die Zahl der Einwohner auf mehr als sechzigtausend, konnte ein Territorium bei der Regierung in Washington die Aufnahme als Staat in die amerikanische Union beantragen. Als beispielsweise 1812 der Staat Louisiana in die Union aufgenommen wurde, erhielt das restliche Gebiet den Namen Missouri-Territorium, ein organisiertes Territorium mit einer lokalen Regierung. 1821 wiederum wurde der heutige Staat Missouri aus dem Territorium geschnitten und als Bundesstaat organisiert. Der Rest wurde durch den *Kansas-Nebraska-Act* 1854 in die Territorien Kansas und Nebraska unterteilt. Die Grenzen zog man teilweise entlang von Flüssen, häufig aber wurden einfach Breiten- und Längengrade als Grenzlinien verwendet. Daher haben die westlichen Bundesstaaten der USA mitunter trapezartige oder rechteckige Formen, die sich weder an geografischen Gegebenheiten noch an der Bevölkerung orientierten.

Besiedlung von außen nach innen

Zwar gewannen die Vereinigten Staaten von Ost nach West neues Staatsgebiet hinzu, die Besiedlung verlief jedoch nicht ebenso. Vielmehr konzentrierte sich die Siedlungspolitik auf Kalifornien, das – von der Hauptstadt Washington aus – am anderen Ende des nordamerikanischen Kontinents lag. Vor allem während des Goldrauschs 1848/49 zog es viele Siedler dorthin. In dieser Phase umschloss die Besiedlung gewissermaßen die Gebiete in der Mitte des Kontinents. Ende des 19. Jahrhunderts waren sowohl die Ostküste als auch die Westküste Nordamerikas weitgehend besiedelt. In der Mitte befanden sich die weiten Prärien, die Great Plains, das weite Grasland, das bei den Weißen als unfruchtbar und ungeeignet für die Bewirtschaftung galt. Hier hatte man die Ureinwohner, die Stämme des ganzen Kontinents, zusammengetrieben und ihnen das schlechte Land überlassen.

In den folgenden Jahrzehnten wurde das Land, das man den Indianern zugestand, durch den unaufhörlichen Strom der Siedler immer kleiner. Die Stämme leisteten erbittert Widerstand gegen die Verdrängung, bis schließlich in den letzten Indianerkriegen die verbliebenen Stämme zur Aufgabe gezwungen und in Reservate umgesiedelt wurden.

Der Niedergang der Prärie-Indianer

Zu den typischen Indianern des Kulturraumes der Plains zählten im 19. Jahrhundert die Sioux. Sie setzten sich aus den Lakota (auch Teton-Sioux), Nakota und Dakota (auch Santee-Sioux) zusammen. Zu ihrer Sprachfamilie gehörten unter anderen die Mandan, Assiniboin, Osaga, Biloxi, Catawba, Oto, Ponca und Winnebago. Anfang des 17. Jahrhunderts waren sie noch ein kleiner und unbedeutender Stamm und wurden von ihren indianischen Feinden aus ihrer Heimat im Osten vertrieben. Daraufhin siedelten sie sich westlich der Großen Seen am Oberlauf des Mississippi an. Französische Pelzhändler gaben ihnen im 18. Jahrhundert den Namen *Sioux* und benutzten diese Bezeichnung dann für die gesamte Stammesgruppe.

In der Folge setzten sich die Sioux auf den Prärien und Savannen als vorherrschender Stamm durch. Sie lebten hauptsächlich von den riesigen Büffelherden, die über die Prärien zogen. Ihre Lebensweise basierte ganz auf der Verwertung der Büffel: Das Fleisch der Tiere diente ihnen als wichtigste Nahrung, Fell, Leder, Knochen, Sehnen und Blasen der Tiere wurden für Kleidung, Alltagsgegenstände, Werkzeuge und Waffen verwendet. Die Sioux lebten in großen, kreisförmigen Tipis und führten ein Nomadenleben auf den Prärien. Wenn sie von einem Lagerplatz zum nächsten zogen, transportierten sie ihre Habe auf von Pferden gezogenen *travois*. Da die Sioux einer der Stämme waren, die am längsten gegen die Weißen Widerstand leisteten, prägte ihr Überlebenskampf das Bild der Indianer in der Populärkultur besonders stark. Auf ihnen basieren die meisten Klischees von den Indianern, und sie entwickelten sich gewissermaßen zum Stereotyp, das durch Bücher und Filme vermittelt wurde und wird.

Die Geistertanzbewegung

In den 1860er Jahren, als die Indianer immer mehr in Bedrängnis gerieten, hatte ein Medizinmann der Paiute eine Vision und verkündete, dass die alte indianische Lebensweise zurückkommen werde. Mithilfe der Geister ihrer Ahnen werden es die Indianer schaffen, die weißen Eroberer zu vertreiben. Um die Ahnen anzurufen, mussten sich seine Anhänger einem festgelegten Ritual unterziehen. Männer wie Frauen tanzten wild zum Schlag der Trommeln im Kreis und hielten sich an den Händen, bis sie in Trance fielen. Die Bewegung verbreitete sich schnell über alle Stammesgrenzen hinweg. Die Hoffnung auf eine bessere Zukunft fiel in der Phase des Niedergangs der Indianer auf fruchtbaren Boden.

Der Geistertanz lebte 1889 wieder auf, als abermals ein Schamane der Paiute, der zuvor als Jack Wilson auf einer strenggläubigen Mormonenranch aufgewachsen war, von einer Vision während einer Sonnenfinsternis berichtete. In dieser Vision wurde Wovoka, wie er sich jetzt nannte, von einer göttlichen Stimme beauftragt, die Indianer Nordamerikas zu erlösen. Seine Prophezeiung ähnelte der aus den 1860er Jahren: Schon bald werde die Zeit kommen, in der sich alle Indianer vereinigen, die riesigen Büffel- und Pferdeherden zurückkämen und die Weißen verschwänden. In seiner Vision vermischte er christliche und indianische Elemente. Die Indianer sollten eine Reinigung im Wasser vornehmen und dem Alkohol abschwören. Zudem predigte Wovoka Nächstenliebe und gewaltlosen Widerstand. Er versprach, dass – wenn die Indianer dies befolgten und beim Geistertanz in Trance Kontakt mit den Ahnen aufnähmen – sie vor den Kugeln der Soldaten geschützt wären. Wovokas Botschaft gab den Indianern vieler Stämme neue Hoffnung. Jeder Stamm fügte dem Ritual Elemente aus der eigenen Kultur und Tradition hinzu. Auch einige Sioux schlossen sich der Geistertanzbewegung an, lehnten aber die pazifistischen Gebote Wovokas ab. Demonstrativ legten sie zum Tanz „Geisterhemden" an, die die Kugeln der US-Army abhalten sollten.

Sitting Bull

Da der Geistertanz Gewalt und Krieg ablehnte, wurde er zunächst positiv von den Indianer-Beauftragten aufgenommen. Bald sah die US-Regierung die Bewegung jedoch als Gefahr an und hatte Bedenken, dass aus ihr ein panindianischer Aufstand entstehen und sich gegen die Amerikaner richten könnte. Die Reservationsbehörden fürchteten sich vor einer Massen-Bewegung und reagierten mit Zwangsmaßnahmen, um einen Aufstand bereits im Vorfeld zu ersticken.

Auch in der *Standing Rock Reservation* der Lakota, wo Sitting Bull, ein charismatischer Häuptling und Medizinmann der Sioux, lebte, befürchtete die US-Regierung eine Erhebung. Sie wollte von ihm wissen, ob er sich dieser Bewegung öffentlich anschließen würde. Sitting Bull stand dem Geistertanz jedoch eher skeptisch gegenüber. Deshalb forderte ihn die Reservationsleitung im Namen der Regierung auf, den Geistertanz im Reservat zu verbieten. Sitting Bull aber sah keinen Grund, den Geistertanz zu unterbinden. Im Gegenteil, seine Neugierde wurde geweckt, und er plante nun, in die südlicher gelegene *Pine Ridge Reservation* zu reisen, um dort am Geistertanztreffen der Lakota teilzunehmen. Nun verbreitete sich das Gerücht, dass Sitting Bull sich an die Spitze einer Verschwörung gestellt habe und die Befürchtungen der Reservationsleitung sich zu bewahrheiten schienen. Sitting Bull war zu mächtig und zu einflussreich, sein Wort wog schwer unter den Lakota. Deshalb untersagten sie ihm den Besuch.

Von der Reservationsleitung erhielten 43 Polizisten der Lakota am 15. Dezember 1890 die Anweisung, Sitting Bull festzunehmen und ins Gefängnis zu bringen. Als Verstärkung war die 7. US-Kavallerie angerückt. Als sich die Verhaftung Sitting Bulls herumsprach, kam Unruhe in der Reservation auf. Seine Anhänger versammelten sich vor dem Haus des charismatischen Häuptlings und verharrten dort. Innen überlegte Sitting Bull, ob er sich den Polizisten freiwillig stellen sollte. Als er schließlich mit Gewalt abgeführt wurde, eskalierte die Situation. Sitting Bulls Anhänger eröffneten das Feuer auf die indianischen Polizisten. In dem Durcheinander der Auseinandersetzung schoss Red Tomahawk, einer der Lakota-Polizisten, Sitting Bull in den Kopf. Er war sofort tot. Er starb, wie er es in einem Traum vorhergesehen hatte, von der Hand eines Lakota.

Entsetzt über den Tod ihres Anführers, flohen die Anhänger Sitting Bulls aus der Reservation und schlossen sich Häuptling Big Foot an, der zum Geistertanztreffen in der *Pine Ridge Reservation* aufgebrochen war. Big Foot und seine 350 Gefolgsleute zogen bei klirrender Kälte durch South Dakota. Auch sie hatten mittlerweile Angst vor der indianischen Polizei und der US-Army. Am 29. Dezember 1890 wurde die Gruppe am Wounded Knee Creek von der US-Army umstellt. Colonel John Forsyth forderte die Indianer auf, ihre Waffen niederzulegen und sie den Soldaten zu übergeben. Die Indianer folgten den Anweisungen und gaben ihre Waffen ab. Dennoch befahl Forsyth, die Indianer und ihre Zelte zu durchsuchen. Sie fügten sich auch dem gemäß den Grundsätzen des Geistertanzes, sich nicht zu Gewalt hinreißen zu lassen, und nahmen die Provokation hin. Einige Indianer fingen jedoch an, den Geistertanz zu zelebrieren, was die Soldaten mit Argwohn verfolgten.

Eskalation am Wounded Knee

Die Situation war äußerst gespannt. Beide Seiten beobachteten einander voller Angst und böser Vorahnung. Plötzlich eskalierte die Lage, als bei einem jungen Sioux noch ein Gewehr gefunden wurde. Er wollte es nicht herausgeben, und als mehrere Soldaten ihm das Gewehr entrissen, löste sich ein Schuss. In Verwirrung und Angst schossen die Soldaten willkürlich in die unbewaffnete Menge, in der sich neben den Kriegern auch Frauen und Kinder befanden. Zwar versuchten viele noch, in Deckung zu gehen, doch es starben innerhalb kurzer Zeit über zweihundert Sioux und 25 Soldaten im Kugelhagel des Massakers am Wounded Knee. Die Leichen der Indianer wurden auf der schneebedeckten Prärie liegengelassen und erstarrten in der Kälte. Die Nachricht über das Massaker und das brutale und rücksichtslose Vorgehen der US-amerikanischen Soldaten verbreitete sich schnell in den Reservationen. Nun war der Widerstand der Indianer endgültig gebrochen; am 15. Januar 1891 ergaben sich die letzten viertausend Geistertänzer.

Jetzt drangen die Siedler auch in die Prärien des mittleren Westens vor. Hier sind die Erfahrungen der *frontier* noch immer am stärksten präsent. Doch bis heute ist das ehemalige Stammesgebiet der Sioux im nordamerikanischen Westen dünn besiedelt. Zwar greifen die statistischen Annahmen des Zensus und es wohnen dort mehr als zwei nicht-indianische Einwohner pro Quadratmeile. Dennoch leben die meisten US-Bürger nach wie vor entweder an der Westküste oder in den großen Städten des Ostens sowie an den Großen Seen.

Im Goldrausch konnte man reich werden

„Gold! Gold! Gold!" In den Jahren 1848/49 brach in den Vereinigten Staaten eine Hysterie aus, wie es sie bis dahin noch nicht gegeben hatte. Hunderttausende strömten nach Kalifornien, um ein Stück vom Glück abzubekommen. Dort waren fast alle auf der Suche nach Gold. Sie wuschen es aus den Flüssen und schürften es aus dem Boden. Und wer nicht nach Gold suchte, richtete seine Geschäfte zumindest nach den Goldsuchern aus.

Der Goldrausch nahm seinen Anfang am 24. Januar 1848. Dieser Tag begann für James W. Marshall wie jeder andere. Routinemäßig überprüfte er seine Mühle am American River in den Bergen Kaliforniens. Als er gerade dabei war, eine Sägemühle am Fluss zu inspizieren, entdeckte er ein leichtes Glitzern im Wasser. Marshall bückte sich und hob eine Handvoll Kies und Schlamm auf. Er wusch den Schlamm aus seiner Hand und fand etwas, mit dem er im Leben nicht gerechnet hatte. Was in seiner Hand schimmerte war – Gold!

Gold bei Sutters Mühle

Die Mühle, an der Marshall das Gold gefunden hatte, gehörte dem Schweizer Einwanderer Johann August Sutter. Zu seiner Zeit wurde Sutter in Anspielung auf seine riesigen Ländereien in den Bergen von

Nordkalifornien auch *General Sutter* oder *Kaiser von Kalifornien* genannt. Sutter hatte dort eine Kolonie gegründet, die er *Neu-Helvetien* nannte. Damals gehörte das Land noch zu Mexiko – und genau das wurde ihm zum Verhängnis.

Johann August Sutter wurde am 28. Februar 1803 im badischen Kandern geboren und wuchs im schweizerischen Rünenberg auf. Nach mehreren Anstellungen in Basel und Bern machte er sich als Tuchwarenhändler selbstständig und heiratete am 24. Oktober 1826 Annette Dübold, mit der er insgesamt fünf Kinder hatte. Doch bald geriet Sutter in finanzielle Schwierigkeiten, und seiner Firma drohte die Pleite. Wegen eines Konkursverfahrens wurde er von der Polizei gesucht und flüchtete schließlich 1834 über Frankreich nach Nordamerika. Seine Frau und seine Kinder ließ er in der Schweiz zurück.

In Nordamerika reiste Sutter zunächst viel umher und schloss sich mehreren Expeditionen an. Gemeinsam mit deutschen Einwanderern handelte er auf dem berühmten *Santa Fé Trail* und kam so das erste Mal mit Mexikanern in Kontakt. Danach überquerte er mit einigen Missionaren die Rocky Mountains und segelte von der Pazifikküste bis nach Hawaii. Erst 1839 ließ er sich in Kalifornien nieder. Zu diesem Zeitpunkt lebten in Kalifornien etwa dreißigtausend Indianer und etwa tausend Siedler aus europäischen Ländern.

Nun begann Sutter mit der Erschließung eines zwanzigtausend Hektar großen Gebietes im Sacramento-Tal. Er hatte es von der mexikanischen Regierung erhalten – mit der Erlaubnis, die Indianer von diesem Land zu vertreiben. Danach wollte er es landwirtschaftlich in großem Stil nutzen. Zu seinem eigenen Schutz errichtete er 1841 Sutter's Fort. Das Jahr 1848 jedoch änderte Sutters Vorhaben auf einen Schlag. Im Mexikanisch-Amerikanischen Krieg von 1845 bis 1847 hatten die Amerikaner Kalifornien besetzt. Der daraufhin geschlossene Friedensvertrag von Guadalupe Hidalgo bestätigte die Eroberung. Somit ging auch Sutters Neu-Helvetien in amerikanische Hoheit über. Als im gleichen Jahr James W. Marshall das erste Goldnugget entdeckte, ahnte Sutter, was auf ihn zukommen würde. Er befürchtete, sein Land an die Amerikaner zu verlieren; er sah voraus, dass Horden von Goldsuchern und Glücksrittern über seinen Besitz herfallen würden. Deshalb versuchte er den Fund geheim zu halten. Doch die Gerüchte fanden ihren Weg und verbreiteten sich rasant. Die Glücksjäger kümmerten sich nicht um Sutters Besitz, sie steckten überall ihre eigenen Claims ab und missachteten seine Ansprüche. Sutter versuchte sich zu wehren und zog vor Gericht. Doch der Rechtsstreit ruinierte ihn finanziell, er verlor alles und starb schließlich 1880 vollkommen verarmt in Washington D.C.

Johann August Sutter war einer der tragischen Verlierer des Goldrauschs. Aber auch James W. Marshall, jener glückliche Finder des ersten Goldnuggets, wurde kein reicher und glücklicher Mann. Auch er starb völlig verarmt 1885. Der Ort, an dem er den ersten Goldbrocken fand, kann heute als *Marshall Gold Discovery State Historic Park* in den Bergen Kaliforniens besucht werden. Er umfasst neben einem Museum zur Geschichte des ersten Goldfundes und des anschließenden Goldrausches einen Nachbau der originalen Sägemühle.

Eine Welle der Hysterie überschwemmt das Land

Wenige Wochen nach dem ersten Fund drangen die Gerüchte bis in das 160 Kilometer entfernte San Francisco vor, das damals etwa achthundert Einwohner hatte. Zunächst nahmen sie die Gerüchte nicht ernst, erst als in der Stadt ein Goldgräber aus den Bergen Kaliforniens auftauchte, der ein Fläschchen mit Goldnuggets bei sich trug, brach die Hysterie aus. Geschäfte und Schulen schlossen, viele legten ihre Arbeit nieder und machten sich auf in die kalifornischen Berge, um Gold zu suchen. Im Sommer 1848 schien es so, als ob der Großteil der Einwohner der Stadt an den American River gezogen wäre, um eigenhändig Gold zu schürfen. Nun war es nur noch eine Frage der Zeit, bis sich die Gerüchte über das ganze Land ausbreiteten. Von San Francisco aus gelangten die Neuigkeiten durch Zeitungen und Mund-zu-Mund-Propaganda bis an die Ostküste. Die schlagzeilenhungrige, keinesfalls seriöse Presse schilderte in den grellsten Farben, was in Kalifornien los war. Vor allem die New Yorker Boulevardpresse heizte die Stimmung an und rief die Bevölkerung geradezu auf, nach Kalifornien zu stürmen.

1849 erreichte die Hysterie ihren Höhepunkt. Viele Amerikaner und neue Einwanderer lasen die Schlagzeilen und glaubten, nun ihre Chance auf ein besseres Leben zu bekommen. Zu Tausenden entschlossen sie sich, nach Kalifornien zu ziehen und nach Gold zu suchen. Dabei fuhren einige der *Forty-Niners*, wie die Goldgräber genannt wurden, mit dem Schiff um Kap Horn, manche überquerten den Isthmus von Panama, viele schlossen sich den Wagentrecks an, die den Kontinent in dieser Zeit durchquerten.

Goldwäscher

Zu Beginn der 1850er Jahre wurde Gold noch nicht unter Tage abgebaut, sondern aus dem Schlamm der Flüsse gewaschen. Die Goldsucher schaufelten Sand und Kies aus einem Flussbett in eine flache Blechpfanne und schwenkten diese so lange unter fließendem Wasser, bis der leichtere Schlamm und die Steinchen vollständig weggespült waren. Zurück blieb ein Goldnugget oder zumindest Goldstaub, da Gold schwerer ist und sich am Boden der Pfanne sammelt. Mit dieser Methode schafften es die Goldgräber, Gold im Wert von bis zu zwanzig Dollar am Tag zu schürfen. Später versuchten es die findigeren unter ihnen auch mit Waschrinnen oder kleinen schmalen Holztrögen, in denen sie mehr Schlamm durcharbeiten konnten als mit den Pfannen.

Wie lebten die Goldgräber?

Wenn ein Goldsucher in der Gegend ankam, in der er nach Gold suchen wollte, musste er sich als Erstes eine Parzelle am Fluss zuteilen lassen und abstecken. Diese Parzelle nannte sich *claim*. Nicht weit von den *claims* schlugen die Glücksritter ihre Zelte auf oder zimmerten sich eine Bretterbude. Meist taten sich mehrere zusammen und bildeten ein Camp. Alles war improvisiert, und alle waren stets darauf vorbereitet, kurzfristig weiterzuziehen, wenn die Goldader versiegte und woanders eine neue gefunden wurde. Hatten sich ein paar Abenteurer zusammengefunden, eröffnete auch bald ein kleiner Saloon, ebenfalls nur notdürftig zusammengezimmert. Im Zentrum eines Goldgräbercamps ließ sich ein Laden nieder, der *drugstore*. Der Besitzer bot den Goldgräbern alles an, was sie zum Leben und Arbeiten benötigten: Pfannen und Schaufeln, Hemden, Hosen, Nahrungsmittel, Alkohol und Tabak. Da es häufig nur einen Laden gab, diktierte der Besitzer die Preise. Bezahlt wurde nicht mit Geld, sondern mit dem, was die Goldgräber gefunden hatten. Sie brachten ihre Nuggets in den Laden, wo sie gewogen und bewertet wurden. Die Ladenbesitzer machten meist ein besseres Geschäft als die Goldsucher. Die waren besessen von dem Gedanken, ihr großes Glück könnte ihnen entgehen, wenn sie nicht ständig nach ihm gruben und wuschen. So jagten sie nicht selbst oder bauten Getreide an; sie tauschten lieber ihr Gold gegen etwas zum Essen.

Versiegte die Goldader nicht gleich wieder, entwickelte sich aus dem Camp eine Goldgräberstadt. Die Bewohner entschieden gemeinsam, wo Häuser entstehen und wo Straßen verlaufen sollten. Schien der Ort vielversprechend kamen weitere Saloons hinzu, die ersten Banken und Kirchen entstanden. Innerhalb von wenigen Wochen wurde so eine neue Stadt inmitten der Wildnis aus dem Boden gezaubert.

An den Abenden und am Wochenende amüsierten sich die Goldgräber in den Saloons und feierten, als ob es kein Morgen gäbe. Sie träumten von Luxus und Reichtum und verspielten dabei ihre Goldfunde beim Pokern, vergnügten sich mit Prostituierten und tranken jede Menge Schnaps. Die meisten von ihnen brachten so ihr ganzes Gold durch, denn schon am nächsten Tag konnten sie ja auf eine neue Ader stoßen und endlich das ganz große Glück machen. Bald mussten sie aber einsehen, dass nur die wenigsten wirklich reich wurden. Missgunst und Neid machten die Runde. Es kam vor, dass ein Goldsucher in seiner Verzweiflung andere, erfolgreichere Glücksritter ausraubte oder gar tötete.

Die Industrialisierung des Goldabbaus

Das romantische Bild eines Goldsuchers, der knöcheltief in einem kalifornischen Fluss steht und geduldig mit einer Pfanne das Gold aus dem Schlamm des Flusses wäscht, ist – wie wir gesehen haben – verklärt und entspricht nur sehr bedingt der historischen Realität. Bereits im Jahr 1852 wurde in den Flüssen nur noch wenig Gold gefunden. Von nun an mussten die Glücksritter in die Erde graben. Fanden sie tatsächlich Gold, gruben sie immer tiefer. Mitunter trieben sie ganze Schächte in die Erde. Manche dieser Minen reichten bis zu fünf Kilometer in die Erde, die Stollen verzweigten sich meilenweit in jede Richtung.

Da dieses Verfahren für einzelne Goldgräber viel zu teuer und kompliziert war, kamen Investoren aus dem Osten und gründeten Bergwerksgesellschaften, die das Gold nun industriemäßig abbauten. Aus Glücksrittern wurden Minenarbeiter, die nicht mehr dem eigenen Glück hinterherjagten, sondern für ihren Boss unter Tage schufteten. Dabei drang die Industrie unbarmherzig in die Wildnis vor. Die Goldproduktion von 1851 betrug 77 Tonnen. Im Jahr 1852 erwirtschafteten kalifornische Minen 81 Millionen Dollar. Das war mehr als der damalige jährliche Bundeshaushalt der Vereinigten Staaten. So wird verständlich, warum Kalifornien mit großer Geschwindigkeit zu einer politischen und wirtschaftlichen Macht in Amerika aufstieg.

Die Auswirkungen des Goldrauschs

Der Goldrausch kam der amerikanischen Politik mehr als gelegen. Präsident James Knox Polk, der mit seiner aggressiven Expansionspolitik das Staatsgebiet – wie bereits Thomas Jefferson mit dem Kauf von Louisiana vor ihm – beinahe verdoppelt und dabei den südlichen Nachbarn Mexiko in die Schranken verwiesen hatte, sah sich nun in seiner Vorgehensweise bestätigt. Kalifornien brauchte mehr amerikanische Siedler, und der Goldrausch trieb Tausende dorthin.

Durch den Goldrausch wurde aus der spärlich besiedelten, wüstenartigen Provinz Neuspaniens der *Golden State,* der noch heute seine magische Wirkung ausübt. Menschen unterschiedlichster Herkunft und Profession siedelten sich in San Francisco, der ehemals spanischen Mission am Pazifik, an: Bauern aus China, mexikanische Farmer, Schneider aus Osteuropa, Beamte aus England, Aristokraten aus Südamerika. Tausende hatten sich optimistisch auf den langen Weg nach Kalifornien gemacht, um dort reich zu werden und als reiche Gentlemen zu ihren Familien zurückzukehren.

Was der Goldrausch für die Bevölkerungsentwicklung Kaliforniens bedeutete, lässt sich an den Einwohnerzahlen ablesen. Noch 1842 lebten dort nur viertausend Mexikaner und etwa tausend Amerikaner, Engländer und Spanier. Auch im Januar 1848, als das erste Gold gefunden wurde, hatte sich die Zahl nicht verändert. Zwei Jahre später war die Anzahl bereits auf 92 000 Einwohner gestiegen, und im Jahr 1852 kletterte sie auf 255 000. Diese Zahl wird noch eindrucksvoller, wenn man bedenkt, dass in dieser Zeit jährlich zwanzig- bis dreißigtausend frustrierte Goldsucher das El Dorado wieder verließen.

Mit seiner Einwohnerzahl stieg das politische Gewicht Kaliforniens. 1850 konnte es als 31. Bundesstaat in die Vereinigten Staaten aufgenommen werden – zum Vergleich: Kaliforniens Nachbarstaat Arizona, der auch mit dem Frieden von Guadalupe Hidalgo an die USA abgetreten werden musste, wurde erst 1912 aufgenommen. Sacramento, die weiter im Landesinneren gelegene Stadt, entwickelte sich praktisch über Nacht zum Handelszentrum Kaliforniens und wurde 1854 zur Hauptstadt erklärt.

Reichtum im Goldrausch: Levi Strauss

Reich wurden bei der Goldsuche nicht die Goldsucher, sondern vor allem Händler und Ladenbesitzer, später die Bergwerksbesitzer. Ein Mann machte jedenfalls sein Glück während des Goldrausches: Der deutsche Einwanderer Levi Strauss kam als junger Mann aus ärmlichsten Verhältnissen nach Amerika und wurde zum Millionär. Am 26. Februar 1829 wurde er im fränkischen Buttenheim geboren. Sein

Vater starb früh, so dass die Familie bald in Not geriet. Zwei seiner Brüder machten sich wie so viele in der Zeit auf den Weg nach Amerika. Sie schafften es, in New York einen Bekleidungs- und Textilgroßhandel aufzuziehen. Als Levi 18 Jahre alt war, entschloss sich seine Mutter, mit ihm und seinen zwei Schwestern den beiden älteren Brüdern in die Stadt am Hudson River zu folgen. Für einige Zeit arbeitete Levi im Handel seiner Brüder. Doch als er von den Goldfunden in Kalifornien hörte, zog es ihn an die Westküste. Gemeinsam mit einem Schwager und seinem Bruder Louis gründete er in San Francisco ein Waren- und Stoffgeschäft. Zunächst beabsichtigte er, Planen für Wagen und Zelte zu verkaufen, und hoffte, dass seine Stoffe unter den Goldsuchern großen Absatz finden würden. Doch dann wurde er auf die Arbeitskleidung der Goldgräber aufmerksam. Sie war schon nach kurzer Zeit verschlissen. Für ihre Schürf- und Grabarbeiten benötigten sie dringend strapazierfähige Hosen.

Strauss entwickelte aus diesem Bedarf eine geniale Geschäftsidee. Er würde Hosen herstellen, die den Ansprüchen der Goldsucher, die zu Tausenden nach Kalifornien strömten, genügten. Aus der braunen Zeltplane schneiderte Strauss die ersten Hosen. Anfangs waren sie braun, aber schon bald stieg er auf den mit Indigo blau gefärbten Baumwollstoff Denim um. Der Name Jeans entstand im Volksmund. Da Denim häufig aus Genua importiert wurde und die amerikanisierte Form des französischen Namens der italienischen Hafenstadt *Jeans* war, bürgerte sich diese Bezeichnung ein.

Die Jeans von Levi Strauss fanden sofort reißenden Absatz. Noch im selben Jahr gründete er *Levi Strauss & Company* in San Francisco. Das einzige, was die Arbeiter an den Hosen zu bemängeln hatten, waren die Hosentaschen: Ständig rissen die Nähte. Doch Strauss traf glücklicherweise auf Jacob Davis aus Riga, der ihm vorschlug, die Hosentaschen und das untere Ende des Latzes mit einer Kupferniete zu versehen. Gemeinsam erhielten sie für diese Erfindung am 20. Mai 1873 das Patent. Mit den Kupfernieten ausgestattet, verkauften sich die Hosen noch besser.

Durch das Jeans-Geschäft kam Levi Strauss zu Geld. Da er sich seiner ärmlichen Herkunft zeit seines Lebens erinnerte, war es für ihn selbstverständlich, sich für wohltätige Zwecke zu engagieren. Er unterstützte Studenten aus armen Elternhäusern, die an der *University of California* in Berkeley studierten, mit Stipendien, spendete Geld für Menschen, die durch Umweltkatastrophen in Not geraten waren, und übernahm den Vorsitz der Gesellschaft zur Verhütung von Gewalt an Kindern. Am 26. September 1902 starb Levi Strauss in San Francisco. Die Firma blieb im Familienbesitz und entwickelte sich in den nächsten Jahrzehnten zu einem internationalen Konzern, der bis heute Jeans in über hundert Länder verkauft.

Nach dem Goldrausch

Die Jeans blieb bis in die Gegenwart ein Verkaufsschlager. Der Goldrausch jedoch endete schon bald. Die Hysterie nahm bereits Mitte der 1850er Jahre ab, und als 1859 die Gerüchte um große Silberfunde in Nevada die Runde machten, kehrten viele Glücksritter Kalifornien den Rücken und versuchten in Nevada ihr Glück. Viele der Goldgräberstädte wurden verlassen und zu Geisterstädten, oder es blieben nur kleine Ortschaften übrig, in denen heute selten mehr als ein paar hundert Menschen leben.

Kaliforniens Goldrausch war sicherlich der bedeutendste in der amerikanischen Geschichte. Aber auch in anderen Staaten kam es in den Folgejahren immer wieder zu kleineren solchen Phänomenen, von denen aber keines die Qualität einer Massenhysterie annahm. Viele Glückritter zogen weiter nach British Columbia, nach Idaho und schließlich nach Montana. Auch im Südwesten, vor allem in Arizona, Nevada und Colorado wurden Gold und Silber gefunden. Neben Pionieren, Trappern und Siedlern durchstreiften so auch Goldsucher die Prärien und Gebirge. Wo immer sie fündig wurden, gründeten sie eine Stadt und verließen diese wieder, sobald die Minen ausgebeutet waren oder sie von anderen, ergiebigeren hörten. Der Ursprung vieler heutiger Städte geht auf die Goldsucher zurück. Aber genauso viele Stadtgründungen überlebten nur wenige Jahre. Einige der Geisterstädte sind auch heute noch im amerikanischen Westen zu besichtigen.

Der Wilde Westen war eine Männerwelt

In den Western Hollywoods wie auch in den meisten Western, die von anderen Filmgesellschaften zum Beispiel auch in europäischen Ländern produziert wurden, war die Rollenverteilung zwischen Mann und Frau klar: Die Handlung war um die männlichen Charaktere gestrickt, und Frauen spielten nur mit, um von Männern aus rasenden Postkutschen oder vor Räubern und Betrügern gerettet zu werden. Western, in denen Frauen eine Hauptrolle hatten, gab es praktisch nicht, wenn man von einigen *singing cowgirls* absieht, die – ohne große Begeisterung auszulösen – das Genre der *singing cowboys* bereicherten. Erst mit Barbara Stanwyck als *Cattle Queen of Montana* war 1954 eine ernst zu nehmende weibliche Hauptperson auf der Leinwand zu sehen. Noch bis in die 1970er Jahre war es unüblich, weibliche Hauptfiguren zu erzählen. Filme mit schlagkräftigen Männern im Mittelpunkt waren hingegen Publikumsgaranten. Es kam auf Kraft, Schnelligkeit, Härte sowie den Umgang mit Waffen und Fäusten an. All diese Attribute waren mit Männern verbunden; zu Frauen passten sie nicht. Zu einem echten Western gehörte schließlich eine männliche Hauptperson, so empfand es das Publikum über Jahrzehnte.

Im Begleitmaterial zu der DVD *Spiel mir das Lied vom Tod* von Sergio Leone schreibt der Filmhistoriker Sir Christopher Frayling über die Rolle der Frau in den Western, dass der Großteil der weiblichen

Charaktere bis zu diesem Zeitpunkt entweder Farmerinnen oder Prostituierte waren. Die Entwicklung eines Charakters, wie nun von Claudia Cardinale verkörpert, von der eleganten Prostituierten aus New Orleans, die schon durch ihre Kleidung im staubigen Westen auffällt, zur Farmerin war zur Entstehungszeit dieses Filmklassikers eine Besonderheit und sollte nicht zuletzt den Western der Vergangenheit einen Spiegel vorhalten.

Im Western spielten Frauen keine große Rolle – aber sahen die Wirklichkeit und der Alltag im Wilden Westen auch so aus, wie in den Filmen beschrieben? War das Leben als Farmerin oder Animierdame in zwielichtigen Saloons tatsächlich die einzige Möglichkeit für Frauen, im Wilden Westen Fuß zu fassen und zu überleben?

Frauen im Westen – Unterordnung oder Freiheit?

In den gerade aus dem Boden gestampften Städten des Wilden Westens gab es nur sehr wenige Frauen, sie wurden ganz klar von Männern dominiert. In Kalifornien lag der Anteil der Frauen an der Bevölkerung Mitte des 19. Jahrhunderts beispielsweise bei etwa zehn Prozent. Deshalb suchten Männer ihre Frauen oftmals per Heiratsannonce im Osten und ließen sie dann in den Westen kommen. Aber was erwartete die Frauen dort?

Im Gegensatz zur zivilisierten Ostküste war der Einfluss der Frauen auf die Gesellschaft im Westen größer, trotz oder vielleicht gerade wegen ihres geringen Anteils an der Gesamtbevölkerung. Ihre Meinungen und Ansichten wurden ernster genommen. Die Geschlechterrollen, die sich im Osten kaum von den typischen Verhaltensmustern Europas unterschieden, waren im Westen offener und flexibler. Jeder Mensch, egal ob Mann oder Frau, trug sein Bestes zum Aufbau des neuen Zuhauses und zur Bewältigung des Alltags bei.

Der Weg nach Westen – ein Weg der Emanzipation

Am Anfang stand der lange Weg nach Westen. Auf den *trails* lösten sich die tradierten Geschlechterrollen meist nach und nach auf. Am Ausgangspunkt in den Oststaaten bestimmte der Mann noch nahezu alles. Schon der Entschluss, in den Westen zu ziehen, lag ausschließlich in seinem Ermessen. Er kümmerte sich um die Ochsen und den Planwagen und trug die volle Verantwortung für die Entscheidung, wohin die Reise gehen sollte. Den Frauen oblagen die Ausstattung und die Sorge um die Angehörigen. Sie nähten die Planen für den Wagen, Kissen, Decken, Kleidung, bereiteten das Essen und kümmerten sich um die Kinder.

Doch während der monatelangen Reise quer über den Kontinent veränderte sich dies. Zwar kümmerten sich die Männer weiterhin um die Tiere, die Nahrungsbeschaffung und den ordentlichen Zustand der Wagen, während die Frauen weiterhin für die „häuslichen" Aufgaben zuständig waren. Unter den Bedingungen der abenteuerlichen Reise gestalteten sich diese Aufgabenbereiche jedoch viel aufwendiger und umständlicher. Die Frauen mussten nun jeden Abend das Nachtlager aufbauen, sie trugen dafür Sorge, dass die mitgenommenen Lebensmittel richtig eingeteilt wurden. Und aus den Notwendigkeiten der Reise ergab sich für sie eine weitere Aufgabe: Sie hatten die Wagen über die Prärien zu lenken. Dass dies Frauensache wurde, hatte einen ganz pragmatischen Grund. Sie waren leichter als die Männer, so dass die Ochsen nicht so viel Gewicht ziehen mussten. Das bedeutete aber, dass Frauen auf den Wagen sitzen durften, was sonst nur Kranken und Verletzten zugestanden wurde. Alle anderen gingen zu Fuß oder ritten manchmal auf Pferden.

Sobald die Siedler ihr Ziel erreicht hatten und die Familien begannen, eine neue Siedlung aufzubauen, veränderte sich die Rollen- und Aufgabenverteilung ein weiteres Mal. Der Mann blieb das Oberhaupt der Familie und repräsentierte die Familie nach außen, Männer steckten die Grundstücke ab und bauten gemeinsam die Häuser. Die Frauen statteten das neue Haus aus und richteten es ein. Waren diese Grundlagen für das Überleben gelegt, begann erst der harte Alltag im

Westen. Da es gerade zu Beginn an einer Infrastruktur und Einrichtungen zur Versorgung mangelte, war ein Siedlerpaar darauf angewiesen, mit eigenen Händen alles selbst anzubauen und herzustellen. Die Frau unterstützte den Mann bei fast allen Arbeiten. Ihr Aufgabenbereich erweiterte sich von der häuslichen Umgebung auf das Feld und mitunter auch auf die Jagd. Das natürliche Umfeld im Grenzland zwang die jungen Paare zur engen Zusammenarbeit, wobei die Mitsprache der Frauen immer wichtiger wurde.

Ohne Mann Freiheit und Gleichberechtigung?

Aber nicht alle Frauen im Grenzland waren mit männlicher Begleitung in den Westen gekommen oder wurden von einem Siedler erwartet. Viele verloren auf dem weiten und beschwerlichen Weg in den Westen ihren Mann, Vater oder Bruder und damit ihren Schutz und ihre Sicherheit. Sie waren fortan auf sich alleine gestellt. Viele Frauen drangen so gezwungenermaßen in männliche Bereiche vor. Die harten Bedingungen des abgeschiedenen Lebens in der Wildnis, die Unwägbarkeiten des Schicksals machten alles möglich. Der Alltag wurde nach den Notwendigkeiten des Überlebens ausgerichtet. Dort gab es keine Gesetze, keine bindenden Richtlinien, keine verlässliche Ordnung. Der Individualismus ergriff alle Menschen im Grenzland – eben auch die Frauen. Aber führte das zu einer Gleichberechtigung der Frauen?

Die Beschränkung auf die traditionellen Verhaltensnormen hatte sich im Westen unter den Lebensbedingungen an der *frontier* gerade für alleinstehende Frauen weitgehend aufgelöst. Neben den wenigen strengen Dorflehrerinnen und braven Farmerinnen, die ein religiöses und entbehrungsreiches Leben gemäß den traditionellen Mustern führten, lebten vor allem junge Frauen in den Westernstädten. Sie nutzen die Freiräume und ihre Unabhängigkeit, eröffneten Gästehäuser, arbeiteten als Animierdamen in den Saloons und verdienten sich ihren Unterhalt als Sängerinnen und Tänzerinnen oder natürlich auch als Prostituierte – wobei dieser Dienstleistungssektor aber durchaus auch Aufstiegschancen bot. Die Leitung der großen Vergnügungspaläste, die neben der Prostitution auch Tanzsälc mit Pianospielern und Glücksspiel offerierten, lag häufig in den Händen von Frauen. Gerade in den größeren Rinderstädten, die gegen Ende des 19. Jahrhunderts aus dem Boden schossen, behaupteten sich Frauen als Unternehmerinnen. Wie gut sich in dieser Branche Geld – oder besser: Gold – verdienen ließ, zeigt ein Beispiel aus Omaha, Nebraska. Dort eröffneten die Schwestern Ada und Manna Everleigh ein Bordell, das als Attraktion ein mit Goldplatten beschlagenes Klavier besaß.

Einige Frauen drangen in völlig frauenuntypische Bereiche – auch jenseits des Gesetzes – vor, schlossen sich Banden an und zogen mit ihnen raubend durch den Westen. Manche machte ihr Temperament und ihr Geschick zu Kartenspielerinnen oder Trickbetrügerinnen, manche versuchten ihr Glück unter den Goldsuchern. Aus der Not eröffneten sich Chancen. Welcher sozialen Schicht eine Frau angehörte, war nicht mehr von Bedeutung. Frauen lernten und erwarben Fähigkeiten, die sie im Alltag nutzten. Sie mischten sich unter die Cowboys, konnten Rancherinnen, Ladeninhaberinnen und Saloonbesitzerinnen werden. Viele behaupteten sich als gleichberechtigte Partnerinnen oder meisterten selbstständig ihr abenteuerliches Leben.

Frauen konnten sich im Wilden Westen mehr als anderswo Respekt verschaffen und nicht selten auch in (Wort-)Führungsrollen kommen. Deshalb verwundert es nicht, dass hier auch die politische Emanzipation der Frauen begann. Wyoming gewährte den Frauen bereits 1869 das aktive Stimmrecht, mehr als fünfzig Jahre bevor es allgemein in den Vereinigten Staaten eingeführt wurde. Ein Jahr darauf folgte Utah. Die ersten elf US-Bundesstaaten, die die gesetzliche Gleichberechtigung der Frau durchsetzten, lagen westlich des Mississippi River.

Indianerinnen – Leben in Traditionen

Neben den „weißen" Frauen lebten im Wilden Westen aber auch die Frauen der indigenen Bevölkerung. Von den Siedlern wurden die Indianerfrauen häufig als *squaws* bezeichnet. Das Wort entstammt der

Sprache der Narragansett, einem Stamm der Algonkin, die ihre Frauen *eskwaw* benannten. Jeder Stamm hatte jedoch in seiner eigenen Sprache ein Wort für Frau.

Die überwiegend patriarchalischen Strukturen der meisten Indianerstämme offenbaren eine strikte Unterordnung der Frau. Sie waren zwar sehr hoch geachtet, hatten aber keinerlei Eigenständigkeit und galten als Eigentum der Männer. Sie mussten sich ihrem Willen und ihren Anordnungen bedingungslos fügen. In der Abwesenheit des Mannes konnten sie nicht dessen Stelle einnehmen, sie mussten dann dem Vater oder dem älteren Bruder gehorchen.

Die Aufgaben der Frauen waren weitaus komplexer als die der Männer. Ihre Hauptaufgaben lagen wie bei den „weißen" Frauen im häuslichen Bereich. Dazu gehörte die Essenszubereitung, Brot zu backen, Feuerholz und Wurzeln zu sammeln, Körbe zu flechten, zu töpfern, Tücher und Decken zu weben sowie die Kleidung herzustellen. Dabei entwickelten sich die Indianerfrauen zu wahren Künstlerinnen. Sie verzierten sie mit kunstvollen Stickereien, wofür die Männer häufig Zierperlen von den Pelzhändlern tauschten, die die Frauen in ihre Flecht- oder Webstücke einarbeiteten. Sie mussten aber auch körperlich schwere Arbeiten verrichten, die Felder bestellen und die Ernte für die ganze Familie einholen. Außerdem war es ihre Aufgabe, die Tipis aufzustellen und wieder abzubauen, was Kraft und Geschick verlangte. Am wichtigsten war aber die Betreuung und Erziehung der Kinder. Von der Mutter lernten die Kinder alles, um in der freien Natur zu überleben, und wurden in die religiösen Bräuche und Rituale eingeführt. Nur jagen und kämpfen lernten die Jungen von den Männern.

Bei den Prärieindianern war es zudem die Aufgabe der Frauen, die Büffel zu verarbeiten. Alles konnte verwendet werden: Das Fleisch wurde zubereitet und gegessen, aus Fellen und Leder fertigten sie Kleidungsstücke und Mokassins. Aus Knochen stellten sie Werkzeuge und Kultgegenstände her, mit den Sehnen wurden die Bögen bespannt.

In fast allen indianischen Kulturen war die Frau dem Mann untergeordnet. Lediglich bei den Irokesen war dies anders. Dieser Stamm war sesshaft und baute richtige Häuser – die sogenannten Langhäuser – und bewirtschaftete langfristig seine Felder. Beides, die Häuser wie die Felder, gehörte zum Eigentum der Frau. Außerdem hatten die Frauen der Irokesen eine wichtige politische Aufgabe: Sie kontrollierten die Wahl des Häuptlings und konnten diesen auch wieder absetzten, wenn er sein Amt nicht erfüllte.

Berühmte Frauen

Im Gegensatz zu den berühmten Häuptlingen wie Geronimo und Cochise, Sitting Bull oder Crazy Horse, deren Namen heute noch viele kennen, gab es bei den Indianerfrauen nur sehr wenige, deren Geschichte überhaupt in der Öffentlichkeit bekannt wurde. Wenn dies aber doch einmal geschah, waren sie aus der indianischen Stammesgesellschaft gerissen worden, wuchsen bei Siedlerfamilien auf oder waren Beziehungen zu Weißen eingegangen. Die beiden bekanntesten Indianerinnen sind die Häuptlingstochter Sacagawea, die mit einem Trapper zusammenlebte und die Expedition von Lewis und Clark begleitete, und Pocahontas, der sich sogar ein Disney-Zeichentrickfilm widmete. Neben diesen beiden außergewöhnlichen Biographien von indianischen Frauen sollen die Schicksale von zwei weißen Frauen erzählt werden: das der Ethnologin Alice Fletcher und das der Gesetzlosen Belle Starr. Sie alle bilden einen Teil der Geschichte des Wilden Westens und zeigen schlaglichtartig die Breite der Lebensmöglichkeiten von Frauen im Grenzland.

Alice Fletcher

Alice Fletcher war keine heroische Gestalt, über die ein Studio in Hollywood einen packenden Western hätte drehen können. Sie hatte ihr Leben der Völkerkunde verschrieben und war die Mitbegründerin der neuen Wissenschaft der Ethnologie. Ihre Biographie ist eng mit dem *Dawes Act* verbunden, der die Landverteilung an die Indianer in den Reservaten und im Indianer-Territorium regeln sollte. Sie war an der Formulierung dieses Gesetzes beteiligt gewesen, das am 8. Februar

1887 in Kraft trat. Um den *Dawes Act* im Reservat der Nez Percé im heutigen Bundesstaat Idaho durchzusetzen, reiste Alice Fletcher 1889 in den Westen. Begleitet wurde sie von der Fotografin und Autorin Jane Gay, die die Zeit bei den Nez Percé dokumentieren sollte.

Die beiden Frauen verfolgten hehre Ziele: Sie wollten die Kultur der Nez Percé vor dem Untergang retten. Was uns heute naiv anmutet, muss vor dem Hintergrund des damaligen Sterbens der indianischen Kulturen als mutige Verzweiflungstat gewertet werden. Alice Fletcher plante, das Land unter den Nez Percé aufzuteilen und sie zu Siedlern zu machen. Nur so, glaubte sie, könnten die Nez Percé ihren Anspruch auf das Land langfristig verteidigen und vor der Vertreibung und der Armut in der Reservation gerettet werden.

Als die beiden Frauen bei den Nez Percé ankamen, erklärte Alice Fletcher ihnen die geplante Landvergabe und die Bedeutung der Bürgerrechte, die sie erhalten sollten. Sie warb eindringlich für ihren Plan und hoffte, dass die Stammesführer die Bedeutung der Veränderung und die Möglichkeiten, die sich dadurch für die Zukunft boten, einsähen. Nach ihrer gutgemeinten Rede schwiegen die Nez Percé lange und zogen sich dann zur Beratung zurück. Dann stand ein Sprecher der Nez Percé auf und teilte Alice Fletcher mit, dass die Nez Percé nicht wollten, dass ihr Land in kleine Teile unterteilt würde. Sie hätten zudem nicht um die Hilfe der Amerikanerinnen gebeten. Mit dieser Reaktion hatte Fletcher nicht gerechnet. Sie ahnte, was mit den Nez Percé geschehen würde, wenn sie nicht auf ihren Vorschlag eingingen. Durch die Anerkennung von Besitz und Eigentum – vor allem von Land – wollte sie ihnen ein Leben in Freiheit ermöglichen, das auf den Werten der Einwanderer basierte und deshalb von den Weißen respektiert würde. Deshalb blieb sie stur. Sie konnte nicht begreifen, dass die Indianer weder ihr Vorhaben verstanden noch den Weitblick hatten, dass ihr Plan für die Zukunft der Nez Percé die einzige Hoffnung war. Deshalb beschloss sie, den *Dawes Act* auch gegen den Willen der Indianer durchzusetzen. So teilte sie dem Sprecher der Nez Percé mit, dass das Gesetz unbedingt zu befolgen sei.

Bald begann sie, das Reservat zu vermessen. Vier Jahre lang versuchte sie beharrlich, das Land unter den Indianern aufzuteilen und die Weißen davon abzuhalten, es zu besiedeln. Elftausend Quadrat-kilometer konnte sie den Nez Percé zuweisen und richtete sie für sie ein, bevor sie schließlich in den Osten zurückkehrte. Alice Fletchers kühner Plan, der unter den Nez Percé auf so viel Widerstand stieß, sollte ihnen schließlich mehr schaden als nützen. Weil nicht alles Land vergeben worden war, wurden 1895 31 500 Quadratkilometer des Landes, das ursprünglich den Nez Percé zugestanden hätte, als Überschuss erklärt und zur Besiedlung freigegeben.

Sacagawea

Bis es eine Frau aus dem indianischen Kulturkreis in die öffentliche Erinnerungskultur der Vereinigten Staaten von Amerika schaffen konnte, mussten Jahrhunderte vergehen. Erst als Historikerinnen und Historiker im Zuge der *political correctness* sowie der Gleichberechti-gungs- und Emanzipationsprozesse in den letzten Jahrzehnten des 20. Jahrhunderts verstärkt Ereignisse untersuchten, die nicht von „weißen Männern" verantwortet wurden, stießen sie auf Sacagawea. Die Schoschonin hatte zu Beginn des 19. Jahrhunderts die erste Expe-dition in den unberührten Westen begleitet und maßgeblich zu ihrem Erfolg beigetragen. Im Jahr 2000 wurde sie mit einer Sonderprägung der Ein-Dollar-Münze der Vereinigten Staaten geehrt, auf dem ihr Ab-bild zu sehen ist.

Im Mai 1804 brachen Meriwether Lewis und William Clark mit ei-ner Gruppe von Männern in Richtung Westen auf. Sie waren von der US-Regierung beauftragt, eine Route bis an den Pazifik zu finden und dabei die Natur zu erkunden und erste Kontakte zu den indianischen Stämmen aufzunehmen, denen sie unterwegs begegneten. Am Ober-lauf des Missouri River schlugen sie bei den Mandan ihr Winterlager auf. Dort hielt sich zu der Zeit auch ein französisch-kanadischer Trap-per mit seiner indianischen Frau auf. So machten die Expeditionsteil-nehmer Ende Oktober 1804 die Bekanntschaft von Toussaint Char-bonneau und Sacagawea. Sie war hochschwanger und brachte am 11. Februar 1805 ihren Sohn Jean Baptiste zur Welt. Nach dem Winter schlossen sich die beiden der Expedition an, wobei vor allem Sacagawea eine große Hilfe für die Expedition war, da sie als Dolmetscherin und Vermittlerin zwischen den Amerikanern und den Schoschonen beziehungsweise den Nez Percé fungierte und zudem zeitweise als Kundschafterin die Truppe führte. Außerdem wurden einer Gruppe, in der eine Frau mitreiste, keine kriegerischen Absichten unterstellt.

Im Frühsommer erreichte die Gruppe die Rocky Mountains und suchte nach einem geeigneten Pass für die Überquerung der Berge. Dabei trafen sie auf Schoschonen und setzten sich mit ihnen zusammen, um die friedlichen Absichten der Expedition und der Amerikaner zu versichern. Während der Gespräche erfuhr Sacagawea von ihrem Schicksal: Sie war um das Jahr 1788 am Lemhi River geboren worden, der im heutigen US-Bundesstaat Idaho liegt. Sie war Schoschonin und ihr Name bedeutete „Vogelfrau". Als sie ein Kind war, war ihr Dorf überfallen und ein Großteil ihrer Familie getötet worden. Sie selbst wurde verschleppt und sollte als Sklavin verkauft werden. Schließlich war sie dem kanadischen Trapper geschenkt worden, der sie heiratete. Wie sich nun herausstellte, war sie die Schwester des Häuptlings Cameahwait.

Sie hatte nun die Möglichkeit, sich wieder ihrem Stamm anzuschließen, entschied aber, mit ihrem Mann und den Amerikanern weiter nach Westen zu ziehen. Die Schoschonen erklärten sich bereit, die Expedition zu unterstützen. Sie erhielt Packpferde und Verpflegung; zudem sollte der indianische Kundschafter Old Toby sie begleiten, der die Gruppe sicher durch die Rocky Mountains führte. Im November 1805 erreichte die Expedition zusammen mit Sacagawea schließlich als erste US-Amerikaner den Pazifischen Ozean. An der Mündung des Columbia River schlugen sie ihr Winterlager Fort Clatsop auf, in dem sie bis Mitte März 1806 verweilten. Als die Gruppe wieder zur Rückkehr in den Osten aufbrach, trennten sich Sacagawea, ihr Mann und ihr Sohn von der Gruppe. Sie gingen nicht mit zurück, sondern blieben im unberührten Westen. Am 22. Dezember 1812 brachte Sacagawea ihr zweites Kind, die Tochter Lisette, zur Welt, nach deren Geburt sie starb. William Clark, der ihr seit der Expedition eng verbunden war, adoptierte daraufhin ihre beiden Kinder und sorgte für sie.

Die bedeutende Rolle, die Sacagawea für die Expedition und damit für die Entdeckung des Westens gespielt hatte, hielten die Menschen in der Erinnerung fest: Nach ihr sind im Westen der Vereinigten Staaten vier Berge, ein Fluss und vier Seen benannt, in jüngster Zeit auch mehrere Schiffe der US-Navy sowie ein Vulkankrater auf dem Planeten Venus.

Pocahontas

Vollkommen anders als uns die Verfilmungen der letzten Jahre vermitteln wollen, verlief das Leben der Indianerin Pocahontas. Sie lebte im frühen 17. Jahrhundert, als die dichten Wälder der Ostküste noch von den Kolonisten unberührt waren. Weder die Zeit noch die Gegend stimmen also mit dem, was gemeinhin als ‚Wilder Westen‘ bezeichnet wird, überein. Doch ist der Name Pocahontas weltweit bekannt und ihre Geschichte eine typische Geschichte des Grenzlandes.

Die Beziehungen der englischen Kolonisten zu den ansässigen Indianern waren zu Beginn der Besiedlung von großer Freundlichkeit und gegenseitiger Hilfe geprägt, und die Engländer wären wohl in der Neuen Welt schon mit ihrer ersten Kolonie Jamestown gescheitert, wenn sie nicht auf die Hilfe der Indianer hätten vertrauen können. Doch schon bald änderte sich das Verhältnis, weil die Engländer immer tiefer und immer gewaltsamer in die Gebiete der Indianer vordrangen. Auf einem ihrer Vorstöße plünderten sie ein Dorf der Powhatan und entfachten so einen Streit mit den Indianern. Die Anführer der Siedler wurden gefangen genommen und sollten getötet werden. Die Lage war angespannt, und niemand war bereit nachzugeben und die Situation zu deeskalieren.

Mit *Powhatan* bezeichneten die Engländer zugleich den Stamm wie auch seinen Häuptling, der eigentlich Wahunsonacock hieß. Er hatte 31 Stämme in der Küstenregion des heutigen US-Bundesstaates Virginia zur Powhatan-Konföderation unter seiner Führung zusammengeschlossen. Diese Konföderation wollte er nicht durch das aggressive Auftreten der Engländer gefährden und war bereit, Gewalt anzuwenden und notfalls zu kämpfen. Nur Pocahontas, die Tochter des Häuptlings, setzte sich für die Engländer ein. Was nun geschah, wird von verschiedenen Legenden überlagert. Die in den populären Erzählungen immer wieder geschilderte Liaison zwischen Pocahontas und John Smith, dem Abenteurer und kurzfristigen Gouverneur Jamestowns, hat es wahrscheinlich nie gegeben, auch wenn der Disney-Film ihr mit diesem Stoff schließlich zu Weltruhm verhalf. Sicher belegt ist dagegen, dass Pocahontas Gnade für John Smith erwirkte und damit den englischen Siedlern eng verbunden blieb.

1613 kam es zum Krieg zwischen den Engländern und den Indianern. Pocahontas wurde in einen Hinterhalt gelockt und als Geisel genommen. Sie sollte gegen gefangene Siedler und ihre Waffen ausgetauscht werden. Ihr Vater ließ wohl sofort alle Gefangenen frei, jedoch behielt er Waffen zurück, weshalb die Engländer die Indianerin nicht entließen. Sie blieb in deren Gewahrsam. In dieser Zeit konvertierte sie wohl zum Christentum und wurde auf den Namen Rebecca getauft. Ein Jahr darauf wurde sie mit dem Siedler John Rolfe verheiratet – die erste Ehe zwischen einer Indianerin und einem weißen Kolonisten. Für einige Jahre herrschte nun wieder Frieden zwischen Siedlern und Indianern, aber Rebecca Rolfe kehrte nicht zu ihrem Stamm zurück. 1616 reiste sie zusammen mit ihrem Mann nach Europa und wurde am englischen Hof als Abgesandte ihres Vaters und „Indianerprinzessin" mit allen Ehren empfangen. In den Berichten über dieses Ereignis wird sie als anmutig und klug beschrieben. Sie wurde mit der Garderobe einer noblen englischen Dame ausgestattet, nahm an festlichen Anlässen am Hofe teil und wurde zu einer Berühmtheit. Kurz nachdem das Paar 1617 zur Rückreise nach Amerika aufgebrochen war, erlag Pocahontas noch auf englischem Boden einer Infektion.

Schon kurz nach ihrem Tod lebten die Feindseligkeiten zwischen ihrem Stamm und den Kolonisten wieder auf, und die Engländer gingen immer grausamer gegen die Indianer vor.

Belle Starr

Mit Belle Starr soll hier noch eine Frau des Wilden Westens vorgestellt werden, die wohl alle Klischees erfüllt, die vom Schicksal einer weißen Frau im Wilden Westen existieren. Ihr Leben begann ganz und gar nicht wild, sondern eher aristokratisch in der Plantagengesellschaft der Südstaaten. Sie wurde unter dem Namen Myra Maybelle Shirley am 5. Februar 1848 in Missouri geboren und genoss zunächst eine Erziehung an der *Missouri's Carthage Female Academy*, einer höheren Schule für junge Damen, wie es in den Kreisen ihrer Familie üblich war. Myra Maybelle sollte eine feine Southern Lady werden, lernte Klavier spielen, Konversation und die Etikette, die man brauchte, um in der besseren Gesellschaft zu verkehren. Doch sie wurde jäh aus ihrer Idylle gerissen. Der Bürgerkrieg in den 1860er Jahren machte alle Träume zunichte. Bevor Carthage niedergebrannt wurde, floh ihre Familie in den Westen nach Texas und musste ihr gesamtes Hab und Gut zurücklassen.

Maybelle verlor im Bürgerkrieg nicht nur ihre Heimat; auch ihr Bruder Bud fiel in den Guerillakämpfen in Missouri. Viele junge Männer schlossen sich in den Wirren des Bürgerkrieges zu Guerillabanden zusammen, um ihre Ideen gegen die Nordstaaten zu verteidigen. Einige von ihnen fanden später nicht wieder in ein geregeltes Leben zurück und zogen als Outlaws durch das Land, sicherten ihren Unterhalt durch Überfälle auf Banken, Postkutschen oder Züge. Auf der Farm der Shirleys in Texas fanden sie immer wieder Unterschlupf. So war das Gedankengut der Gesetzlosen und der Kontakt zu Männern wie Jesse James und den Younger-Brüdern für Maybelle Alltag. Schließlich heiratete sie 1866 Jim Reed, einen der Gesetzlosen, den sie schon seit Kindertagen kannte. Sie ließen sich nieder, aber das Leben als Farmer behagte der jungen Familie nicht auf Dauer. Und so nahmen sie bald wieder Kontakt zu alten Freunden auf und stießen zu dem Starr-Clan, einer Cherokee-Familie, die sich auf Pferdediebstahl, Alkohol- und Waffenschmuggel ins Indianerreservat spezialisiert hatte. Nach etlichen Raubzügen und einem Mord wurde Jim Reed steckbrieflich gesucht, und Maybelle floh mit ihrem Mann und der Tochter nach Kalifornien. Als sie nach einigen Jahren wieder zurück nach Texas gekommen waren, wurde Jim Reed 1874 erschossen.

Die junge Witwe gab nun ihre Kinder in die Obhut ihrer Familie und schloss sich dem Starr-Clan an. Sie zog sich in das Indianer-Territorium zurück, wo die Cherokee seit der Umsiedlung in den 1830er Jahre lebten. Hier bewohnte sie mit Sam Starr eine abgelegene Hütte, die sie *Younger's Bend* nannten. Nun konnte sie ihre Fähigkeiten beweisen: Von hier aus organisierte sie die Raubzüge der Bande, bot ihnen Unterschlupf und sorgte mit Bestechung oder Überzeugungskraft dafür, dass gefasste Mitglieder wieder freikamen. So etablierte sich Maybelle in der Welt der Gesetzlosen und heiratete 1880 Sam Starr. 1883 konnte ihnen schließlich ein Pferdediebstahl nachgewiesen werden, und beide wurden zu einer Gefängnisstrafe von neun Monaten verurteilt. Doch während ihr Mann wegen seiner Uneinsichtigkeit Zwangsarbeit leisten musste, konnte sie den Respekt und das Vertrauen der Gefängnisleitung gewinnen – bekehrt wurde sie allerdings nicht. Sam starb im Jahr 1886 bei einem Duell, doch auch Belle Starr endete tragisch: Am 3. Februar 1889 wurde sie auf dem Weg zum *Younger's Bend* hinterrücks von einem Unbekannten erschossen; der Mörder wurde nie gefasst.

Belle Starr war eine außergewöhnliche Frau und eine schillernde Persönlichkeit. Ihre Erziehung und Bildung hoben sie deutlich von den anderen Frauen im Westen ab. Ihr exaltiertes und gewinnendes Wesen machten sie schon zu Lebzeiten zu einer Legende. Die *Yellow Press* berichtete gerne und ausführlich über sie. Sie hatte Stil, wenn sie in die Stadt ritt – auf einem Damensattel im Kostüm aus schwarzem Samt, an ihrem Hut eine Feder, um die Hüften einen Patronengürtel und zwei Revolver, mit denen sie manchmal wild um sich schoss. Nach ihrem Tod setzte schnell die Verklärung ihrer Lebensgeschichte ein, die sich später auch in Verfilmungen ihres Lebens niederschlug. Bis heute wird sie in Büchern und Filmen als „Banditenkönigin" des Wilden Westens dargestellt, die es nie lange an einem Platz aushielt.

Mit dem Frauenbild ist es ähnlich wie mit den meisten Mythen des Wilden Westens, die durch Filme entstanden sind. Es steckt Wahrheit in ihnen, die Realität war aber viel facettenreicher. Der Wilde Westen war wirklich eine raue, von Männern dominierte Welt, und Frauen waren verhältnismäßig selten anzutreffen. Die Lebensweise im Wilden Westen brach die klassische Rollenverteilung, wie sie sich in Europa und auch im Osten der Vereinigten Staaten etabliert hatte, auf. Im Wilden Westen konnten starke Frauen leichter aus den Restriktionen ihrer Zeit ausbrechen. Wer dem nicht gewachsen war, blieb auf der Strecke. Von einer Gleichberechtigung zwischen Mann und Frau im Alltag des Wilden Westens kann nicht gesprochen werden, aber der Weg dahin wurde bereitet.

Ein Indianerstamm wird von einem Häuptling geführt

Der Häuptling der Indianer, das weiß jedes Kind, sieht so aus: Eine imposante Erscheinung auf einem Pferd, seinen Kopf krönt ein prachtvoller Federschmuck aus Adlerfedern, der ihn von jedem anderen seines Stammes unterscheidet. Seine Kleidung aus Leder ist mit Perlenstickereien und Fransen verziert. Auch die Mokassins tragen reiche Ornamente. In der Hand hält er entweder ein Gewehr, eine Lanze oder die Friedenspfeife. Sein Blick streift ernst übers Land. Er strahlt Würde und Autorität aus, alle sind ihm in Ehrfurcht ergeben. Er hat das Amt von seinem Vater geerbt und wird es an seinen Sohn weitergeben.

Der Anführer einer indianischen Gemeinschaft wird im Deutschen meist als *Häuptling*, im Englischen als *chief* bezeichnet. Viele Indianerstämme selbst nannten ihren Führer *sachem*. Natürlich gab es solche Männer, die Indianerstämme führten, aber ein einheitliches Bild, das dieser Vorstellung entspricht, gibt es nicht.

Der Friedenshäuptling

Bei den meisten Stämmen der nordamerikanischen Indianer war die Führungsposition in mehrere Ämter unterteilt. Am nächsten kommt die kindliche Beschreibung dem sogenannten Friedenshäuptling. Der

Friedenshäuptling zeichnete sich stets durch Klugheit, Tapferkeit und weise Entscheidungen aus. Auch musste er redegewandt sein, um seine Ansichten den anderen Stammesmitgliedern zu verdeutlichen und um die Mehrheit auf seiner Seite zu haben. Er konnte sein Amt vererben; deshalb erzog er den Sohn, der ihm einmal folgen sollte, mit besonderem Augenmerk. Er sollte die Politik des Vaters eines Tages fortführen. Der Friedenshäuptling übte auch das Amt des obersten Richters aus, der Streitigkeiten in seinem Stamm schlichtete und Verhandlungen mit anderen Stämmen oder den Vertretern der US-Regierung führte.

Der Kriegshäuptling

Hatte der Friedenshäuptling – wie sein Name schon sagt – in Friedenszeiten die oberste Befehlsgewalt, musste er sich in Kriegszeiten einem Kriegshäuptling unterordnen. Das Amt des Kriegshäuptlings wurde nur in Zeiten des Krieges bekleidet. Der Ältestenrat oder andere Gremien bestimmten einen Krieger, der sich durch besondere Tapferkeit, durch Mut, Ausdauer und den geschickten Umgang mit Waffen auszeichnete, zum Kriegshäuptling. Als bester Krieger seines Stammes genoss er das Vertrauen aller anderen. Seine Macht übertraf dann die des Friedenshäuptlings.

Die Aufgaben des Kriegshäuptlings umfassten alle kriegsrelevanten und militärischen Tätigkeiten: die Planung von Angriff und Verteidigung, die Einteilung von Wachposten, die Festlegung von Lagerplätzen, die Beschaffung von Waffen und die Führung im Kampf. Wenn der Krieg beendet war und Frieden geschlossen wurde, trat der Kriegshäuptling von seinen Privilegien zurück, und der Friedenshäuptling übernahm wieder die Führungsrolle. Das Amt des Kriegshäuptlings konnte weder weitergegeben noch vererbt werden. Im Falle eines erneuten Krieges wurde wieder sondiert, welcher Krieger das bedeutende Amt für die Dauer des Konfliktes übertragen bekam.

„Ein Indianer kennt keinen Schmerz":
männliche Tugenden

Bei den meisten Indianerstämmen herrschte eine eher „klassische" Rollenverteilung; die Stammespolitik und das rituelle Leben waren fest in männlicher Hand. Die Hauptaufgaben der Männer waren die Jagd und die Kriegsführung. Schon früh wurde bei Indianerjungen die Geschicklichkeit gefördert und ihnen der Umgang mit Pfeil und Bogen beigebracht, da diese Waffe für einen Indianer im Mannesalter unentbehrlich war. Die Bögen hatten eine Größe von etwa einem Meter, so dass sie auch von einem Reiter gut verwendet werden konnten. Die Pfeilspitzen bestanden aus kleinen, scharfen Steinen und später aus Eisen. Eine weitere gängige Waffe war die Lanze, die oft mit Biberfellen und Federn verziert war, und der Tomahawk, dessen eiserner Metallkopf von weißen Händlern ertauscht werden musste. Ursprünglich war der Tomahawk eher ein Werkzeug, entwickelte sich aber im Laufe der Zeit zu einer wichtigen Nahkampfwaffe. Zudem kam dem Tomahawk zeremonielle Bedeutung zu. Der Ausdruck „das Kriegsbeil begraben", um Frieden zu schließen, kommt von der Tradition einiger Stämme aus dem Nordosten, die bei einem Friedensschluss die Tomahawks tatsächlich vergruben.

Für besonders heldenhafte Taten wurde ein Indianer mit Adlerfedern ausgezeichnet. Je nach Anzahl und Beschaffenheit symbolisierten die Federn die Tapferkeit des Kriegers und repräsentierten seinen Rang. Ein großer Federschmuck bedeutete also hohes Ansehen in der Gemeinschaft. Wollte sich ein Krieger um das Amt des Kriegshäuptlings bemühen, so trug er seinen Federschmuck als sichtbare Empfehlung.

Der Medizinmann

Neben dem Häuptling ist der Medizinmann die herausragende Figur im Stammesalltag. Seine Aufgaben umfassen nicht nur das Heilen von Kranken und die Versorgung von Wunden, wie der Ausdruck suggeriert. Er ist vielmehr eine geistliche Figur, die zwischen dem Jenseitigen und dem Diesseitigen vermittelt. Er ist für die Ausübung der Kulte zuständig, überwacht die Pflege der Traditionen sowie die Einhaltung der Sitten. In indianischer Vorstellung kann der Medizinmann in Trance mit den Geistern der Verstorbenen in Kontakt treten, böse Geister vertreiben und Vorhersagen machen. Bei einigen Stämmen fungierte er als Wettermacher, da man auch dies mit der Geisterwelt verbunden glaubte. Die Heilkunst des Medizinmannes beschränkt sich nicht auf seine spirituellen Fähigkeiten, er ist botanisch geschult und weiß von der Heilkraft und Wirkung der verschiedensten Kräuter und Pflanzen. Zumeist wurde das Amt von Männern ausgeübt. Doch kam es in seltenen Fällen auch vor, dass diese Position von einer Frau bekleidet wurde.

Das Ritual des Friedensschlusses

Der bekannteste zeremonielle Gegenstand der Häuptlinge war die Friedenspfeife, die allerdings nicht nur zur Beendigung eines Konfliktes und zur Bekräftigung einer Freundschaft geraucht wurde. Auch zu Geschäfts- oder Vertragsabschlüssen wurde das Ritual durchgeführt, weshalb der indianische Ausdruck für die Pfeife *kalumet*, heilige Pfeife, war. Dieses Ritual war bei fast allen Indianern Nordamerikas gebräuchlich. Der Rauch der Pfeife sollte positive Energien anziehen und böse Geister vertreiben. Während der Zeremonie wurde die Friedenspfeife zuerst von Norden nach Süden und von Osten nach Westen durch den Rauch von Süßgras und Salbei gezogen und danach in alle Himmelsrichtungen gehalten. Dann zündete sie einer der anwesenden Häuptlinge an, und jeder Teilnehmer der Zeremonie nahm vier Züge von der Pfeife und blies den Rauch nacheinander in alle vier Himmelsrichtungen. Alle saßen dabei in einem Kreis, und jeder reichte die Pfeife jeweils nach links an seinen Nebenmann weiter.

Häuptlinge bei verschiedenen Stämmen

Unter den Häuptlingen gab es eine besondere Hierarchie. Da viele Stämme in kleine Gruppen zersplittert waren und jede ihren eigenen Häuptling hatte, bildeten sie Gemeinschaftsräte, in denen alle Häuptlinge teilnahmen. In diesen Räten wurden sogenannte Oberhäuptlinge bestimmt. Je nach Situation konnte es mehrere oder eben nur einen Oberhäuptling geben. Beispielsweise hatte Sitting Bull in der Schlacht am Little Bighorn River die alleinige Befehlsgewalt über alle Krieger der Lakota sowie die Verbündeten.

Diese Hierarchie und der Umfang der Macht konnten sich bei den Stämmen unterscheiden. So kannten die Apachen weder einen gemeinsamen Rat noch Oberhäuptlinge. Jeder Häuptling einer Gruppe agierte völlig selbstständig. Es gab aber auch Indianerhäuptlinge, die nicht einen einzelnen Stamm, sondern ganze Föderationen von Stämmen, Unterstämmen und Familien führten. Solche Anführer fürchteten die Kolonisten und später die US-Amerikaner am meisten, da sie eine ernsthafte Bedrohung darstellten. Zwei von ihnen sollen hier vorgestellt werden: der Ottawa-Häuptling Pontiac, der 1763 einen großen Indianeraufstand anführte, und Tecumseh, ein Shawnee.

Der Pontiac-Aufstand

Der erste große Indianeraufstand unter der Führung des Ottawa-Häuptlings Pontiac markierte einen deutlichen Wendepunkt in den Beziehungen zwischen Indianern und Kolonisten. Pontiac wurde im Jahr 1720 geboren und war lange Zeit ein Verbündeter der Franzosen. Von ihnen lernte er militärische Taktik und Strategie sowie die „Denkweise" der Europäer. Als er die Niederlage der Franzosen im Siebenjährigen Krieg beobachtete, wurde ihm klar, dass die Indianer bald ohne ihre französischen Verbündeten gegen die Engländer dastehen würden.

Deshalb besuchte Pontiac die verschiedenen Stämme an den Großen Seen, schloss Bündnisse und schwor die Indianer auf einen gemeinsamen Kampf gegen die Engländer ein. Mithilfe eines Propheten der Delaware gelang es ihm, selbst zweifelnde Häuptlinge zu überzeugen. Delawaren, Huronen, Illinois, Kickapoo, Miami, Potawatomi, Seneca, Shawnee und Chippewa erklärten sich bereit, an seiner Seite und unter seiner Führung zu kämpfen. Im Sommer 1763 war die Allianz mit den meisten Stämmen geschmiedet. Mit einem militärischen Geniestreich, den selbst englische Soldaten anerkennen mussten, gelang es ihm, neun der elf englischen Forts einzunehmen. Lediglich das ehemals französische Fort Detroit sowie Fort Pitt, das heutige Pittsburgh, widerstanden den indianischen Angriffen.

Beim Kampf um Fort Pitt gingen die kolonialen Verteidiger mit besonderer Niedertracht und Grausamkeit vor. Der Befehlshaber der englischen Truppen, Sir Jeffrey Amherst, befahl der Überlieferung nach, mit Pocken infizierte Decken unter den Indianern zu verteilen. Amherst hielt die Indianer nämlich für wilde Barbaren, die ausgerottet werden sollten. Dafür war ihm jedes Mittel recht. Einen gewissen Ehrenkodex, den er im Kampf gegen die Franzosen selbstverständlich beachtete, was ihm deren Achtung eingebracht hatte, ließ er gegen die Indianer nicht gelten.

Die Gegenoffensive der Engländer ließ nicht lange auf sich warten. Die britische Armee schlug den Pontiac-Aufstand mit zwei Feldzügen 1763 und 1764 nieder. Pontiac wurde im April 1769 von einem indianischen Krieger ermordet, der von den Engländern dafür bezahlt worden war. Mit dem Zusammenbruch des Aufstandes und dem Tod Pontiacs war der größte Widerstand der Indianer gegen die westliche Expansion der Kolonisten im 18. Jahrhundert gebrochen.

Der Tecumseh-Aufstand

Einen ähnlichen Aufstand gab es knapp fünfzig Jahre später unter Tecumseh, einem *sachem* der Shawnee. Er wurde wahrscheinlich im Jahr 1768 am Mad River im heutigen US-Bundesstaat Ohio geboren. Sein Name bedeutet „Der sich zur Jagd duckende Panther", könnte aber auch „Ich überquere den Weg" heißen. Schon früh verloren Tecumseh und sein Zwillingsbruder Tenskwatawa ihren Vater, der in der

Schlacht von Point Pleasant 1774 getötet wurde. Doch Tecumseh musste noch weitere Schicksalsschläge hinnehmen. 1780 wurde sein Heimatdorf von Siedlern aus Kentucky niedergebrannt, acht Jahre später töteten einige Siedler den einen seiner älteren Brüder, während der andere in der Schlacht von Fallen Timbers am 20. August 1794 fiel.

Der junge Tecumseh war von diesen Ereignissen tief geprägt und entwickelte eine extreme Abneigung gegen die Kolonisten. Nach seinem Verständnis hatte die Natur den Indianern das Land gegeben. Es konnte daher von den Weißen weder erobert noch gekauft werden. In den Kämpfen gegen die Amerikaner zeichnete er sich durch große Tapferkeit aus. Zudem galt er als charismatischer Redner. Tecumseh hatte begriffen, dass der Widerstand gegen die Weißen nur gemeinsam zum Erfolg führen konnte. Die Indianer müssten sich zusammenschließen und einen eigenen Staat gründen, um die Expansion in ihr Land aufzuhalten. Die Konföderationen und Bündnisse, die die Häuptlinge und *sachem* vor seiner Zeit geschlossen hatten, waren ihm nicht genug. Er wollte möglichst viele Stämme zu einer geschlossenen Front vereinigen. Er bereiste das weite Gebiet zwischen den Großen Seen und dem Golf von Mexiko und besuchte die meisten Stämme. Er beschwor aller Verschiedenheiten und Widrigkeiten zum Trotz mit großem rhetorischen Geschick die Einheit der Indianer.

Ihm zur Seite stand sein Zwillingsbruder Tenskwatawa, der als Seher unter den Indianern galt. Gemeinsam gelang es ihnen, mehrere Stämme für ihre Sache zu gewinnen. 1806 versammelten sie immer mehr Krieger in Tippecanoe an einem Nebenfluss des Wabash River. Tenskwatawa sagte einen großen Sieg der Indianer über die Weißen voraus. Während Tecumseh weiter von Stamm zu Stamm reiste, sollte sein Bruder dafür sorgen, dass unter den Kriegern Ruhe herrschte und jegliche Kampfhandlungen vermieden wurden. Nach mehreren kleinen Zwischenfällen erhielt der amerikanische General William Henry Harrison, der Gouverneur des Indiana-Territoriums, im Herbst 1811 den Befehl, gegen Tippecanoe vorzugehen. Als Harrison vor der Stadt lagerte, ließ Tenskwatawa gegen den ausdrücklichen Willen seines Bruders angreifen. In den frühen Morgenstunden fielen die Indianer

über die Amerikaner her, konnten aber nach einer zweistündigen
Schlacht zurückgedrängt und vernichtend geschlagen werden. So
war Tecumsehs Plan vorzeitig gescheitert. Er selbst wurde nun überall
gesucht und verfolgt. Resigniert setzte er sich nach Kanada ab. Als es
1812 zu einem erneuten Krieg zwischen den USA und England kam,
versuchten die Amerikaner, auch nach Kanada vorzudringen. Tecumseh half mit seinen verbliebenen Kriegern – nun im Rang eines Briga-
degenerals – den Briten, die amerikanische Invasion zurückzudrän-
gen. In der Schlacht am Thames River fiel Tecumseh am 5. Oktober
1813.

Country Music – der Klang des Wilden Westens

Wer heute durch den Wilden Westen reist, will nicht nur die großartige Landschaft und das Gefühl der Freiheit genießen. Er will die Menschen und ihr Leben kennenlernen, aber auch die *Country Music* gehört zum perfekten Reiseerlebnis. Hierzulande ist die *Country Music* eng mit dem Klischee des Cowboylebens verbunden. Die vielen Wildwest- und Indianervereine identifizieren sich mit den Liedern zu *guitar* und *fiddle*, aber auch zu Reitsportveranstaltungen der Westernreiter erklingen unweigerlich die eingängigen Melodien. Ob im Verein, im Urlaub oder ganz privat: Immer transportiert die *Country Music* die gleichen Sehnsüchte: eine Mischung aus romantischem Abenteuer, Freiheit, Selbstbestimmtheit und Naturverbundenheit.

Doch aus welchen Traditionen stammt diese Art von Musik? Die Siedler und Glücksritter, die in den Westen zogen, kamen aus den unterschiedlichsten Ländern Europas oder gar aus Asien oder waren schon länger im Osten der Neuen Welt heimisch. Außer ihrem Pioniergeist hatten sie nicht viele Gemeinsamkeiten. Oft suchten sie die Gesellschaft von Siedlern gleicher Herkunft und pflegten ihr Brauchtum, das sie aus ihrer alten Heimat mitgebracht hatten. Oder waren es tatsächlich die Cowboys, die abends am Lagerfeuer ihre Sehnsucht in die Einsamkeit der Prärie hinaussangen? Woher also stammt die *Country Music* wirklich?

Country Music – vom Hillbilly zum singenden Cowboy

Was heute gemeinhin als *Country Music* bezeichnet wird, hat mehrere Wurzeln im Liedgut der verschiedenen Einwanderer, die den nordamerikanischen Kontinent nach und nach besiedelten. Deutlicher werden die beiden großen Strömungen in dem Begriff *Country & Western*, unter dem das *Billboard Magazine* in den fünfziger Jahren die Hits dieser mannigfaltigen Musikrichtung zusammenfasste. Als zu Anfang des 20. Jahrhunderts die ersten Tonträger entwickelt wurden und zudem die ersten Radiostationen ihre Sendungen ausstrahlten, wurde die kommerzielle Vermarktung von Musik möglich. Jetzt bildeten sich erste Genres aus den traditionellen Volksliedern, für die sich findige Geschäftsleute und charismatische Sänger und Sängerinnen überall dort ihre Inspirationen holten, wo sie Erfolg witterten.

Die Musik der Berge

Die *Country Music* selbst stammt genau genommen nicht aus dem Westen. Sie hat ihre Wurzeln vielmehr in den Südstaaten der USA. Als ihre Wiege lassen sich die Bundesstaaten Kentucky und Tennessee bezeichnen. In den Bergregionen der Appalachen pflegten die englischen und irischen Einwanderer seit ihrer Ankunft auf dem Kontinent ihre traditionelle *Folk Music*. Kurze virtuose Instrumentalstücke, die meist auf Saiteninstrumenten gespielt wurden, oder Lieder mit mehrstimmigem Gesang, die man gemeinsam abends anstimmte. In den Städten vermischte sich ihre Folklore mit dem Blues der Afroamerikaner. So unterschiedlich Herkunft, Kultur und Musik beider Gruppen waren, so sehr befruchteten sich ihre Musikstile gegenseitig. Es entstand eine sehr eingängige Musik mit einfachen und zum Teil derben Texten über das Alltagsleben, die nach ihrer Herkunft *Hillbilly* oder auch *Old Time Music* genannt wurde. Charakteristisch war die Besetzung mit Gitarre, Banjo, Fiddle, eventuell Klavier oder Akkordeon. Beliebt war auch die Mundharmonika, die Einwanderer von der Schwäbischen Alb mit nach Amerika gebracht hatten. Matthias Hohner, ein

Fabrikant aus Trossingen, hatte in den 1860er Jahren einem Bekannten ein paar Stück mitgegeben, um herauszufinden, ob sich in Amerika ein Markt für sein „Bläsle" auftun würde. Und tatsächlich fand das Instrument, das in jeder Hosentasche Platz hatte, große Verbreitung.

Die Vermischung des *Folk* mit dem *Blues* vollzog sich über Jahrzehnte. Aber erst in den 1920er Jahren wurde die Musik auf Schallplatten und über das Radio einer breiten Öffentlichkeit zugänglich. Interpreten wie Jimmie Rodgers, The Carter Family und Hank Williams waren die ersten Stars, die diese Musik weit über den amerikanischen Süden hinaus berühmt gemacht haben. Mit den Radiostationen und der Plattenindustrie bildete sich bald ein Zentrum der *Country Music* heraus: Nashville, Tennessee. Hier siedelten sich Musiker und Songwriter, Studios und Radiosender an, Konzerthallen, Clubs und Musikkneipen schufen Auftrittsmöglichkeiten für die Interpreten. Bis heute gilt Nashville als Hauptstadt der *Country Music*. Die *Country Music Hall of Fame*, ein riesiges Museum zur Geschichte und Kultur der Musik, zeugt noch heute davon.

Die Lieder der Pioniere

Im Westen dagegen wurde eine Volksmusik gepflegt, die sich aus den ganz spezifischen Einflüssen des Lebens an der Siedlungsgrenze entwickelte. Diese *Western Music* war wirklich in den westlichen Bundesstaaten Texas, Oklahoma und Kalifornien entstanden. Auch sie hatte ihre Ursprünge im Liedgut der europäischen Einwanderer, die die Musik aus ihren Heimatländern in den Westen Nordamerikas mitbrachten. Hier herrschte aber weniger die bäuerliche Tradition vor, sondern eher Soldaten- und Seemannslieder, die von der Sehnsucht nach der Heimat erzählten, Mut machten und das Durchhaltevermögen stärkten. So lässt sich der Song *Streets of Laredo* beispielsweise auf das alte englische Volkslied *The Unfortunate Rake* zurückführen. Das Seemannsgedicht *The Ocean-Buried* wurde zu *Bury Me Not on the Lone Prairie*. Die Texte handelten – im Unterschied zu denen der *Country Music*, die oft familiäre Tragödien besang – von Erlebnissen aus dem rauen Alltag, der Einsamkeit und der weiten Landschaft. Aufgrund der großen Entfernungen zwischen den Ranches und Siedlungen fand kaum musikalischer Austausch statt. Die Lieder veränderten sich daher über lange Zeit nur wenig und bildeten so kein eigenständiges Genre.

Lieder der Cowboys

Regen Austausch und mannigfaltige Einflüsse gab es dagegen auf den Prärien. In der derben Männerwelt der Cowboys wurde abends nach getaner Arbeit viel gesungen. Jeder brachte Lieder aus seiner Heimat mit, und so mischten sich die verschiedenen europäischen Lieder vor allem mit mexikanischen und afroamerikanischen Traditionen. Von Texas aus hatte sich die Viehzucht nach dem Bürgerkrieg wieder verbreitet und mit ihr die Musik der mexikanischen *vaqueros*. Die Musik der Schwarzen kam mit den ehemaligen Sklaven aus den Südstaaten, die nun als freie Männer auf den Ranches Arbeit fanden. In geselliger Runde am Lagerfeuer wurden spontan neue Texte zu den alten Melodien gedichtet, die von den Erlebnissen des Tages, von der spröden Schönheit der Natur und von der Einsamkeit der Cowboys auf den *cattle trails* handelten. Einige Cowboys berichteten, dass es auch üblich war, dass die Männer, die Nachtwache hielten, leise Lieder sangen, um mit ihrer Stimme die Rinder zu beruhigen und ein Ausbrechen der Herde zu verhindern. Auch hier sangen sie häufig spontan ausgedachte Geschichten, erfanden neue Texte und vermischten diese mit bekannten Liedern. Dabei entwickelten sich mit der Zeit neue Lieder und Variationen, so dass nach und nach ein umfangreiches Liedgut entstand.

Aus der Volksmusik wird Country & Western

Während sich in Nashville die Musikindustrie herausbildete und nach neuen Trends suchte, vollzog sich im Westen ein einschneidender Wandel, bei dem sich eine – um nicht zu sagen: *die* – Ikone Amerikas herausbildete. Zum Ende des 19. Jahrhunderts passte sich die Viehwirtschaft immer mehr der Moderne an. Das Eisenbahnnetz und die Transportsysteme wurden wesentlich verbessert und ausgeweitet. Die Rinderherden mussten nicht mehr über die Prärien getrieben werden, um in den Verladestationen der Rinderstädte ihre Reise weiter in den Norden anzutreten. Die Fleischindustrie brauchte keine Cowboys mehr. Sie verloren ihre Jobs, aber zugleich nahm das Interesse der Öffentlichkeit am Leben und der Lebenseinstellung der Cowboys zu. Durch Groschenromane und Wild West Shows – wie die des Bill Cody, die als *Buffalo Bill's Wild West Show* durch Amerika und Europa tourte – setzte eine beispiellose Glorifizierung der rauen Gesellen der Prärien ein. Vor allem aber die Filmindustrie des jungen Hollywood spielte dabei eine gewichtige Rolle. Im Western wurde das Leben an der *frontier* zur heroischen Unternehmung, und die Leistungen der Pioniere wurden zu Heldentaten verklärt.

Der Hobo wird zum Cowboy

Mit dem Niedergang der echten Cowboys begann die Glorifizierung des Cowboys zur Heldenfigur, und ihre Musik erfreute sich wachsender Beliebtheit. Nun erschienen ganze Sammelbände mit Cowboy-Liedgut, die überall reißenden Absatz fanden. Die zwei erfolgreichsten Liedsammlungen waren die *Songs of the Cowboy* aus dem Jahr 1908, von Nathan Howard Thorpe gesammelt und herausgegeben, und die *Cowboy Songs and other Frontier Ballads,* 1910 von John Lomax veröffentlicht. Die ersten Einspielungen dieser authentischen Songs wurden aufgenommen und fanden großen Anklang. Carl T. Sprague, der selbst noch auf einer Ranch gearbeitet hatte, war einer der ersten *Western Music* Stars.

Auch den Countrymusikern und der Musikindustrie in Nashville blieb diese Entwicklung nicht verborgen. Jimmie Rodgers, ein bekannter Sänger der Hillbilly-Szene, spielte Ende der zwanziger Jahre ein paar Cowboylieder ein. Aufgrund des Erfolges und der großen Popularität der Cowboymusik griffen sie nun immer öfter deren Themen und Geschichten auf. Die Texte der *Old Time Music* besangen oft den *Hobo*, einen Wanderarbeiter aus den Südstaaten, der wie ein Landstreicher

auf den Güterwaggons der Eisenbahnen reiste, oder einen Baumwoll-
bauern der Südstaaten, einen Hühnerfarmer oder Landwirt. Nun
übernahmen sie die Geschichten der *Western Music* vom Leben der
Cowboys, die ein positives Bild vermittelten und immer besser beim
Publikum ankamen. So legten die Countrymusiker Jeansoverall und
Strohhut ab und schlüpften in das Outfit des Cowboys mit Halstuch,
Boots und Stetson. Auch Jimmie Rodgers hatte sich im Zuge der Werbung für sein Album entsprechend in Cowboyausstattung fotografieren lassen. Die beiden Genres mischten sich zu *Country & Western*, so
dass sie bis heute mitunter nur schwer auseinanderzuhalten sind.

Die Singing Cowboys

Dass auch Hollywood sich diesem Trend öffnete, war nur eine Frage
der Zeit. Die ersten Westernfilme waren noch stumm und wurden lediglich von einem Klavierspieler begleitet. Als dann der Tonfilm auf-
kam, fand die Musik auch Eingang ins Kino. Da sowohl Westernfilme
wie auch Countrymusik sehr beliebt waren, wurden nun Countrysän-
ger in Cowboykostüme gesteckt, um sie in den Western auftreten zu
lassen und die Handlung durch Gesangseinlagen zu untermalen. In
diesen frühen Tonfilmen war der Auftritt des singenden Stars der ab-
solute Höhepunkt eines Films.

Schnell entwickelte sich nun ein Subgenre des Western: die „Sin-
ging-Cowboy-Filme". Nicht mehr mit einem Revolver, sondern mit einer Gitarre durchstreiften sie den Westen und sangen romantische
Lieder über Geschichten und Legenden aus der Zeit der Eroberung
des Wilden Westens. Die Kostüme der Sänger waren inspiriert von der
Kleidung der Cowboys und der Indianer, jedoch waren Farben, Fransen und Verzierungen ins Fantastische überzogen. Hollywood befrie-
digte mit diesen wenig anspruchsvollen Filmen und ihren meist doch
sehr kitschigen Liedern die Bedürfnisse eines breiten ländlichen Pub-
likums. Diese Filme halfen das nostalgische Cowboy-Klischee zu verbreiten und festigten es zu einem Symbol der nationalen Identität der
USA. Country Stars wie Gene Autry, Roy Rogers und Tex Ritter wurden zu nationalen Helden.

Der Yodeling Cowboy

Eine skurril anmutende Besonderheit der *Western Music* war das Jodeln. Jimmie Rodgers hatte in seinen ersten Aufnahmen von Cowboy-
songs dieses Element verwendet. Historische Aufnahmen von jodeln-
den Cowboys gibt es zwar nicht, in manchen handschriftlichen Aufzeichnungen fand man jedoch Hinweise darauf. Man vermutet, dass
das *yodeling* von den *cattle calls* der Cowboys herrühren könnte. Schon
die *vaqueros* gaben untereinander ihre Positionen durch hohe Falsett-
töne, die typischen Ayayay-Rufe, weiter, die sich in der Tonlage deutlich von den tiefen Lauten der Rinder unterschieden. Dieser Zusam-
menhang ist aber bis heute umstritten, und einige Musiktheoretiker
nehmen eher an, dass das *yodeling* erst in den 1930er Jahren im Zuge
der Kommerzialisierung der *Western Music* von den Country-Interpre-
ten in die Musik aufgenommen wurde. In Wisconsin gab es nämlich
eine Enklave von Schweizern, die ihre Kultur und damit das Jodeln im
alpinen Stil pflegten, was möglicherweise von der Musikindustrie
aufgegriffen und adaptiert wurde. Sicher belegt aber ist der Einfluss
der beliebten *Minstrel Shows* auf die Musik des Westens. Weiße Sänger und Tänzer, die sich die Gesichter schwarz bemalten, zogen mit
einem unterhaltsamen Programm flotter, vom Jazz inspirierter Musik
durch das Land und spielten in Saloons und Bars ihre lustigen, slap-
stickartigen Stücke. Auch sie verwendeten Falsettstimmen, die von
den Cowboys gerne nachgeahmt wurden.

Die Verbreitung der Country Music

Die Geschichte der *Country Music* ist eng mit der des Radios verbunden. Nach vielen privaten Initiativen gab es in den 1920er Jahren in
den Vereinigten Staaten die ersten kommerziellen Radiosender. Meist
wurde aus den Studios der Radiostationen live gesendet, da es bis in
die vierziger Jahre noch kaum Tonträger gab. Es waren also einzig-
artige Live-Auftritte von Musikern zu hören, die nur selten aufge-
zeichnet wurden.

Am 4. Januar 1923 ging der in Fort Worth, Texas, beheimatete Radiosender WBAP mit der *Barn Dance Show* auf Sendung, der ersten regelmäßig ausgestrahlten Country-Music-Show im Radio. Zwei Jahre später, am 8. November 1925, wurde eine Legende der *Country Music* aus der Taufe gehoben: die *Grand Ole Opry*. Es sollte die bekannteste und erfolgreichste Radioshow der Zeit werden. Sie kam vom Sender WSM aus Nashville und stand unter der Leitung von George D. Hay. Anfangs war die Show nur regional zu empfangen, aber zu Beginn der dreißiger Jahre konnte mit einem stärkeren Sender der gesamte nordamerikanische Kontinent am Samstagabend mit *Country Music* versorgt werden. Weitere Radiostationen in allen größeren Städten des Südens und des Mittleren Westens folgten diesem Beispiel. Die Zuhörer waren begeistert von diesen Shows.

Die *Country Music* besang die Vergangenheit, die „gute, alte Zeit". Sie verklärte sie romantisch zu einer Zeit des Aufbruchs in eine goldene Zukunft, in der jeder sein Glück finden konnte, wenn er nur wollte. Während der *Great Depression*, der Weltwirtschaftskrise der zwanziger Jahre, in der die Arbeitslosigkeit einen Höchststand erreichte und viele ihr Vermögen und ihre Existenz verloren, schaffte es die *Country Music*, die Sehnsüchte der Menschen widerzuspiegeln und die Hoffnung am Leben zu halten.

Bis heute hat sich die *Country & Western Music* immer weiter differenziert und ist populär wie eh und je. Neben dem klassischen *Nashville Sound* etablierte sich die sozialkritische Variante des *Americana* oder *Alternative Country*, die sich stark auf ihre Wurzeln in der englischen und irischen *Folk Music* beruft. In den sechziger Jahren setzte sich die Bewegung der *Outlaws* vom Mainstream ab. Johnny Cash, Willie Nelson oder auch Kris Kristoffersen sangen vom Leben auf dem Highway und beeinflussten damit die Rockmusik. Zusammen mit dem *Southern Rock* verschmolz er zum *Country Rock*, dem sich Bands von den Byrds bis zu den Eagles zurechnen.

Was aber genau den Unterschied zwischen *Country* und *Western* ausmacht, den beiden Grundstilen, die das Genre prägten, darüber rätselten nicht nur die *Blues Brothers*. In einer Szene des Films fragt

Elwood vor dem Auftritt in *Bob's Country Bunker* die Dame hinter der Theke, welche Art von Musik sie denn hier spielen. Sie antwortet: „Beide, Country und Western!"

Karl May war nie in Nordamerika

Karl May hat die Winnetou-Romane geschrieben, ohne je in Nordamerika gewesen zu sein! Auf diese Behauptung stößt man immer wieder, wenn man sich mit Karl May und seinem literarischen Werk beschäftigt. Ganz richtig ist die Behauptung allerdings nicht, denn Karl May besuchte im Jahr 1909 mit seiner zweiten Frau Emma tatsächlich Nordamerika. Jedoch traten die beiden die Reise zu einer Zeit an, als May den Großteil seiner berühmt gewordenen Reiseerzählungen durch den Wilden Westen bereits geschrieben und veröffentlicht hatte. Lediglich der Roman *Winnetou IV* sollte noch folgen. Außerdem reiste das Ehepaar nur durch den Nordosten der Vereinigten Staaten. In New Mexico, wo Winnetou und der Stamm der Mescalero-Apachen angesiedelt waren, und an den anderen Schauplätzen seiner vielen Reiseerzählungen wie *Der Schatz im Silbersee*, *Unter Geiern*, *Der Ölprinz* sowie in den US-Bundesstaaten westlich des Mississippi, die allgemein zum Wilden Westen zählen, war Karl May wirklich nie. Für seine Romane griff er ausschließlich auf vorhandene Literatur zurück: über Sprache und Kultur der Indianer, über Entdeckungsreisen sowie über die Geographie Nordamerikas. Der Rest entstand vor seinem inneren Auge.

Diese Vorgehensweise scheint uns heute für einen Romanautor vollkommen normal und unverfänglich. Es ist vielmehr einer Erwähnung wert, wenn ein Autor die historischen Hintergründe seiner Erzählungen besonders gut recherchiert hat. Daher muss man sich fragen: Warum spielte es zu Lebzeiten Mays eine so große und entscheidende Rolle, ob er jemals an den Schauplätzen seiner Romane war? Wie kam es dazu, dass May hartnäckig behauptete, dort gewesen zu sein? Und weshalb gingen Gegner und Kritiker so weit, dass sie sein Werk sogar verbieten wollten?

Karl May findet seine Berufung

Karl Mays umfangreiches Werk ist einem ungewöhnlich schweren, harten und bewegten Leben zu verdanken. Seine Kindheit verbrachte er in äußerster Armut. Seine Eltern waren sächsische Weber, die zu dieser Zeit zu den ärmsten Bevölkerungsschichten zählten. Bis zu seinem fünften Lebensjahr war er nahezu blind, was vermutlich seine Vorstellungskraft schon früh anregte. Wenn andere Kinder ihre Umwelt mit ihren Augen wahrnehmen und bestaunen konnten, blieb dem jungen Karl May nur seine Fantasie.

Mit 19 Jahren wurde Karl May Volksschullehrer, verlor jedoch diese Stellung schon nach wenigen Wochen, weil er sich wohl eine Kleinigkeit zuschulden kommen ließ. Aus Not, Sturheit und seelischer Verstörung geriet er nun aus der Bahn, weil er seinem gedemütigten Geltungsbedürfnis durch seine überreiche Fantasie Befriedigung verschaffte. Wegen hochstaplerischer Delikte war er in mehrere Gerichtsverhandlungen verwickelt, musste mehrere Freiheitsstrafen von insgesamt acht Jahren verbüßen, floh während eines Gefangenentransports und legte sich zeitweilig sogar eine falsche Identität zu. In außergewöhnlichen Biografien wie in guten Geschichten bergen solche Niederlagen und Tiefpunkte immer die Möglichkeit für einen neuen Anfang. So auch bei Karl May. Im Gefängnis von Zwickau fand er seine eigentliche Berufung, die ihn weltberühmt machen sollte: die Schriftstellerei. Doch war es bis dahin noch ein langer Weg.

Zunächst bot ihm die Abgeschiedenheit in der Haft keine andere Möglichkeit, als sich die Zeit durch Lesen zu vertreiben. Die Bibliothek der Haftanstalt war wohl recht gut mit unterhaltsamer wie informativer Literatur ausgestattet. Wegen guter Führung durfte er bald die Anstaltsbibliothek verwalten und bekam so die Möglichkeit, den ganzen Tag mit Büchern über fremde und exotische Welten zu verbringen. Bereits jetzt fasste er den Entschluss, dass er Schriftsteller werden wollte. Er konnte es kaum erwarten endlich, entlassen zu werden. Denn im Gefängnis war es ihm nicht erlaubt zu schreiben, erst in Freiheit sollte er alles, was sich in seiner Fantasie angestaut hatte, niederschreiben können.

Auf Umwegen zur Schriftstellerei

Nach seiner Entlassung hatte Karl May gute Vorsätze. Er begann zu schreiben, und die Geschichten sprudelten nur so aus ihm heraus. Doch scheiterten erneut alle Versuche, sich eine bürgerliche Existenz aufzubauen. Verzweifelt nahm er die Betrügereien und Diebstähle wieder auf, um sich ernähren und über Wasser halten zu können. May geriet wieder auf die schiefe Bahn. Im Juli 1869 wurde er abermals verhaftet. Aber schon bei dem Gedanken, wieder eingesperrt zu sein und nicht schreiben zu dürfen, ergriff ihn Panik. Daher plante er eine gewagte Flucht während eines Gefangenentransports, die ihm tatsächlich gelang. Karl May blieb in der Freiheit – von einem bürgerlichen Leben war er jedoch weiter denn je entfernt. Ein halbes Jahr strich er ziellos durch das Land und wechselte ständig seine Identität. Dabei halfen ihm seine unbändige Fantasie und die Gabe, spontan Geschichten erzählen zu können. Doch im Januar 1870 war Schluss mit dem Vagabundenleben. Er wurde in Böhmen wegen Landstreicherei festgenommen und nach einer langwierigen Identitätsfeststellung nach Sachsen überstellt.

Nun musste er den Rest seiner Gefängnisstrafe, vier Jahre, von 1870 bis 1874 im Zuchthaus Waldheim absitzen. Auch hier durfte er nicht schreiben. Er zog sich zurück, blieb alleine in seiner Zelle und stellte sich in seiner Not vor, wie er den Orient, Nordamerika und andere Erdteile bereiste. Seine ausgeprägte Vorstellungskraft half ihm dabei, die schwere Zeit zu überstehen. Er erinnerte sich an seine frühe Kindheit, in der er nahezu blind war und in seiner Fantasiewelt gelebt hatte. Später behauptete Karl May, dass er in dieser Zeit eine innere Wandlung vollzog. Als er entlassen wurde, war er geläutert; das Vagabundenleben lag hinter ihm. Er kehrte zu seinen Eltern nach Ernstthal in der Nähe von Dresden zurück und begann zu schreiben. Er war fest entschlossen, Schriftsteller zu werden und sich von seinen Trickbetrügereien und der Landstreicherei zu verabschieden.

Erste Erfolge und der Beginn der Selbstinszenierung

Parallel zu Karl May veränderte sich auch Deutschland. Im 1871 neu gegründeten Deutschen Kaiserreich boomte die Wirtschaft, und die Industrialisierung machte sich breit. Die wirtschaftliche und soziale Situation verbesserte sich für viele, wenngleich Mays Familie weiterhin in einfachen Verhältnissen lebte. In dieser Phase des Aufschwungs entstanden unzählige neue Verlagshäuser. Zum ersten Mal im Leben hatte Karl May Glück. Im November 1874 wurde seine erste Geschichte, „Die Rose von Ernstthal", veröffentlicht. Er war zu diesem Zeitpunkt 33 Jahre alt.

Die neuen Verlage brauchten Texte für ihre Zeitungen und Magazine – und kaum jemand schrieb so schnell und zuverlässig wie Karl May. Endlich war sein Talent auf die entsprechende Nachfrage gestoßen. Er bediente mit seinen Geschichten die Sehnsucht der Deutschen nach Exotik, während überall die Möglichkeit, ein Kolonialreich aufzubauen, diskutiert wurde. Er ließ seine Geschichten in diesen fremden Gegenden spielen – gespickt mit Fakten und Informationen aus verschiedenen Lexika und Reiseberichten. Um seinen Erzählungen Authentizität zu verleihen und um zu vertuschen, dass er acht Jahre im Gefängnis verbracht hatte, gab er an, selbst Nord- und Südamerika, den Orient sowie Afrika bereist zu haben. Seine enorme Vorstellungskraft machte er sich nun zunutze und gab ihr freien Lauf, indem er sein zweites, paralleles Leben als Weltreisender und Abenteurer erfand.

Immer mehr verwob May sein Leben mit der von ihm erfundenen Biographie Old Shatterhands beziehungsweise Kara Ben Nemsis. Er wehrte sich sogar vor Gericht gegen Verleumdungen und spielte mit den Realitäten. Was man heute als hervorragendes Promoting und

Marketing bezeichnen würde – man denke nur an die Selbstinszenierungen heutiger Popstars –, fanden einige Journalisten, die sich als Moralapostel gebärdeten, jugendgefährdend. Je größer Mays Popularität wurde, desto lauter wurde die Kritik. Man warf ihm vor allem vor zu lügen. Was er in seinen Geschichten erzählte, hätte sich nicht wirklich zugetragen, so wie er behauptete. Deshalb wäre er ein schlechtes Vorbild für die Jugend, würde sie verderben und zum Lügen verführen. Karl May wehrte sich vehement gegen die Vorwürfe, sah er doch seine Berufung und zugleich auch seinen Lebensunterhalt gefährdet.

Die Bedrohung aus dem Westen – Buffalo Bill's Wild West Show

1890 näherte sich jedoch eine Gefahr für die Glaubwürdigkeit Karl Mays, mit der er nicht gerechnet hatte. Buffalo Bill, der berühmte Mann aus dem Wilden Westen, zog mit seiner Show durch Deutschland und gastierte dabei auch in Dresden. Gerüchte entstanden, und es wurde diskutiert, ob sich die beiden kannten. Wie würde das Wiedersehen verlaufen? Was hatten sie gemeinsam erlebt? Viele Journalisten hofften nun, über das Treffen der zwei großen Westernhelden Buffalo Bill und Old Shatterhand für ihre Zeitschriften und Magazine berichten zu können. Einige Reporter kamen auf die Idee, dass er sich mit den Indianern der Showtruppe unterhalten und gewissermaßen als Dolmetscher in Dresden fungieren könnte. Beherrschte er doch in seinen Romanen mehrere Sprachen und Dialekte der nordamerikanischen Indianer fließend. Vielleicht waren unter den Indianern ja auch welche, mit denen er befreundet war? Den berühmten Old Shatterhand mussten doch viele von ihnen kennen, mutmaßten besonders die Kritiker Mays, allen voran die Journalisten Hermann Cardauns und Rudolf Lebius.

Karl May sah sich in die Ecke gedrängt. Er reagierte, wie er schon einmal reagiert hatte: Er flüchtete. Hals über Kopf verließ er die Stadt, um Buffalo Bill und seinen Showindianern nicht begegnen zu müssen. So hoffte er sein Image bewahren können. Natürlich war diese Flucht Wasser auf die Mühlen seiner Kritiker. Wenn er der war, der er in seinen Romanen vorgab zu sein, warum gab es dann einen Anlass zur Flucht? War dies nicht ein Beweis für seine Lügengeschichten?

Die Zweifel an Mays Glaubwürdigkeit wuchsen. Es ist daher nicht verwunderlich, dass May gleich nach seiner Rückkehr hämisch von den Journalisten nach den Hintergründen seiner überstürzten Flucht gefragt wurde. Karl May ging in die Offensive und verteidigte sich mit den ihm eigenen Waffen: der Fantasie und der Vorstellungskraft. So teilte er der Presse mit, Buffalo Bill habe ihre Bekanntschaft verschwiegen, weil er am Tode seiner Freunde Old Surehand und Old Firehand Schuld sei. Und deswegen wolle er ihm nicht in die Augen schauen müssen. Diese Episode zeigt, wie entschlossen May war, für seine Welt zu kämpfen. Er wollte weder die Authentizität seiner Geschichten noch seinen gesellschaftlichen Status verlieren. Niemand sollte je erfahren, aus welchen Verhältnissen er stammte und dass er viele Jahre im Gefängnis verbracht hatte.

Die Reisen in die Welt seiner Helden

Bis zum Jahr 1899 war Karl May nicht an den Schauplätzen seiner Erzählungen gewesen. Dies sollte sich nun ändern. Er reiste zum ersten Mal in den Orient und kehrte mit einer Reihe von Fotografien zurück, die ihn an den Orten zeigten, an denen seine Geschichten spielten. Zu Beginn der Reise war er fast ein dreiviertel Jahr alleine unterwegs, lediglich von seinem Diener Sejd Hassan begleitet. So gelangte er bis nach Sumatra. 1900 traf er mit seiner Frau und dem befreundeten Ehepaar Plöhn zusammen. Sie setzten die Reise nun zu viert fort und kehrten schließlich im Juli 1900 nach Deutschland zurück.

Während der Reise erlitt May zwei Nervenzusammenbrüche, die ihn jeweils über eine Woche ans Krankenbett fesselten. Er konnte es nicht verkraften, dass die Realität des Orients in seine Traumwelt einbrach. Er war einfach nicht der heldenhafte Kara Ben Nemsi, den er beschrieben hatte, sondern ein mittlerweile älterer Herr im Tropenanzug, der sich in dieser Welt nicht auskannte und nicht zurechtfand.

Die Amerikareise

Als Karl May sich von den Strapazen der Reise erholt hatte, begann er eine Amerikareise zu planen. Jedoch dauerte es bis 1908, bis er sie schließlich antreten konnte. Vor seiner Abfahrt nahm er Kontakt zu seinem Freund Ferdinand Pfefferkorn auf, der vor Jahren in die USA ausgewandert war. Er hatte die Mays 1895 während eines Aufenthaltes in Deutschland besucht. Nun würde er einen Gegenbesuch in Lawrence, Massachusetts, machen.

Karl und Klara May begannen ihre Amerikareise am 4. September 1908 in Bremen. Dort holten sie ihre Fahrkarten beim Norddeutschen Lloyd ab und reisten noch am selben Tag weiter nach Bremerhaven. Am nächsten Morgen bestieg das Ehepaar den Dampfer *Großer Kurfürst* und erreichte nach zehntägiger Überfahrt am 15. September 1908 den Hafen von New York. Die hektische Großstadt entsprach nun ganz und gar nicht dem, was sich der Schriftsteller unter Amerika vorgestellt hatte. Dennoch blieben die beiden eine Woche. Danach ging es am 21. September mit dem Dampfer *New York* den Hudson River hinauf bis nach Albany, der Hauptstadt des Staates New York. In der Nähe von Albany wohnten alte Bekannte Karl Mays, Otto und Rosalie Thümmler, die er nun mit seiner Frau besuchte. Danach reisten sie weiter nach Buffalo und von dort zu den Niagarafällen. Hier verweilte das Ehepaar May auf der kanadischen Seite im *Clifton House* – wo er später seinen letzten Winnetou-Band beginnen ließ, den er unter dem Titel *Winnetou IV* veröffentlichte.

May nutzte die Zeit an den Niagara-Fällen auch für einen Ausflug zu den Tuscarora-Indianern, die zu der Sprachgruppe der Irokesen zählen und deren Reservation in Niagara County liegt. Danach ging es weiter in Richtung Osten nach Lawrence, Massachusetts, wo sie am 5. Oktober eintrafen. Dort lebte sein alter Schulfreund Ferdinand Pfefferkorn mit seiner Frau. Klara May war wie viele Amerikareisende vor ihr beeindruckt von dem Lebensstandard in der Neuen Welt: „Ein Mediciner, der wie ein kleiner Fürst lebt. Ein schönes, amerikanisches Heim, eigenes Haus, Garten, Pferde, Auto, Diener etc., kurz alles, was sich [in Deutschland] nur recht reiche Leute leisten können." Pfefferkorn, der bereits einige Jahre zuvor seine prosperierende Arztpraxis etwas reduziert hatte, fand ausreichend Zeit, sich seinen Gästen zu widmen, und sie machten mit Pfefferkorns Auto einige gemeinsame Ausflüge in die Umgebung. Außerdem besuchte der sächsische Schriftsteller das in der Nähe gelegene Grab von Harriet Beecher-Stowe und hielt vor Deutsch-Amerikanern einen Vortrag mit dem Titel *Drei Menschheitsfragen*, der auch in lokalen Zeitschriften abgedruckt wurde.

Die Mays blieben bis zum 24. Oktober. Über Boston reisten sie nach New York zurück und bestiegen am 27. Oktober die *Kronprinzessin Cecilie*, auf der sie zurück nach Deutschland reisten. Über Plymouth gelangten beide nach Bremerhaven, wo sie am 3. November 1908 ankamen. Damit endete Mays erste und einzige Amerikareise.

Eindrücke und Enttäuschungen

Nun war Karl May also endlich in jenem Land gewesen, von dem er seit Jahrzehnten geträumt und das er schon immer vor seinem inneren Auge gesehen hatte. Und seine Enttäuschung hätte nicht größer sein können. Seine Traumwelt und die Wirklichkeit passten so wenig zusammen wie auf der Orientreise. Schon als er mit Klara im hektischen New York ankam, war er entsetzt. Die Stadt passte überhaupt nicht zu seinem Bild von Freiheit und Abenteuer. May verbot seiner Frau, auch nur ein Foto von ihm in New York zu machen. Er wollte nicht, dass Bilder der Nachwelt überliefert würden, die ihn vor der Kulisse dieser Megastadt zeigten. Stattdessen posierte er ausgiebig vor den Niagara-Fällen, in der freien Natur. Das Bild, das dort entstand, ist eines von sehr wenigen, die von Karl May in Nordamerika erhalten sind.

Zum Zeitpunkt der Reise, im Jahr 1908, war die Zeit des Wilden Westens, die Zeit der „finstren und blutigen Gründe" längst vorbei. In den Gegenden, in denen May seine Abenteuer angesiedelt hatte, betrieben die Menschen jetzt Bergbau, auf breiten Straßen fuhren unzählige Autos, in Kalifornien wurden die ersten Filme gedreht, und in Texas wuchsen die Bohrtürme der Ölgesellschaften aus dem Boden. Die ehemals unberührte und wilde Natur, die weiten Landschaften

waren nicht nur zivilisiert worden, sie waren gerade dabei, industria-
lisiert zu werden.

Der letzte Akt: Winnetou IV

Unter den Eindrücken der Amerikareise, auf der er die Wirklichkeit in
der Neuen Welt kennengelernt hatte, schrieb Karl May sein letztes
nordamerikanisches Abenteuer nieder. Er stellte sich vor, wie die Reise
wohl verlaufen wäre, wenn nicht er und seine Frau, sondern Old Shatterhand selbst 1908 nach Amerika gekommen wäre. An keinem der
Werke lässt sich denn auch besser zeigen, wie stark Karl May die Realität mit seiner Dichtung verflocht. So beginnt *Winnetou IV* mit einem
typischen Phänomen jener Zeit: den Amerikabriefen. Der inzwischen
gealterte, über 60jährige Karl May ist zu Hause in Deutschland und
erhält mehrere Briefe von Freunden und Bekannten aus Nordamerika.
Aus den Briefen erfährt er, dass Winnetou ein Denkmal gesetzt werden
soll, zu dessen Einweihung er eingeladen ist. Daraufhin bricht er mit
seiner Frau Klara, die im Roman *Herzle* genannt wird, zu seiner letzten
Reise nach Nordamerika auf, um sich die Sache anzusehen und – sollte
sie nicht dem Andenken seines Blutsbruders entsprechen – gegebenenfalls zu verhindern.

Wie in der Wirklichkeit überqueren die beiden den Atlantik und
reisen bis an die Niagarafälle. Nun geht die Handlung in Fiktion über,
und aus Karl May wird wieder Old Shatterhand. Unterwegs treffen sie
auf die beiden Söhne von Santer, von denen einer ihn zu Beginn des
Romans bereits in Deutschland aufgesucht hatte. Begleitet wird May
von einem guten Freund, dem ehemaligen Westmann Max Papper-
mann – man beachte die Ähnlichkeit mit Pfefferkorn. Während des
Abenteuers findet Old Shatterhand das Testament Winnetous, indem
er das Loch, in dem er in *Winnetou III* eine Schatzkarte gefunden hatte, noch ein Stück tiefer gräbt. Aus dem Testament erfährt er dessen
letzten Willen und weiß nun, dass er das Monumentaldenkmal verhindern muss. Karl May reaktiviert nun viele alte Bekannte, lässt de-

ren Nachkommen und zahlreiche symbolreiche Handlungsträger auftreten.

Der Band ist aber nur rein äußerlich ein weiterer Reiseroman. Inhaltlich hat sich vieles verändert. Zwar hat Old Shatterhand wieder seine zwei berühmten Gewehre bei sich, jedoch gebraucht er sie nicht. Er wendet keinerlei Gewalt an, sondern handelt mit Argumenten oder mit List. Ganz dem Friedensgedanken seines Spätwerks entsprechend werden am Ende des Abenteuers alle Feindschaften, auch jene, die Old Shatterhand mit alten Widersachern hegte, beigelegt und in Freundschaft aufgelöst. Insofern ist dieses Abenteuer nicht nur der Abschluss der Winnetou-Bände, sondern auch der anderen Trilogien, die in Nordamerika angesiedelt waren wie *Old Surehand I–III* und *Satan und Ischariot*.

Der Roman erschien in den Jahren 1909 und 1910 in den Unterhaltungsbeilagen der *Augsburger Postzeitung*. Gleichzeitig wurde das Manuskript in der Buchdruckerei Krais in Stuttgart gesetzt und dabei persönlich von Karl May kontrolliert, da ihm die genaue Umsetzung seines Textes von großer Wichtigkeit war. Siebzehn Jahre nach dem Abschluss der Winnetou-Trilogie setzte dieser Band nun seinen Nordamerika-Abenteuern ein Ende. In der bearbeiteten Werkausgabe des Karl-May-Verlags erhielt der Band 1914 den Titel *Winnetous Erben*.

Karl May nimmt die Zukunft vorweg

Gewissermaßen sah Karl May mit seiner Erzählung voraus, was im frühen 20. Jahrhundert in den Black Hills, den heiligen Bergen der Lakota-Sioux, Wirklichkeit werden sollte. Während Old Shatterhand gemeinsam mit seinen Freunden den Bau des Monumentaldenkmals für Winnetou gerade noch abwenden konnte, schuf dort der dänisch-amerikanische Bildhauer John Gutzon de la Mothe Borglum zwischen 1927 und 1941 das *Mount Rushmore National Memorial*, ein Denkmal für die vier bis zu der Zeit bedeutendsten und symbolträchtigsten US-Präsidenten: George Washington, Thomas Jefferson, Abraham Lincoln und Theodore Roosevelt. Für die Lakota-Indianer hingegen war und ist dieses Monument eine Entweihung ihres heiligen Berges.

Seit 1948 entsteht nun etwa 14 Kilometer weiter südlich ein weiteres Monumentaldenkmal, das *Crazy Horse Memorial*. Der polnisch-amerikanische Bildhauer Korczak Ziolkowski will 1939 vom damaligen Häuptling der Lakota, Henry Standing Bear, den Auftrag erhalten haben, ein Indianerdenkmal zu gestalten. Die Allgemeinheit glaubt deshalb, dass der Bau des *Crazy Horse Memorials* im Sinne der Indianer geschieht. Allerdings gibt es von diesem Auftrag keinerlei Dokumente, so dass er von vielen angezweifelt wird. Zumal mit dem zweiten Denkmal in den Black Hills ein weiterer heiliger Berg der Lakota-Sioux entweiht und zerstört wird. Die Indianer selbst stehen dem Projekt nämlich kritisch gegenüber und weisen zu Recht darauf hin, dass Crazy Horse sich nie fotografieren ließ, weil dies gegen seine Spiritualität verstieß. Die damalige US-Regierung sagte Ziolkowski aber die vollständige Finanzierung des Projekts bis zu dessen Fertigstellung zu. Die Arbeiten gehen nur langsam voran. Ziolkowski selbst ist mittlerweile verstorben, seine Kinder und Enkelkinder führen die Arbeiten, die noch Jahrzehnte andauern werden, fort.

Karl May nahm mit seiner Geschichte um die Planung des *Mount Winnetou* in seinem letzten Nordamerika-Roman diese Entwicklung vorweg. In seiner Traumwelt gelang es, eine Entscheidung im Sinne der Indianer durchzusetzen und die götzenartige Verehrung eines Indianers angesichts des Leidens aller Indianer Nordamerikas zu verhindern. In der Wirklichkeit gelang dies nicht, so dass mittlerweile der Kopf der Monumentalstatue von Crazy Horse, von dem es so gut wie keine Abbildungen gibt, fertiggestellt ist. Hat es deshalb den Anschein, dass das Profil des Denkmals eher dem Schöpfer des Kunstwerks, Korczak Ziolkowski, ähnelt?

Der Amerikanische Bürgerkrieg tobte im Wilden Westen

Eine der berühmtesten Szenen des Italo-Westerns „Zwei glorreiche Halunken" von Sergio Leone greift auf den Amerikanischen Bürgerkrieg als Rahmenschauplatz zurück. Die Protagonisten erleben ihre Abenteuer zwischen den Fronten der Nordstaaten und der Südstaaten. Der „Blonde", dargestellt von Clint Eastwood, sitzt neben Tuco, dem von Eli Wallach gespielten Charakter, auf dem Kutschbock eines armseligen Planwagens, mit dem sie durch den Wüstenstaub des Westens fahren. Beide tragen, obwohl sie nicht der Armee angehören, graue Südstaatenuniformen der Konföderation. Seit Tagen haben sie keinen Menschen mehr gesehen. Am Horizont entdecken sie eine Reiterkolonne. Es sind Soldaten, und sie erkennen, dass sie ebenfalls graue Uniformen tragen. Daher grüßen die beiden schon aus einiger Entfernung: „Es lebe der Süden! Es lebe die Konföderation! Nieder mit dem Norden! Es lebe General Lee!" Als die Reiterkolonne nah genug herangekommen ist, klopft sich der Anführer den grauen Wüstenstaub von der Uniform. Darunter wird die dunkelblaue Uniform der Nordstaaten sichtbar. Tuco und der Blonde begreifen, dass sie den Falschen in die Arme gelaufen sind. Reißaus zu nehmen wäre besser gewesen. So werden sie gefangen genommen und in ein Lager gebracht.

Solche und ähnliche Episoden kommen in vielen Wildwest-Filmen vor. Immer wieder wird auf den Bürgerkrieg verwiesen, und immer wieder werden die Kämpfe und Schlachten dieses Konflikts, der von 1861 bis 1865 dauerte, als Hintergrund für spannende Geschichten verwendet. Aber wurde der Bürgerkrieg wirklich im Westen ausgefochten? Kämpften Nord und Süd um die Städte, die gerade auf den Prärien aus dem Boden gestampft wurden? Zogen die Soldaten durch den Wüstenstaub des amerikanischen Südwestens, um dort die entscheidende Schlacht zu gewinnen?

Ursache des Konflikts – die Sklavenfrage

Die Westexpansion der Vereinigten Staaten brachte auch die Frage der Sklavenhaltung in die neuen Gebiete des amerikanischen Westens und sorgte so für politische Spannungen unter den Siedlern. Man war sich – wie im Rest des Landes auch – uneins. Viele der Siedler kamen aus Irland und Deutschland. Sie hielten keine Sklaven, weil dies in ihrer Heimat keine Tradition hatte. Auch wer aus den Nordstaaten stammte, kam aus einer Region, in der die Wirtschaft eher auf Lohnarbeit basierte. Handel, Handwerk und Industrie brauchten qualifizierte Arbeitskräfte, und mit angemessener Bezahlung leisteten sie besser und verlässlicher ihre Arbeit. Andere Siedler wiederum waren aus den Südstaaten, aus Virginia oder Georgia, in den Westen gezogen. Von Beginn der Besiedlung Virginias an hatte der Süden einen anderen Weg als Neuengland und die Mittelatlantik-Staaten beschritten. Dort hatte sich eine eigenständige Kultur mit einem eigenen Wertesystem und aristokratischer Lebensweise gebildet. Die ganze Wirtschaft dieser Region basierte auf der Sklaverei, die die Südstaatler ihre „besondere Einrichtung" (*peculiar institution*) nannten. Die Plantagenwirtschaft, die sich wie in den karibischen Kolonien auch im Süden des nordamerikanischen Kontinents ausgebreitet hatte, rechnete sich nur mit vielen Arbeitskräften, die möglichst wenig kosteten. Die billigsten Arbeitskräfte wurden aus Afrika verschleppt und auf den Sklavenmärkten der Hafenstädte verkauft. Wer von hier in den Westen kam, brachte seine Mentalität und seine Sklaven mit in den Westen.

Die Sklavenfrage beschäftigte die Politik in Amerika seit seiner Entdeckung. In den Kolonien aller verschiedenen Mutterländer war die Sklavenhaltung zunächst erlaubt. Mit der Erklärung der Unabhängigkeit und mit der Festschreibung der Menschenrechte, der Freiheit und Gleichheit in der Verfassung, wurde die Sklavenfrage zum Problem und zum Streitpunkt zwischen den Südstaaten, die auf die Sklavenhaltung angewiesen waren, und den Nordstaaten, die die meist unmenschliche Behandlung der Sklaven mit der Verfassung für unvereinbar hielten.

Das Stimmenverhältnis zwischen sklavenhaltenden Staaten und Staaten, die gegen die Sklaverei waren, war immer ausgeglichen. Auch bei der ersten großen Ausdehnung in den Westen, dem *Louisiana Purchase*, konnte dieses Gleichgewicht durch den *Missouri Compromise* erhalten werden. Dort war festgelegt worden, dass alle Staaten nördlich der sogenannten Mason-Dixon-Linie sklavenfrei bleiben sollten (außer Missouri), die südlicher gelegenen Staaten jedoch Sklaven halten durften. Nun fürchteten die Politiker des Südens jedoch um ihren Einfluss im Kongress. Schon immer war den südlichen Politikern klar: Auf keinen Fall durften die ablehnenden Staaten ein politisches Übergewicht erhalten. Wenn dieser Tag käme, da waren sie sich sicher, würde die Sklaverei im ganzen Land verboten werden. Ihre aristokratische Lebensweise auf ihren schlossähnlichen Landgütern, umsorgt von ihren Haussklaven, würden sie dann nicht aufrechterhalten können. Auch das gesamte Wirtschaftssystem mit den riesigen Tabak-, Reis- und Baumwollplantagen würde zusammenbrechen.

Labiles Gleichgewicht

Mit dem Friedensvertrag von Guadalupe Hidalgo vergrößerten die USA ihr Staatsgebiet ein weiteres Mal und trugen das Problem der Sklaverei in das Gebiet, das weite Teile des Wilden Westens umfasste. Schon während des Krieges mit Mexiko war es im amerikanischen Kongress wieder zu Debatten über die Sklavenfrage gekommen. Der Abgeordnete David Wilmot brachte einen Antrag ein, den sogenannten *Wilmot Proviso,* mit dem er die Sklaverei in den neu gewonnen

Gebieten verbieten wollte. Das Repräsentantenhaus stellte sich hinter Wilmots Vorschlag, im Senat jedoch hatten die sklavenhaltenden Staaten die Mehrheit und lehnten ihn ab.

1850 wurde die Frage akut. Die Aufnahme Kaliforniens als 31. Bundesstaat brachte die Balance zwischen den sklavenhaltenden und den freien Staaten zu Fall. Die Waage würde sich zwangsläufig auf die eine oder die andere Seite neigen. Alle neuen Gebiete lagen südlich der Mason-Dixon-Linie, schon deshalb musste völlig neu verhandelt werden. Nach einer siebenmonatigen Debatte war es schließlich dem Senator Stephen A. Douglas aus Illinois zu verdanken, dass sich beide Seiten einigen konnten. Er vermittelte zwischen Norden und Süden über alle Parteigrenzen hinweg. Der Norden setzte durch, dass Kalifornien und Oregon sklavenfrei blieben und dass der Sklavenhandel in Washington D.C. verboten wurde. Dem Süden wurde zugesichert, dass die Bevölkerung in den neuen Gebieten bei der Staatswerdung selbst über ihren Status nach dem Prinzip der *popular sovereignty* bestimmen konnte. Damit erkannte der Kongress indirekt an, dass die Staaten selbst über die Einführung der Sklaverei entscheiden konnten. Zusätzlich wurde dem Süden der *Fugitive Slave Act* zugestanden: In den Norden geflohene Sklaven mussten gefangen und in den Süden zurückgebracht werden.

In der Folgezeit versuchten Politiker beider Seiten das Thema Sklaverei zu vermeiden. Der neu gewählte demokratische Präsident Franklin Pierce bemühte sich sogar durch außenpolitische Maßnahmen, die beiden Lager wieder zu vereinen. Wie bereits einer seiner Vorgänger, James Knox Polk, streckte er seine Fühler nach Kuba aus, für das sich die USA seit alters interessierten. Er löste aber lediglich einen Proteststurm aus, weil Kuba nur als Sklavenstaat in die Union einverleibt werden konnte. Mit einer Expansion in die Karibik, so fürchtete der Norden, würde die Balance zwischen den Staaten stark gefährdet werden.

Der Kansas-Nebraska-Act

Stephen A. Douglas, der Schlichter von 1850, brachte das Thema Sklaverei 1854 wieder auf. Er plante eine transkontinentale Eisenbahn und schlug vor, die unorganisierten Gebiete zwischen dem Mississippi und den Rocky Mountains zu den Staaten Kansas und Nebraska zu machen. Seinem Plan zufolge sollte auch hier die *popular sovereignty* gelten, was den *Missouri Compromise*, der für diese Staaten galt, außer Kraft setzen würde. Mit diesem Vorschlag gewann Douglas auch die Stimmen der Südstaaten, die nun die Hoffnung hegten, dass sich zumindest Kansas für die Sklaverei entscheiden würde. Unter heftigen Protesten im Kongress wurde der *Kansas-Nebraska-Act* verabschiedet, was für Kansas verheerende Folgen hatte. Bevor dort über die Frage der Sklaverei abgestimmt wurde, schickten sowohl der Norden wie der Süden Siedler in den neuen Staat, um die Mehrheit der Einwohner zu erreichen. Beide Seiten schreckten auch vor Waffengewalt nicht zurück und provozierten damit bürgerkriegsähnliche Zustände (*Bleeding Kansas*). Gegner und Befürworter der Sklaverei lieferten sich einen Stellvertreterkrieg und versuchten mit Gewalt, dem Staat ihre moralischen Vorstellungen, ihr Gesellschaftsmodell und ihr Wirtschaftssystem aufzuzwingen. Die Bürger der Nordstaaten empfanden diesen Prozess als Aggression der Südstaaten und als einen Versuch, die Sklaverei in den Norden zu tragen. Vielen wurde klar, dass es keine gemeinsame Vision für die Zukunft mehr gab.

Die Vereinigten Staaten brechen auseinander

Dabei war das Problem der Sklaverei nicht neu. Seit dem Bestehen der amerikanischen Republik entflammten wiederholt heftige Debatten. Die Politik verstand es aber immer wieder, einen Kompromiss auszuhandeln und die Lage zu entspannen. Das Problem blieb letztlich ungelöst, und das enorme Streitpotential wurde jeweils an die nächste Politikergeneration weitergegeben.

Mehrfach drohten die Südstaaten mit Sezession, dem Ausstieg aus der amerikanischen Union. Verfassungsrechtlich war nicht geklärt, ob ein Bundesstaat die amerikanische Union überhaupt auf eigenen Wunsch verlassen konnte. Die Südstaaten argumentierten, dass sie freiwillig den USA beigetreten waren und somit jederzeit wieder ausscheiden konnten. Es entbrannte erneut die *states' right*-Debatte, nach der die Staaten im Süden darauf pochten, dass die Einzelstaaten in letzter Instanz über die Sklaverei und über ihren Status in der Union entscheiden konnten. 1861 wurde Abraham Lincoln zum Präsidenten gewählt. Innerhalb der Republikanischen Partei hatte er sich als gemäßigter Sklavereigegner durchgesetzt. Für ihn war die amerikanische Union ein dauerhafter Bund mit einer starken, zentralen Regierungsgewalt in Washington. Einen Austritt der Südstaaten interpretierte er als Rebellion, gegen die die Union vorgehen musste.

Sezession und Gründung der Konföderierten Staaten

Am 20. Dezember 1860 kamen die Politiker von South Carolina zusammen und erklärten auf der Grundlage der *states' right*-Philosophie South Carolina zu einem souveränen Staat. In den nächsten drei Monaten folgten Florida, Mississippi, Alabama, Georgia, Louisiana und Texas. Die Vertreter dieser Staaten schlossen sich zu einem Staatenbund zusammen und gaben sich als Konföderierte Staaten von Amerika (CSA) in Montgomery, Alabama, eine eigene Verfassung. Zu ihrem ersten Präsidenten wählten sie Jefferson Davis.

Präsident Lincoln hegte keine Hoffnung, dass sich die abtrünnigen Staaten auf diplomatischem Wege zur Umkehr überzeugen ließen. Daher konzentrierte sich Lincoln auf diejenigen sklavenhaltenden Staaten, die noch nicht aus der Union ausgetreten waren, und sicherte ihnen zu, dass sie die Sklaverei in ihren Staaten beibehalten könnten, wenn die noch nicht als Staaten organisierten Territorien bei ihrem Beitritt zu den Vereinigten Staaten sklavenfrei blieben. Darüber hinaus bestand Lincoln darauf, dass die militärischen Bundeseinrichtungen, die auf dem Gebiet der rebellierenden Staaten lagen, weiterhin zu den USA gehören sollten. Hauptsächlich ging es ihm dabei um Fort

Sumter, das im Hafen von Charleston, South Carolina lag. Nach zwei-
tägigem Beschuss mussten die USA das Fort jedoch am 14. April 1861
an die CSA übergeben.

Der seit Jahren schwelende Konflikt zwischen Nord und Süd hatte
damit die Grenze zum Krieg überschritten. Lincoln war entschlossen,
die Rebellion niederzuschlagen und verhängte am 19. April 1861 eine
Seeblockade über die Häfen des Südens. Vier weitere Staaten verließen daraufhin die Union und schlossen sich den Konföderierten Staaten an: Virginia, Arkansas, Tennessee und North Carolina. Der Verlust
des traditionsreichen Virginia wog schwer, denn dieser Staat stellte
erfahrene Generäle wie Robert E. Lee und Kriegsmaterial in den Dienst
der Südstaaten. Zudem verlegten die CSA, die nun elf Staaten zählten,
ihre Hauptstadt nach Richmond, Virginia.

Bürgerkrieg im Westen?

Als im Frühjahr 1861 der Amerikanische Bürgerkrieg ausbrach, beobachteten die Bewohner des Westens dies mit großer Sorge. Obwohl
die beiden Hauptstädte Washington und Richmond weit im Osten lagen und es dort bereits zu Schlachten gekommen war, befürchteten
sie, das sich der Krieg – ähnlich wie zuvor die Diskussion um die Sklaverei – auch in den Westen ausweiten könnte. Der Bürgerkrieg würde
zwar eine Entscheidung in der Frage der Sklaverei auch für den Westen bringen, die meisten Siedler wollten aber nicht in einen Krieg hin-
eingezogen werden, hatten doch viele nur wenige Jahre zuvor die re-
volutionären Ereignisse und den darauffolgenden Krieg in Europa
mitgemacht. Sie fürchteten, dass Tod, Gewalt und Gesetzlosigkeit die
neu geschaffenen Siedlungen, Farmen und Dörfer an der *frontier* über-
ziehen würden.

Kriegsschauplätze im Westen

Die meisten Schlachten des Bürgerkrieges fanden östlich des Mississippi River statt. Gekämpft wurde hauptsächlich in Virginia und Penn-

sylvania, später in Georgia und South Carolina. Die Schlachtfelder lagen also weit entfernt vom Westen. Doch es kam auch im Westen vereinzelt zu kleineren kriegerischen Auseinandersetzungen. In Kansas, das zwar schon in den Jahren vor dem Krieg blutig umkämpft war, wurde lediglich eine einzige Schlacht während des ganzen Bürgerkrieges ausgetragen. Texas schlug sich auf die Seite der Konföderation der Südstaaten, deren Truppen gleich zu Kriegsbeginn das regionale Arsenal in San Antonio in Besitz nahmen, da es sonst in den Händen der Nordstaaten geblieben wäre. Von dort aus beabsichtigten die Konföderierten, die Herrschaft in New Mexico, Utah und Colorado zu übernehmen. Doch die Bemühungen der Texaner wurden von Truppen der Nordstaaten schnell zurückgeschlagen. Danach blieb es dort verhältnismäßig ruhig.

Missouri war kurz von beiden Seiten umkämpft, als Gouverneur Claiborne Fox Jackson gegen die Stimmen des Parlaments das Bundesarsenal in St. Louis mit über sechzigtausend Waffen den Truppen der Südstaaten zugänglich machte. Die Truppen der Südstaaten wurden jedoch von General Samuel Curtis zurückgeschlagen, was die Zugehörigkeit Missouris zu den Nordstaaten wieder herstellte.

Der westlichste Kriegsschauplatz des Amerikanischen Bürgerkrieges lag am Mississippi, für viele die Grenze zwischen dem Westen und dem Osten. Der Feldzug am Mississippi war jedoch von großer Bedeutung für den Kriegsausgang. Ab 1863 versuchten die Nordstaaten, den Süden in zwei Teile zu spalten und Texas dadurch vom Rest des Südens zu trennen. Lincoln ließ eine Armee den Mississippi entlang ziehen. Den Oberbefehl erteilte er General Ulysses S. Grant, der später zum amerikanischen Präsidenten aufsteigen sollte. Nach mehreren Erfolgen bei den Forts Henry und Donelson in Tennessee und dem Sieg bei Vicksburg, Mississippi, ernannte Lincoln Grant zum Oberbefehlshaber der Armee des Nordens, der *Army of the Potomac*, die im Osten zwischen den beiden Hauptstädten kämpfte. Grant war ein großer Stratege und dem erfolgreichen Führer der konföderierten Armee, General Robert E. Lee, gewachsen.

Das Ende des Krieges

Grants Erfolge entlang des Mississippi ebneten General William T. Sherman den Weg für seinen *March to the Sea*, der quer durch den Süden vom Mississippi zum Atlantik führte. Dieser Feldzug war gnadenlos und äußerst blutig. Er richtete sich nicht nur gegen die Soldaten, sondern ebenso gegen die Bevölkerung, um sie zu demoralisieren und so die Streitkräfte des Südens zur Kapitulation zu bewegen. Nachdem die Hauptstadt Richmond gefallen war, brachte Grant General Lee schließlich zur Aufgabe, obwohl die geschwächten Truppen noch bis auf den letzten Mann weiter kämpfen wollten. Am 9. April 1865 unterschrieb Robert E. Lee im *Appomatox Court House* seine Niederlage. In den nächsten Tagen kapitulierten auch die restlichen Armeen des Südens.

Präsident Lincoln erlebte das Ende des Krieges nicht mehr. Fünf Tage nach Lees Kapitulation wurde er während eines Besuches im Washingtoner Ford Theater von einem fanatischen Anhänger der Südstaaten, dem Schauspieler John Wilkes Booth, mit den Worten *Sic semper tyrannis!* in den Kopf geschossen. Der Präsident erlag am nächsten Morgen der schweren Verletzung. Die Ermordung Lincolns war Teil eines größeren Plans: Eine Gruppe um Booth wollte noch weitere Regierungsmitglieder ermorden, doch alle anderen Attentatsversuche schlugen fehl. Die Täter wurden gefasst und hingerichtet. Booth selbst wurde wenige Tage nach dem Attentat bei einem Schusswechsel in Virginia getötet.

Der Bürgerkrieg wurde also nie wirklich im Westen ausgetragen, auch wenn er in der Populärkultur immer wieder die Kulisse für Szenen abgab, die auf den Bürgerkrieg anspielten. Der Westen war zu dieser Zeit nicht nur zu dünn besiedelt, es fehlten auch entscheidende militärische Ziele, gegen die es sich vorzugehen gelohnt hätte. Die Auswirkungen des Bürgerkriegs spürte der Westen dennoch. Zum einen hatten einige Indianerstämme, allen voran die Apachen, den Moment der Schwäche der US-Army zu ihrem eigenen Vorteil genutzt und Siedler und militärische Außenposten überfallen. Außerdem waren während des Krieges auch im Westen Volksmilizen entstanden, die sich nach dem Krieg nicht alle wieder auflösten und als Banden ganze Städte terrorisierten. Nach Kriegsende strömten zudem viele Veteranen in die neuen Staaten des Westens. Viele von ihnen hatten im Krieg Haus, Hof und Familie verloren und suchten nun nach einem neuen Anfang. Die zum großen Teil traumatisierten und gewaltbereiten Veteranen gerieten oftmals mit dem Gesetz in Konflikt oder in Streitigkeiten mit den Siedlern. Insofern hatte der amerikanische Bürgerkrieg durchaus seine Auswirkungen auf den Westen. Die großen Schlachten jedoch fanden alle im Osten – in Pennsylvania, Tennessee oder Virginia – und nicht im Wilden Westen statt.

IRRTUM 19:

Wild und unzivilisiert. Nein: besonnen und naturverbunden – so sind die Indianer!

Ungezähmt, barbarisch, beinahe animalisch. So sind die Indianer! Sie überfallen mit bestialischer Brutalität arme Siedler, die nur ein Stück Land urbar machen und ein Leben in Frieden und Freiheit führen wollen. Die Indianer aber entreißen ihnen die Kinder und töten kaltblütig Männer und Frauen. Nur um sich und ihr Recht zu verteidigen, schießen die weißen Siedler zurück – und die Indianer fallen reihenweise von ihren Pferden. Sie sind namenlose Gesichter, um die niemand trauert.

In zahllosen älteren Western sind Indianer blutrünstig und böse, aber zugleich als lächerliche Schießbudenfiguren dargestellt. Zumeist überfallen sie völlig unmotiviert unschuldige Siedler, greifen die Forts der US-Army an, rauben Postkutschen aus, entführen die tugendhaften Töchter armer Farmer und liefern so dem jeweiligen Helden den Anlass für sein Abenteuer. Sie verkörpern das Böse und sind für die Handlung der Filme notwendig, um Spannung zu erzeugen und den Heldenmut des weißen Protagonisten zu ermöglichen

Edle Wilde sind sie, bescheiden und besonnen leben sie in Einklang mit der Natur. So sind die Indianer! Ihnen gebührt uneingeschränkte

Bewunderung. Ihr Leben in der Natur, ihr verantwortungsvoller Umgang mit den Ressourcen ist erstrebenswert und wird damals wie heute von Trappern wie Aussteigern nachgeahmt. Dieses Ideal des Naturmenschen wurde schon in der Aufklärung von der europäischen Philosophie verklärt, und in diesem Sinne steht der Indianer heute stellvertretend für das grüne Gewissen Amerikas.

In den 1980er Jahren, als in Deutschland die Aktivität der Umweltaktivisten und Friedensbewegten ihren Höhepunkt erreicht hatte, wurde die *Weissagung der Cree* zum Leitspruch: „Erst wenn der letzte Baum gerodet, der letzte Fluss vergiftet, der letzte Fisch gefangen ist, werdet ihr merken, dass man Geld nicht essen kann." Als Autoaufkleber massenhaft verbreitet, wies er auf das Unrecht hin, das der Natur durch die Ausbreitung des westlichen Lebensstils auf der ganzen Welt widerfuhr, ebenso wie das Unrecht, das den Indianern durch die Expansion der Vereinigten Staaten nach Westen im 19. Jahrhundert geschehen war. Aber wie so oft bei markigen Sprüchen war nicht alles, wie es schien. Weder stammt der Satz von den Cree, noch stimmt der Wortlaut mit irgendeiner Überlieferung der Indianer überein.

Der Inhalt des Satzes geht auf eine Rede von Häuptling Seattle aus dem Stamm der Suquamish zurück, die er 1854 vor dem Gouverneur des Washington-Territoriums, Isaac Ingalls Stevens, hielt. 33 Jahre später gab der amerikanische Journalist Henry A. Smith, der bei dieser Rede anwesend war, aus seiner Erinnerung den Satz in der Sonntagszeitung *Seattle Sunday* wie folgt wieder: „Wenn der letzte rote Mann von der Erde verschwunden und die Erinnerung des weißen Mannes an ihn zur Legende geworden ist, dann werden diese Gestade übervoll sein von den unsichtbaren Toten meines Stammes, dann wimmeln sie von den wiederkehrenden Scharen, die einst dieses Land bevölkerten und es noch immer lieben." Diesen Satz wiederum verband der amerikanische Literaturhistoriker Ted Perry 1972 mit einer Prophezeiung der Hopi, die allerdings mit dem Erscheinen von *rainbow warriors* (Regenbogenkriegern) endet, die den Indianern zur Seite stehen. Er reduzierte diese beiden Überlieferungen zu einem ökologischen Sinnspruch, den er mit einer kapitalismuskritischen Botschaft zuspitzte. Noch heute klebt der Spruch auf manchen Autos, hat nichts mit den Cree zu tun und ersetzt den ursprünglich optimistischen und hoffnungsvollen Hintergedanken Häuptling Seattles durch die Mahnung an die Gier der Menschen. Obwohl das Schicksal der Indianer viele Sympathien hervorruft, soll nicht vergessen werden, dass es die Vorstellung des „edlen Wilden" nur bei den weißen Amerikanern und Europäern, aber niemals unter den Indianern gab.

Pfeil und Bogen, Kriegsbemalung und Friedenspfeife

Aber auch rein optisch kommt das Bild, das wir uns von einem Indianer machen, kaum an die Wirklichkeit heran. Stellen wir uns einen Indianer vor, so sehen wir vor dem inneren Auge einen edlen Krieger, der hoch zu Ross sitzt. In der Hand hält er ein Gewehr, eine indianische Kriegslanze oder ein Tomahawk, und auf dem Rücken hat er einen Köcher mit Pfeilen und einen Bogen. Im Kampf trägt er Kriegsbemalung und foltert seine Feinde am Marterpfahl. Lassen wir unseren inneren Blick weiter schweifen, sehen wir ihn mit einem Kanu die wilden Flüsse Nordamerikas hinunterfahren bis zu seinem Zeltdorf mit den Tipis. Hier sitzt er mit den Stammesältesten, seinen Brüdern und Verbündeten um das Feuer, die Friedenspfeife an seinen Nachbarn zur Linken weiterreichend.

Aber auch hier sitzen wir einer Verklärung auf. Solche Bilder haben wir aus den vielen Filmen, Fernsehserien, Büchern und Comics, denn die Indianer Nordamerikas beschäftigten die Menschen in Amerika und Europa, regten die Fantasie von Autoren an, belebten die Populärkultur und bescherten uns so viele interessante Geschichten, heroische und kriegerische, traurige und sentimentale. Dass unser Bild von den Indianern nicht ganz stimmt, erahnen wir, wenn wir einen heutigen Western im Fernsehen oder im Kino sehen. Die Darstellung der Indianer hat sich im Laufe der Zeit gewandelt. In den Karl-May-Filmen der sechziger Jahre sehen sie vollkommen anders aus als noch in den Schwarz-Weiß-Filmen, in den von John Ford gedrehten John-Wayne-Filmen wiederum anders als in neueren Verfilmungen wie *Der mit dem Wolf tanzt* oder in der TV-Serie *Into the West* von Steven Spielberg.

Das liegt schon allein daran, dass als Darsteller nicht immer auf Indianer zurückgegriffen wurde, sowie an der Kostümwahl der Filmausstatter. In den Karl-May-Filmen verpflichtete man ortsansässige jugoslawische Laiendarsteller, in den frühen Hollywood-Filmen wurden „weiße" Komparsen einfach „rot" geschminkt. Die Einführung des Tonfilms 1927 veränderte das Bild der Indianer. Hollywood schuf nun den wortkargen, stolzen Indianer. Die Darstellung beschränkte sich auf Gestik und Mimik, die den Zuschauern aus den Stummfilmen vertraut waren. Ende der 1930er Jahre verpasste man den Indianern den sogenannten *Hollywood Indian Dialect*, indem die Produzenten einfach die Dialoge in englischer Sprache aufnahmen und sie dann rückwärts abspielten. Das klang in den Ohren der Zuschauer fremd und exotisch und bestimmte für die nächsten Jahrzehnte die Vorstellung von der Sprache der Indianer. Doch der Tonfilm erfand noch weitere Elemente, die wir heute mit den Indianern verbinden. Da mit dem Ton auch Geräusche und Filmmusik Einzug ins Kino hielten, schufen die Filmkreativen eine Klangwelt für die Indianer. Seither bedeutet Trommeln, dass Indianer sich dem Geschehen nähern, und Gejohle begleitet jeden Angriff.

In indianischen Kreisen machen sich Familien und Stammesführer seit der Bürgerrechtsbewegung in den sechziger Jahren des letzten Jahrhunderts Gedanken über die fatalen Auswirkungen, die die populären Bilder aus den Medien auch auf ihre eigenen Kinder haben. Mit allen Mitteln kämpfen sie gegen ihr Image, das sie letztlich in der ganze Welt haben. Sie wollen zeigen, dass Indianer ebenso redselig und humorvoll sind wie alle anderen Menschen, dass ihre Charaktere viel facettenreicher sind als das allgemein bekannte Stereotyp. Mittlerweile gibt es eigene indianische Filme, die aber kein großes Publikum finden, sondern nur von einer Minderheit gesehen werden. Aber es gibt indianische Schauspieler, die in großen Hollywoodproduktionen mitwirkten. Bereits John Ford griff in den 1950er Jahren auf Mitglieder der Navajo zurück, die im Monument Valley lebten, wo er seine Filme vor der atemberaubenden Kulisse drehte. Steven Spielberg verpflichtete für seine Produktion *Into the West* indianische Darsteller, von denen viele erst wieder die Sprache ihrer Vorfahren lernen mussten, denn sie sprachen bislang nur Englisch. Eine angemessene Darstellung indianischen Lebens ist in der Filmwelt aber bis heute kaum zu finden.

Von Tipis, Wigwams und Pueblos

Aber wie waren die Indianer nun wirklich? Wie, wo und vor allem worin lebten sie? Hausten sie alle in Zelten, oder gab es noch andere Wohnformen? Zogen sie alle mit ihren Tipis über die Prärien, gab es Dörfer oder gar Indianerstädte?

So unterschiedlich die indianischen Stämme und die Regionen waren, in denen sie lebten, so unterschiedlich waren auch ihre Behausungen. Sie waren in erster Linie abhängig vom Baumaterial in der Umgebung und der Zweckmäßigkeit. Die sesshaften Stämme östlich des Mississippi bauten beispielsweise kleine, stabile Häuser aus Holz, während die Nomaden der Prärien in den typisch indianischen Zelten, den Tipis, lebten, so dass sie leicht aufbrechen und weiterziehen konnten.

Das *teepee*, ein Wort der Sioux, das schlicht „Wohnung" bedeutet, ist das bekannteste Obdach der Indianer und wurde hauptsächlich in den Ebenen und Prärien verwendet. Da es wenig mit den gebauten Häusern unserer Breitengrade gemein hat, wurde es wegen seiner Exotik schnell populär. Das Tipi hatte eine einfache Konstruktion und war leicht zu transportieren. Die Arbeit am Tipi war Aufgabe der Frauen. Sie befestigten vier stabile Pfähle als Grundgerüst und banden sie oben zusammen, so dass das Tipi einen Durchmesser von vier bis acht Metern hatte. Nachdem diese vier Pfähle aufgestellt waren, befestigten die Indianerinnen weitere Latten am Grundgerüst, überzogen es dann mit Büffelhäuten und statteten es im Inneren mit Decken aus. Da sich in der Mitte des Tipis eine Feuerstelle befand, brachten sie an der Zeltdecke spezielle Rauchklappen an, die geöffnet und geschlossen werden konnten. Der Eingang eines Tipis zeigte immer nach Osten, denn aus der Richtung des Sonnenaufgangs kamen für die Indianer das Leben und die Weisheit. Außen waren die Büffelhäute meist kunstvoll mit Symbolen und Zeichnungen verziert. Ein Tipi konnte in einer Stunde aufgebaut und in einer Viertelstunde wieder abgebaut werden. Dies war besonders wichtig, wenn ein Stamm schnell weiterziehen wollte. Um ein Tipi zu transportieren, wurden die langen Pfähle an den Seiten eines Pferdes befestigt und deren Enden auf dem Boden hinterhergezogen. Diese Konstruktion wurde auch als *travois* verwendet, um Kranke, Kinder oder Hausrat zu transportieren.

Eine weitere, auch recht bekannte indianische Unterkunft ist der *Wigwam*. Dieser Begriff wird häufig allgemein für alle Arten indianischer Behausungen verwendet. Der Wigwam ist jedoch eine kleine Hütte, die aus Baumstämmen gebaut wurde. Die Stämme wurden dabei fest im Boden verankert und zur Mitte hin gebogen. Danach wurde das Gerüst mit Holzlatten verstärkt und mit Rinde dicht abgedeckt. Auch das Wigwam hatte im Inneren eine Feuerstelle, weshalb es, ähnlich dem Tipi, einen Abzug für den Rauch hatte. Im Westen fand man selten Wigwams, während sie im nordöstlichen Waldland vor allem von den Algonkin gebaut wurden.

Dem Wigwam ähnlich war der *Wickiup* der Apachen. Das Grundgerüst dieser Hütten bestand aus Ästen, die zur Mitte hin zusammengebogen wurden. Es war jedoch nicht mit Rinde, sondern mit geflochtenem Gras aus der Steppe gedeckt, da es in den Gebieten der Apachen kaum größere Bäume gab. Die benachbarten Navajo hingegen lebten in *Hogans*. Das waren achteckige Hütten von etwa sechs Metern Durchmesser aus kleineren Baumstämmen und Lehm. Europäischen Häusern glich am ehesten das *Langhaus* der Irokesen. Es hatte eine Länge von bis zu fünfzig Metern und beherbergte jeweils mehrere Familien derselben Sippe. Einige der Langhäuser hatten sogar eine Giebeldachkonstruktion, die der Zimmermannstechnik der Kolonisten und Europäer ähnelte.

Da die bisher vorgestellten Heime entweder mobilen Charakter hatten oder aus verwitterbaren Materialien bestanden, überdauerten sie die Zeiten nicht. Anders ist es mit den Siedlungen der Pueblo-Indianer. Die Spanier bezeichneten die Ureinwohner mehrerer, nicht zusammengehöriger Stämme wie die Zuni, die Hopi, die Tanoan und die Keresan als Pueblo-Indianer. Als die Eroberer im 16. Jahrhundert an den Rio Grande kamen, entdeckten sie riesige, bis zu sechs Stockwerke hohe Bauten, die aus terrassenförmig übereinandergeschichteten Häusern bestanden. Sie nannten sie *pueblo*, was auf Spanisch einfach „Dorf" bedeutet. In einem Pueblo lebten mitunter über tausend Indianer. Die quaderförmigen, wie Bauklötze an- und übereinander gesetzten Wohnstätten wurden aus Sandsteinplatten oder den für den amerikanischen Südwesten typischen Lehmziegeln, den Adobe-Steinen, errichtet. Bewegliche Leitern verbanden die Plattformen. In die einzelnen Räume gelangte man über Luken in den Dächern. Bei einem Angriff konnten sich die Pueblo-Indianer hervorragend verteidigen, indem sie sich in ihre Häuser zurückzogen und die Leitern hochzogen.

Unzivilisiert? Von wegen!

Auch die soziale und politische Struktur der Stämme war wesentlich komplexer, als es den Anschein hatte. Am meisten überraschen die sogenannten *Five Civilized Nations* (Fünf zivilisierten Stämme), die in jeglicher Hinsicht besonders waren und die große Varietät und ihre Fortschrittlichkeit – im Sinne der europäischen Einwanderer – verdeutlichen. Zu ihnen zählten die Seminolen, Cherokee, Chickasaw, Muskogee und Choctaw. Sie schafften es binnen kürzester Zeit, sich die staatlichen und wirtschaftlichen Strukturen der Einwanderer anzueignen. Bis zur ersten Hälfte des 19. Jahrhunderts bildeten sie ein Regierungssystem aus, das mit einem Häuptling und einem gewählten Repräsentantenhaus an dem US-amerikanischen Vorbild orientiert war. Sie betrieben Landwirtschaft und Handel und hielten sogar afrikanische Sklaven. Im Folgenden soll die Geschichte der Cherokee als Beispiel für einen der fünf Stämme näher beleuchtet werden.

Moderne staatliche Strukturen in der Wildnis

Die Cherokee waren im 17. Jahrhundert aus dem Bereich der Großen Seen Richtung Südosten gezogen. Die Appalachen und weite Teile der Südstaaten wurden zu ihrem Stammesgebiet. Schon zu dieser Zeit pflegten die Cherokee Kontakte zu den englischen Kolonisten. Sie bauten ein loses Handelsnetz und wirtschaftliche Beziehungen mit Virginia und South Carolina auf. Diese Verbindungen verhinderten Feindseligkeiten auf beiden Seiten. Im Jahr 1817 – die Kolonisten hatten sich ihre Unabhängigkeit erkämpft und die Vereinigten Staaten von Amerika etabliert – ersetzten die Cherokee ihr Klan-System durch einen gewählten Stammesrat, gaben sich zwei Jahre später eine eigene Verfassung, die an die amerikanische angelehnt war, installierten ein Gerichtssystem und Schulen. Ihr Staat verfügte über zwei Abgeordnetenkammern, eigene Zivil- und Strafgesetze sowie ein Oberstes Gericht. Im Gegensatz zu den meisten anderen Indianern entwickelten sie sogar eine eigene Schrift.

Die Stammesführung verteilte sich bei den Cherokee auf drei Personen: einen Friedenshäuptling, einen Kriegshäuptling und einen Schamanen. Niemals hatte nur eine Person die gesamte Macht über den Stamm in seiner Hand. Dabei kamen dem Friedenshäuptling fast ausschließlich repräsentative Funktionen zu, der Kriegshäuptling durfte nur unter Zustimmung der Mehrheit der beiden Kammern in den Krieg ziehen, und der Schamane war an alte Traditionen und Kulte gebunden. Der Kriegshäuptling wurde von den Kammern des Parlamentes vorgeschlagen und vom Friedenshäuptling eingesetzt. Krieg war bei den Cherokee jedoch nur ein notwendiges Übel. In diesem Punkt unterschieden sie sich deutlich von den Stämmen der Great Plains. Im Kampf sahen die Cherokee nicht ein Mittel, die eigene Männlichkeit unter Beweis zu stellen. Krieg verursachte vielmehr eine Verunreinigung. Kehrten die Krieger aus einer Schlacht zurück, mussten sie zunächst das Haus des Schamanen aufsuchen, um sich vom Krieg zu reinigen. Doch weder ihre Friedfertigkeit noch ihre kulturelle Anpassungsfähigkeit sollten die Cherokee vor dem Schicksal der Vertreibung und Einpferchung in Reservate bewahren.

Der Indian Removal Act

War in den Jahrhunderten nach der Entdeckung Nordamerikas die Siedlungsgrenze noch verhältnismäßig langsam vom Atlantik aus in das Land der Indianer vorgedrungen, so beschleunigte die Gründung der Vereinigten Staaten und der Kauf von Louisiana den Prozess um ein Vielfaches. Mit der Siedlungsgrenze der US-Amerikaner verschob sich auch die sogenannte *Permanent Indian Frontier* gen Westen, und die Indianer wurden immer weiter zurückgedrängt. Präsident Jeffersons ursprüngliches Ziel, dass die indianische in der amerikanischen Kultur aufgehen sollte, wurde von seinem Amtsnachfolger abgelehnt und geändert. In der Washingtoner Politik festigte sich in den 1830er Jahren der Entschluss, dass alle Indianerstämme, die östlich des Mississippi lebten, weichen und in die Great Plains umgesiedelt werden sollten. Die endlosen Prärien schienen den Weißen unfruchtbar und für eine eigene Besiedlung nicht geeignet. Der von vielen Indianern noch heute als *The Devil* bezeichnete siebte Präsident der USA, Andrew Jackson (1829 bis 1837), gab dieser Bewegung ein Gesicht. Vor seiner Präsidentschaft war er als General der US-Army bereits mehrfach mit Indianerstämmen in Kämpfe verwickelt gewesen. Er respektierte weder sie noch ihre Kultur und sah verächtlich auf jeden Indianer herab. Sie sollten den Weißen weichen, damit diese ihre Bestimmung erfüllen konnten, den Westen zu besiedeln.

Kaum im Amt, ging Jackson seine Pläne der Massendeportationen der östlichen Indianer an. Sie betrafen vor allem die Fünf zivilisierten Stämme, die innerhalb der Bundesstaaten lebten. Doch Jacksons Vorhaben polarisierte die US-amerikanische Bevölkerung. Es erhoben sich Stimmen, die sich gegen die unmenschliche Zwangsumsiedlung der Indianer aussprachen. Im Kongress entbrannte eine heftige Diskussion. Schließlich wurde der *Indian Removal Act* im Mai 1830 mit einer Stimme Mehrheit verabschiedet.

Damit hatte Jackson die Legitimation zu handeln. Er wandte sich zuerst dem Stamm der Choctaw zu. Natürlich weigerten sie sich, ihr angestammtes Land zu verlassen. Doch Jackson war nicht gekommen, um zu verhandeln: Er gab den Befehl, die Indianer mit Gewalt umzusiedeln. 1831 wurden sie als Erste zusammengetrieben und in die vorgesehenen Gebiete jenseits des Mississippi gebracht. Dort hatten die USA einen kleinen Teil des *Louisiana Purchase* als Indianerreservat ausgewiesen, in dem alle Stämme zusammen unterkommen sollten. Ein Jahr später traf es die Seminolen, 1834 die Cree, 1837 die Chickasaw und schließlich 1838 auch die Cherokee.

Trail of Tears

Die US-Regierung setzte den Cherokee eine Frist; bis Mai sollten sie ihrer Umsiedlung freiwillig zustimmen können. Die Cherokee ließen die Frist verstreichen. Sie wollten unter allen Umständen auf ihrem angestammten Land bleiben und verließen sich darauf, aufgrund ihrer kulturellen Anpassung und der guten Beziehungen zur amerikanischen Bevölkerung weiterhin wenn nicht akzeptiert, so doch geduldet zu werden. Im Oktober 1838 umstellten etwa siebentausend Soldaten rund 14 000 Cherokee und trieben sie aus ihren Häusern und Hütten. Zunächst wurden sie in ein Überwachungslager gebracht. Viele starben bereits hier an Krankheiten, Hunger und Kälte. John Ross, der Häuptling der Cherokee, beschloss, gegen das Gesetz vorzugehen. Doch versuchte er vergeblich, vor dem Obersten Gerichtshof die Vertreibung seines Volkes zu verhindern.

Unter der Bewachung von Bundestruppen mussten die Stammesangehörigen der Cherokee zweitausend Kilometer nach Westen ziehen. Dieser Zug ging als *Trail of Tears* (Pfad der Tränen) in die amerikanische Geschichte ein. Sechs Monate waren die Cherokee unterwegs, ständig bedroht durch die Gewalt ihrer Bewacher. Schließlich kamen sie in der Reservation im *Indian Territory* im heutigen US-Bundesstaat Oklahoma an. Etwa viertausend von ihnen waren ums Leben gekommen: verhungert, erfroren, an Erschöpfung gestorben.

Indian Territory

Das Gebiet, das den Indianern zugewiesen wurde, war karg und unfruchtbar, es gab nur wenig Weideland. Auch die klimatischen und geografischen Gegebenheiten stellten die Deportierten vor schwerwiegende Probleme. Gerade die Fünf zivilisierten Stämme waren sesshaft und lebten von Landwirtschaft und Handel. Wie sollten sie hier ihre gewohnte Nahrung anbauen? Mit wem sollten sie hier Handel treiben? Außerdem waren es die Indianer nicht gewohnt, auf so engem Raum mit anderen Stämmen zusammenzuleben. Sie hatten alle verschiedene Kulturen und Lebensweisen. Weder sie noch die ebenfalls dorthin deportierten Prärie-Indianer konnten sich auf die neue Lebenssituation einstellen. Immer wieder kam es zu Auseinandersetzungen untereinander. Der Unmut der Indianer äußerte sich auch gegen die Amerikaner in verzweifelten Gewaltausbrüchen. Einige Stämme brachen aus und versuchten, zurück in ihr angestammtes Land zu gelangen, nur um abermals in die Reservation gezwungen zu werden. Später wurde ihnen auch dieses *Indian Territory* genommen, als es 1899 für die Besiedlung durch amerikanische Siedler freigegeben und schließlich als US-Bundesstaat Oklahoma organisiert wurde.

Ganz gleich durch welche Bücher, Zeitschriften oder Filme unser Bild der Indianer hier in Europa geprägt ist, es fällt nach wie vor schwer, sich ihren vielfältigen Kulturen und Lebensweisen adäquat zu nähern. Zu unterschiedlich sind die einzelnen Völker und zu hartnäckig die populären Bilder, als dass es leicht wäre, hinter den „Mythos Indianer" zu schauen. So verehrt die Ökologiebewegung den „edlen Wilden" und greift damit doch nur auf ein Klischee von den Indianern zurück, genau wie das Stereotyp des bösen Indianers. Und beide haben nichts mit der historischen Wirklichkeit zu tun. Denn die *Weissagung der Cree* funktioniert auf dieselbe Weise wie das Bild der barbarischen Indianer – nur auf den Fahnen der politischen und gesellschaftlichen Propaganda der jeweiligen Gegner.

Billy the Kid war ein gnaden- loser, kaltblütiger Killer

Fort Sumner, New Mexico. Die staubige und karge Landschaft ist die, in der Western spielen oder Roadmovies neueren Datums gedreht werden. Man wundert sich nicht, wenn der trockene Wind *tumbleweed* über die Straße peitscht. Alles hier wirkt öde und verlassen. Doch es ist ein berühmter Ort, immer wieder führt es Touristen und Schwärmer auf den Spuren ihres Idols hierher. Es gibt hier nämlich einen Friedhof, auf dem eine der bekanntesten Persönlichkeiten des Wilden Westens begraben liegen soll: Billy the Kid. Um die Grabstätte zu finden, muss man auf dem Highway 60 ein Stück aus der Stadt hinausfahren. Über eine Schotterpiste gelangt man zu dem Friedhof. Hier steht ein Gedenkstein, der an Billy the Kid erinnert, hier soll der berüchtigte Killer zusammen mit zwei seiner Bandenmitglieder ruhen. Er war in der Nacht des 14. Juli 1881 von Sheriff Pat Garrett nach einer langen und abenteuerlichen Jagd in einem Hinterhalt erschossen worden. Mehrmals schon wurde die Gedenktafel entwendet, weshalb sie heute in einem Gitterverschlag aus Stahl gesichert ist.

Eine Bestie des Wilden Westens

Um Billy the Kid ranken sich viele Legenden. Schon zu seinen Lebzeiten liebten ihn die einen und fürchteten ihn die anderen. Nach seinem

Tod jedoch festigte sich das Bild eines wahren Monsters. Seinen ersten Mord soll er im Alter von zwölf Jahren begangen haben. Ein Mann hatte Billys Mutter beleidigt, worauf der Junge zum Revolver griff und ihn kaltblütig erschoss. Billy verabschiedete sich danach von seiner Mutter und war von da an auf der Flucht. The Kid war klein und hässlich, verschlagen und hinterhältig. Er war extrem reizbar; besonders wenn er betrunken war, wurde er unberechenbar und verlor beim kleinsten Anlass die Beherrschung. Weder konnte er lesen, noch verfügte er über irgendwelche Bildung. Das einzige, was er wirklich konnte, war schießen und Rinder stehlen. Überall im Westen wurde er gesucht, überall hingen die Plakate, auf denen ein Kopfgeld auf ihn ausgesetzt war: *Wanted dead or alive.* 21 Menschen soll er auf dem Gewissen haben, für jedes seiner Lebensjahre einen. Zur Strecke brachte ihn schließlich Pat Garrett, ein alter Freund, der ihm noch die Gelegenheit zur Flucht über die Grenze nach Mexiko gab.

Doch was ist dran an dieser Geschichte? War Billy the Kid wirklich so furchteinflößend, ein kaltblütiger Mörder, der schon als Kind einen Menschen erschossen hat? Und ist es wirklich sein Grab, vor dem wir hier in Fort Sumner stehen? Was von all dem können wir glauben? Und wenn es nicht stimmen sollte: Wie kamen diese infamen Gerüchte und Legenden zustande?

Alles Legende!

Wenn man anfängt, sich mit dem Leben von Billy the Kid zu beschäftigen, fällt einem früher oder später ein Buch in die Hände, in dem man all diese Legenden lesen kann: *The Authentic Life of Billy, the Kid, the Noted Desperado of the Southwest, whose Deeds of Daring and Blood Have Made His Name a Terror in New Mexico, Arizona and Northern Mexico*, erstmals erschienen im April 1882, verfasst von – man mag es kaum glauben – Pat Garrett. Nach Billys Tod hatte sich die öffentliche Meinung geändert. Er war in der Gegend recht bekannt und auch beliebt gewesen, und es kamen Zweifel auf, ob Pat Garrett ihn einfach so hätte erschießen dürfen. Garrett wollte nun seinen Ruf verteidigen und sich rein waschen. Deshalb tat er sich mit dem Journalisten Ash Upson zusammen. Gemeinsam verfassten sie das erste Buch über Billy the Kid, um die Öffentlichkeit darüber aufzuklären, wie gefährlich Billy gewesen sei und dass Pat Garrett richtig und rechtens gehandelt habe. Tatsächlich gelang es Garrett und Upson, Legenden und Unwahrheiten über Billy the Kid in die Welt zu setzen, die noch heute an Billys Persönlichkeit haften, als seien es historische Tatsachen.

Es waren Upson und Garrett, die von 21 Morden an weißen Männern berichteten, zudem von zahlreichen getöteten Schwarzen, Mexikanern und Indianern, die aber in ihren Augen nicht einmal zählten. Sie stellten Billy als den skrupellosesten Mörder des Wilden Westens dar. Und weil die Geschichten schwarz auf weiß nachzulesen waren und den Anschein erweckten, authentisch zu sein, glaubten sie viele Leser, ohne jemals nachzufragen. Zweifel sind aber beispielsweise an der Episode angebracht, als Billy the Kid einen Mann namens Joe Grant erschossen haben soll. Grant habe in einem Saloon damit geprahlt, dass er The Kid, den überall gesuchten Mörder, töten werde. Er wusste aber nicht, dass er just in dem Moment Billy gegenübersaß. Dieser ließ sich Grants Revolver zeigen, soll heimlich die Patronenkammer der Waffe geleert und sie zurückgegeben haben. Dann habe er sich dem Mann zu erkennen gegeben. Als Grant daraufhin seine Waffe zog, klickte der Revolver nur, während Billy ihm im Gegenzug eiskalt in den Kopf geschossen haben soll. Einen weiteren Hinweis auf die Manipulation der Geschichten erhalten wir, wenn wir uns das in dem Buch genannte Geburtsdatum Billys näher ansehen. Garrett und Upson behaupten, dass Billy the Kid am 23. November 1859 geboren wurde. Der 23. November war nun allerdings der Geburtstag von Ash Upson; und für das Jahr 1859 entschieden sie sich wohl, weil Billy dann zum Zeitpunkt seiner Ermordung bereits 21 Jahre alt gewesen wäre – sonst hätte Pat Garrett ja einen Minderjährigen erschossen! Einen schriftlichen Beleg für das Geburtsdatum gibt es nicht. Vielmehr berichten mehrere Freunde Billys, dass er bei seinem Tod höchstens zwanzig Jahre alt gewesen sein konnte.

Hartnäckig hielt sich auch die Behauptung, dass Billy the Kind Linkshänder gewesen sei. In dem Film mit Paul Newman aus dem

Jahr 1958 wurde Billy the Kid im Titel sogar als *The Left Handed Gun* bezeichnet. Diese Behauptung geht auf die einzige authentische Fotografie von dem Outlaw zurück, auf der er seinen Colt auf der linken Seite trägt und mit der rechten Hand eine Winchester 73 hält. In den achtziger Jahren stellte sich jedoch heraus, das die Winchester auf dem Foto ihre Ladekammer auf der falschen Seite hatte: Das Bild wurde also jahrelang spiegelverkehrt reproduziert. Spätestens jetzt sollten unsere Skepsis und unsere Neugierde geweckt sein, und wir sollten uns auf die Suche nach der Wahrheit hinter dem Mythos machen.

Wie alles begann

Jedoch: Schon über die Herkunft Billy the Kids gibt es wenig Gesichertes. Geboren wurde er vermutlich um das Jahr 1860, eher 1861 in New York unter dem Namen William Henry McCarty. Seine Mutter war Catherine McCarty, möglicherweise irischer Abstammung, der Vater ist unbekannt. Im Lauf seines Lebens nannte sich Billy auch William H. Bonney, Henry Antrim oder war unter dem Spitznamen Kid Antrim bekannt. Bonney könnte auf den Namen seines Vaters oder aber auf den Geburtsnamen der Mutter deuten, Antrim war sicher der Nachname seines Stiefvaters, dem die Mutter mit ihren beiden Söhnen William und Joseph in den Westen nach Santa Fé, dann nach Silver City folgte.

Als William 13 oder 14 Jahre alt war, starb die Mutter, und der Junge war mehr oder weniger auf sich allein gestellt. Anfangs besuchte er noch die Schule, dann musste er aber zweifelhafte Jobs annehmen, um sich seinen Lebensunterhalt zu verdienen. Im April 1875 wurde er bei einem Diebstahl erwischt. Aus Not hatte er ein Stück Käse gestohlen. Ein halbes Jahr später fand man bei ihm Kleidungsstücke, die als gestohlen galten, und er landete das erste Mal im Gefängnis. Von dort entwischte er und war von nun an auf der Flucht.

Der erste Tote auf dem Weg zum Outlaw

Als allein umherziehender Junge machte Billy schnell die Bekanntschaft zwielichtiger Gestalten. Er schloss sich einer Gruppe von jungen Männern an. Gemeinsam stahlen sie Pferde und trieben sich in den Saloons des Wilden Westens herum. So sammelte er die ersten Erfahrungen im Glücksspiel. Bald war er in der Umgebung wegen seines kindlichen Aussehens als *Kid Antrim* bekannt, denn er war recht klein, eher schmächtig gebaut und hatte noch keinen Bartwuchs. Ein irischer Einwanderer machte sich immer wieder über ihn lustig. Der Hufschmied Frank „Windy" Cahill provozierte Billy so lange, bis es eines Abends in der Kneipe zu einer Schlägerei kam, bei der Billy ihn erschoss. Obwohl nicht er den Streit angefangen hatte, sondern Cahill auf ihn losgegangen war, wurde er des Mordes angeklagt. Wieder konnte er fliehen und ging diesmal nach New Mexico. In Abwesenheit wurde er verurteilt; zu diesem Zeitpunkt war er vermutlich 16 Jahre alt.

Der Lincoln-County-Rinderkrieg

In New Mexico schloss sich Billy einer Bande von Viehdieben an, mit denen er durch die Gegend zog. Als er von einem Mann aus Silver City, wo er aus dem Gefängnis geflohen war, erkannt wurde, trieb es die Truppe weiter. Im Oktober 1877 kamen sie nach Lincoln County. Von nun an nannte Billy sich William H. Bonney. Nach einem Streit mit dem Bandenführer Jesse Evans ging er jedoch eigene Wege und fand eine Anstellung als Viehhüter auf der Ranch von John Tunstall. Nun hätte sein Leben eine Wendung zum Guten nehmen können, aber in Lincoln County brauten sich dunkle Wolken am Horizont zusammen.

Es gab schon seit Längerem Spannungen zwischen den alteingesessenen Rinderbaronen, allen voran John S. Chisum, und Geschäftsleuten in Lincoln, die den Handel und das Bankwesen in ihren Händen hatten. Die Hauptakteure auf dieser Seite waren Lawrence G. Murphy und James Dolan, die mit Bestechung und Erpressung ein mafioses Netzwerk geschaffen hatten, den sogenannten *Santa Fé Ring*. Als der Engländer John Tunstall nach Lincoln kam, mit einer Ranch in die Rinderzucht einstieg und auch Ambitionen zeigte, seine Interessen auf den Handel auszudehnen, wurde er für Murphy und Dolan zum Ärgernis. Da genügend Männer, oft Bürgerkriegsveteranen, in Banden durch die Gegend zogen und gerne Jobs als private Söldner – offiziell als Viehhüter – annahmen, hatten beide Seiten Trupps von Revolverhelden und Outlaws für sich engagiert.

Erstes Blut fließt

Anfang 1878 – Billy arbeitete erst ein paar Monate als Viehhüter für Tunstall – eskalierte der Streit. Als John Tunstall mit seinen Männern Rinder nach Lincoln trieb, wurde er von einer Bande Bewaffneter hinterrücks überfallen und erschossen. Billy und einige andere Cowboys konnten ihm nicht mehr zu Hilfe kommen, hatten die Männer aber erkannt – sie hatten zu Evans' Bande gehört. Zurück in Lincoln wollten sie erreichen, dass gegen die Mörder, die Tunstall auf dem Gewissen hatten, ein Haftbefehl ausgestellt wurde. Aber im Gegenteil wurden sie von Sheriff William J. Brady entwaffnet und festgenommen. Wie ein Großteil der Gesetzeshüter in Lincoln County war auch der Sheriff Lincolns korrupt und stand auf der Seite der skrupellosen Geschäftsleute.

Erst ein paar Tage später kamen Billy und die anderen Cowboys frei und wurden dann von Deputy Marshall Robert Widenmann zu Hilfssheriffs ernannt und beauftragt, die Mörder Tunstalls dingfest zu machen. Ihnen schlossen sich weitere Cowboys an, und die Gruppe gab sich den Namen *The Regulators*. Es gelang ihnen nach kurzer Zeit, die Männer zu fassen. Anstatt sie aber nach Lincoln zum Sheriff zu bringen – der sie wohl ungeschoren hätte davonkommen lassen – erschossen sie sie „bei einem Fluchtversuch", wie die *Regulators* behaupteten. Weil niemand ihnen diese Version des Geschehens abnahm, setzte der Sheriff jetzt seinerseits seine Leute auf sie an.

In den darauffolgenden Monaten kam Lincoln County nicht zur Ruhe. Die zwei Seiten standen sich unversöhnlich gegenüber. Die

Gruppen von Outlaws waren zu wahren Guerilla-Streitkräften ange-
wachsen. Kaum jemand traute sich noch auf die Straße, weil man immer mit einem Schuss aus dem Hinterhalt rechnen musste. Auf beiden
Seiten gab es zahlreiche Tote und Verletzte. Ständig gab es Schießereien, denen Sheriff Brady als einer der ersten zum Opfer fiel. Eine
Gruppe der *Regulators* – Billy war unter ihnen – lauerte ihm auf und
streckte ihn und seinen Deputy Sheriff mitten in Lincoln auf der
Hauptstraße mit etlichen Schüssen nieder.

Die Seiten verhärteten sich immer mehr, sogar die Regierung des
Territoriums New Mexico wurde auf die Zustände aufmerksam und
schickte Abgesandte und Soldaten, um nach dem Rechten zu sehen.
Nach vielen weiteren Gefechten verschanzten sich die *Regulators* in
Lincoln, waren aber letztlich auf verlorenem Posten, da sie wegen ihrer zunehmenden Brutalität nun auch Teile der Bevölkerung und die
Regierungstruppen gegen sich hatten. In einer fünftägigen Belage-
rung wurden sie überwältigt, nur ein kleiner Teil konnte fliehen; auch
Billy entkam. Da er als kaltblütig und als guter Schütze bekannt war,
wurde ihm nun die Schuld an etlichen der Toten in die Schuhe ge-
schoben, auch wenn niemand dafür Beweise hatte.

Die Amnestie – vertraue nie deinem Gegner

Langsam beruhigte sich die Lage in Lincoln County wieder, und der
im Herbst 1878 neu eingesetzte Gouverneur von New Mexico, Lew
Wallace, erließ eine Amnestie für die am Rinderkrieg beteiligten *gun-
men*. Allerdings galt dies nur für diejenigen, die noch nicht unter Anklage standen; für Billy galt dies nicht. Er schrieb deshalb einen Brief
an den Gouverneur, in dem er ihm anbot, gegen eine Amnestie vor
Gericht gegen James Dolan und Jesse Evans auszusagen, die er beobachtet hatte, wie sie und ihre Männer den Anwalt Huston Chapman
erschossen. Billy konnte nämlich sehr wohl lesen und schreiben, verfügte sogar über einen ausgereiften Stil. Soweit man aus der erhalte-
nen Korrespondenz zwischen Billy und dem Gouverneur rekonstruie-
ren kann, kamen sie überein, dass sich Billy stellen, bis zur Aussage
gegen Dolan im Gefängnis bleiben und dann begnadigt werden sollte.

Alles geschah zunächst wie vereinbart. Als er aber nach drei Monaten im Gefängnis immer noch nicht freigelassen und zudem eine Verhandlung für ihn angesetzt wurde, nutzte er die nächste Gelegenheit zur Flucht. Die folgenden Monate zog Billy the Kid ruhelos durch die Gegend. Ein Kopfgeld war auf ihn ausgesetzt, er musste immer auf der Hut sein und konnte fast niemandem mehr trauen.

Pat Garrett erschießt Billy the Kid

Inzwischen wurde Pat Garrett zum Sheriff von Lincoln County gewählt. Er hatte sich in den Kopf gesetzt, the Kid zur Strecke zu bringen. Er stellte einen Trupp zusammen, mit dem er ihn schließlich bei dem kleinen Ort Stinking Springs stellte. Billy und seine Männer ergaben sich und wurden nach Santa Fé ins Gefängnis gebracht. Immer wieder schrieb er an Gouverneur Wallace, der aber nichts mehr von den vormaligen Abmachungen wissen wollte. So kam es im April 1881 in Mesilla zur Gerichtsverhandlung, in der Billy the Kid zum Tode verurteilt wurde. Er war der Einzige, der jemals für Verbrechen, die im Zuge des Lincoln-County-Rinderkrieges geschahen, verurteilt wurde, alle anderen waren begnadigt oder amnestiert worden. Zur Vollstreckung der Strafe brachten sie Billy wieder nach Lincoln.

Kurz vor seiner Hinrichtung konnte er jedoch abermals fliehen. Als Sheriff Garrett zum Mittagessen in den Saloon gegangen war und nur zwei der Wachen anwesend waren, gelang es ihm, die beiden Männer zu überwältigen. Er erschoss sie und ritt mit Sheriff Garretts Pferd aus der Stadt. Nun setzte Pat Garrett alles daran, Billy the Kid zu finden, er kannte kein Pardon mehr. Zu oft schon hatte die Dreistigkeit des Outlaws gesiegt.

Garrett erfuhr schließlich, dass sich Billy in der Gegend von Fort Sumner aufhielt. Mit einigen Männern ritt er dorthin und lauerte ihm auf. Über die Hinrichtung – so muss man im Nachhinein wohl Garretts Aktion bezeichnen – sind mehrere Versionen in Umlauf. Anfangs war die Rolle Garretts sicher geschönt, weil er selbst ja derjenige war, der mit seinem Buch die Legendenbildung massiv befeuerte. Je jünger aber die Forschungsergebnisse, desto schlechter kommt Garrett dabei weg.

Eine Rekonstruktion aus jüngster Zeit, die auf neueste wissen-schaftliche Methoden zurückgriff, unterstellt Garrett maßlose Nie-derträchtigkeit. Billy hielt sich auf seiner Flucht tagsüber meist ver-steckt und verbrachte die Nächte dann bei verschiedenen Freunden. Am 14. Juli 1881 kam er abends, es war schon dunkel, im Haus von Pete Maxwell in Fort Sumner an. Als er das Schlafzimmer betrat, fühl-te er wohl, dass etwas nicht stimmte. Er konnte noch fragen, wer da sei, als er einen Moment später von mehreren Schüssen niederge-streckt wurde. Pat Garrett soll mit seinen Männern die Bewohner des Hauses bedroht und die Tochter, mit der sich Billy vermutlich verabre-det hatte, im Schlafzimmer auf dem Bett gefesselt haben. So soll er seinen Widersacher in die Falle gelockt und kaltblütig erschossen ha-ben. Es wird aber auf ewig im Dunkel der Geschichte bleiben, was sich wirklich zugetragen hat.

Nachleben

Mit den Jahren wandelte sich das Bild Billy the Kids. Es kamen immer mehr positive Geschichten in Umlauf, die von Leuten erzählt wurden, die ihn persönlich gekannt hatten. Es entstand ein Bild von einem freundlichen Jugendlichen, der immer zu Scherzen aufgelegt war. Er hatte strahlende blaue Augen, ein kindliches Lachen und etwas zu große Schneidezähne. Er war nicht sehr groß, aber schmal und etwas schlaksig, er war sehr höflich und hatte eine besondere sprachliche Begabung. Wer ihn gut behandelte, der konnte sich ganz auf ihn ver-lassen. Dann war er ein guter Kumpel und loyal, notfalls bis in den Tod. In der Welt des Wilden Westens aber hatte sein Schicksal ihn auf die Seite der Gesetzlosen, der Outlaws geführt. Hätte er zu einer an-deren Zeit an einem anderen Ort gelebt, wäre sein Leben sicherlich anders verlaufen.

Später kamen auch Gerüchte auf, Billy the Kid wäre damals dem Tod entronnen. Man hätte an seiner Stelle die Leiche eines Fremden begraben; er aber hätte sich nach Mexiko abgesetzt und von da an ein rechtschaffenes Leben geführt. Und tatsächlich tauchten immer wieder Männer auf, die behaupteten, sie seien der echte Billy the Kid. Die meisten wollten sicher nur einmal im Rampenlicht stehen, zweien gelang es aber, zumindest einige von ihrer Geschichte zu überzeugen: Brushy Bill Roberts aus Hico, Texas, und ein gewisser John Miller. Während bei Brushy Bill schon rein äußerlich zu vieles gegen seine Identität sprach, scheint John Millers Fall eher plausibel. So sah dieser der Legende nicht nur ähnlich, er sprach ebenfalls – im Gegensatz zu Roberts – fließend Spanisch. Darüber hinaus existieren keinerlei Dokumente über John Miller bis zu seiner Heirat am 8. August 1881 in Las Vegas, einen Monat nach Billys Tod.

Wer also auf dem Friedhof in Fort Sumner begraben liegt, bleibt ein Rätsel. Eine Untersuchung oder Exhumierung würde allerdings auch keine Klärung bringen. Zu viel ist hier seither geschehen und verändert worden. Zum einen wurden die auf dem Friedhof begrabenen Soldaten umgebettet, als der Militärstützpunkt in Fort Sumner von der US-Armee aufgegeben wurde. Wer weiß, ob nicht auch die Gebeine des Revolverhelden darunter waren. Außerdem gab es 1904 eine Hochwasserkatastrophe, als der nahegelegene Rio Pecos über seine Ufer trat und den Friedhof verwüstete, ihn förmlich wegspülte. Als in den 1930er Jahren eine Kommission ins Leben gerufen wurde, die Billy the Kid zu Ehren einen Grabstein aufstellen sollte, wusste niemand genau, welches Grab eigentlich seines war. Es ist also höchst unwahrscheinlich, dass in dem Grab, das wir heute sehen, wirklich die Gebeine von Billy the Kid liegen.

Späte Rehabilitierung?

Auch 130 Jahre nach seinem Tod bleibt Billy the Kid, der bisweilen zum Volkshelden verklärt wurde und heute eine Touristenattraktion ist, ein rechtskräftig zum Tode verurteilter Mörder. New Mexicos Gouverneur Bill Richardson hatte 2010 eine postume Begnadigung des legendären Revolverhelden in Erwägung gezogen. Dabei spielte er auf die Zusage des Gouverneurs Lew Wallace an, Billy the Kid gegen eine Aussage vor Gericht zu begnadigen. In seinen Briefen an den Gouverneur hatte sich Billy immer wieder darauf berufen. Richardson ließ den Fall untersuchen und kam zu dem Schluss, dass man zu wenig über die Hintergründe wisse, zu wenig könne eindeutig belegt werden. Er lehnte eine postume Rehabilitierung ab.

In dem Spätwestern *Der Mann, der Liberty Valance erschoss* von John Ford heißt es am Ende des Films: „Wenn die Legende zur Wahrheit wird, druck die Legende." In diesem Sinne sind die Mythen des Wilden Westens grundlegend und formgebend für die heutige Gesellschaft der Vereinigten Staaten von Amerika, sie sind von besonderer Bedeutung für das nationale Selbstverständnis. Eine Nation braucht Geschichten, Mythen und Legenden ebenso wie historische Ereignisse, auf die sie sich beziehen und aus denen sie ihre Identität schöpfen kann.

Der Wilde Westen strahlte über die Grenzen des amerikanischen Kontinents hinaus in die Alte Welt. Auf die Europäer wirkte er nicht minder anziehend. Wie so häufig bei der Popularisierung von Geschichte(n) trat auch beim Wilden Westen eine Verklärung ein. Schriftsteller, Musiker, Künstler und besonders die Filmindustrie auf beiden Seiten des Atlantiks griffen die spannenden Geschichten auf und erzählten sie publikumswirksam weiter. Dabei ging es nie um eine authentische Darstellung der Ereignisse und des Lebens an der Siedlungsgrenze, weder bei Cowboys noch bei Indianern, denn das Motto des Kinos lautet nach wie vor: *Movies are bigger than life.*

Weiterführende Literatur

Ambrose, Stephen E.: Undaunted Courage. Meriwether Lewis, Thomas Jefferson and the Opening of the American West, New York 1996.

Ambrose, Stephen E.: Nothing Like It in the World. The Men Who Built the Transcontinental Railroad 1863–1869, New York 2000.

Arens, Werner und Braun, Hans-Martin: Die Indianer Nordamerikas. Geschichte, Kultur, Religion, München 2008.

Augustin, Siegfried: Die Geschichte der Indianer. Von Pocahontas bis Geronimo, München 1995.

Bathi, Tom: Southwestern Indian Tribes, Las Vegas 1997.

Bitterli, Urs: Die Entdeckung Amerikas. Von Kolumbus bis Alexander von Humboldt, München 1992.

Brown, Dee: Begrabt mein Herz an der Biegung des Flusses, Hamburg 1972.

Emmerich, Alexander: Der Wilde Westen. Mythos und Geschichte, Stuttgart 2009.

Eue, Johannes: Die Oregon-Frage. Amerikanische Expansionspolitik und der pazifische Nordwesten, 1814–1848, Münster 1995.

Finzsch, Norbert: Die Goldgräber Kaliforniens. Arbeitsbedingungen, Lebensstandard und politisches System um die Mitte des 19. Jahrhunderts, Göttingen 1982.

Foreman, Grant: Pioneer Days in the Early Southwest, Lincoln 1994.

Hine, Robert V.: The American West. A New Interpretive History, New Haven 2000.

Hollein, Max und Kort, Pamela: I like America. Fiktionen des Wilden Westen, München 2006.

Hutton, Paul Andrew (Hg.): The Custer Reader, Lincoln 1992.

Jeier, Thomas: Das große Buch der Indianer. Die Ureinwohner Nordamerikas, Wien 2008.

Josephy, Alvin M. jr.: 500 Nations, München 1996.

Kiefer, Bernd: Filmgenres 2. Western, Ditzingen 2003.

Mancall, Peter C.: Deadly Medicine. Indians and Alcohol in Early America, Ithaca 1995.

Meinig, D.W.: Continental America, 1800–1867, New Haven 1993.

Merk, Frederick: Manifest Destiny and Mission in American History, New York 1963.

Millner, Clyde A.: Major Problems in the History of the American West, Lexington 1989.

Nichols, Roger L.: American Indians in U.S. History, Norman 2003.

Rolle, Andrew, California. A History, Arlington Height 1987.

Unrau, William E.: White Man's Wicked Water. Alcohol Trade and Prohibition in Indian Country, 1802–1892, Lawrence 1996.

Wächter, Matthias: Die Erfindung des Amerikanischen Westens, Freiburg 1996.

Ward, Geoffrey C.: The West, New York 1996.

Wasser, Hartmut: Die große Vision. Thomas Jefferson und der amerikanische Westen, Wiesbaden 2004.

White, Richard: „It's Your Misfortune and None of My Own." A New History of the American West, Norman 1991.

Register